因时随事

遗产实践话语建构的中国范式

张 崇 著

ZHEJIANG UNIVERSITY PRESS
浙江大学出版社

序 言

　　当今的时代，是一个全新的话语时代。媒体技术高度发达，在得到广泛应用的同时，也催生出各种各样新的交流方式，致使人们的社会生活呈现出"经由媒体（mediated）"的特征。人们不再像以往那样进行面对面的直接交流，而是热衷于借助一定的媒介，通过一定的技术，以间接的方式传播信息。在这样的背景下，话语作为语言运用的方式成为各种社会主体表达意愿的重要手段。人们按照新的技术所要求的那种模式组织句子、选择词汇、编排信息，进而用一种前所未有的方式表达着思想，再现着世界，建构着自身。因此，我们看到，新的话语不断涌现，它们以不断更新的方式在不同的社会领域之间传播，并在特定的社会领域形成杂糅的新话语，创造出崭新的话语意义。

　　这种新的话语交流方式至少体现出两个特征，一个是联系性，一个是建构性。就前者而言，显而易见的现象是，已经存在的话语一旦被置于新的结构关系之中，便以文本的形式创造出新的话语；而新的结构关系也把已存在的话语和新产生的话语集结在一起，形成新的话语秩序，继续制约新的话语实践。就后者而言，更为人们熟知的现象是，当下的交流方式已不再以传递信息为目的，相反，社会活动的主体在传递信息的同时建构着自己和他人的身份，以及自己与他人之间的关系。话语交流的联系性体现出话语交流不仅仅涉及语言问题，而且涉及社会主体之间的结构关系问题。换言之，话语交流可以体现出一定的话语秩序，而要维持或改变这种话语秩序，交流的主体就要使用对方的话语方式，并且造成话语杂糅。话语交流的构建性则体现出后现代主义的一个典型特征，即社会身份和社会关系不是存在于语言之外，而是存在于语言运用之中。社会主体的任何语言运用方式都是一种再现事实和建构身份的话语策略。

　　以上这些观点对于从事话语研究的学者来说并不陌生，但是将这些理论和研究方法应用到具体领域的研究之中并非易事。欣慰的是，《因时随事：遗产实践话语建构的中国范式》一书的作者做到了这一点。该书作者将话语研究的理论原则和视角方法应用于遗产研究，不仅为遗产研究开辟新的研究视角提供了借鉴，而且为话语研究提供了坚实的案例研究支持。

　　该书作者受过话语研究的专门训练，参加过浙江省衢州市水亭门历史街区的文化遗产研究工作，也参加过大运河（杭州段）遗产研究工作。这些为该书的撰写奠定了坚实的理论和实践基础。该书提出，我国的遗产主要在三个层次上体现其意义。首先，遗产对于政府具有意义，地方政府可以借助发展旅游产业，进行地方治理，促进当地的身份认同；其次，遗产对专家学者具有意义，他们可以通过建构相关的遗产知识来实现自身价值；第三，遗产对于社区居民具有意义，他们可以通过遗产建构来追求本体价值和经济利益。在这三个层次之间，作为遗产实践主体的地方政府、专家学者，以及社区居民和公众（包括各种组织、游客）彼此互动，进而实现遗产治理和各自文化身份的话语建构。作者提出，作为一种治理方式，遗产实践可以加强"国家—地方—社会"三者之间的互动；作为遗产实践的主体，政府、遗产研究学者和社区居民也可以通过遗产实践实现良性互动。这些研究发现不仅建立起话语、遗产、治理等多种社会实践成分之间的联系，对当今社会活动中话语与话语之间的密切联系提供有说服力的解读，而且对社会活动者通过在话语之间建立起一定的联系来完成其参与社会实践的使命这一文化治理方式提供了理论阐释。

相信该书的出版会进一步丰富话语研究领域的成果，也会进一步拓宽遗产研究的理论视野，更会进一步深化人文社会科学的跨学科研究传统。祝愿这本倾注着作者心血的专著给不同学科背景的学者和学生带来不同寻常的启迪。

是为序。

中国社会语言学会会长、天津外国语大学教授　田海龙
2019 年 4 月 12 日于天津

目　录

绪　论

随着我国综合国力的不断增强，我国在世界政治和经济上的地位越发重要，中国文化和价值观也越来越受到全球重视。"一个大国的崛起不仅仅是经济和政治的崛起，也是文化和价值观念的崛起。"[①] 党的十九大报告指出，"要坚定文化自信，推动社会主义文化繁荣兴盛"。我国的文化遗产是中华传统文化的重要载体，在中国特色社会主义新文化建设中占有重要地位。文化遗产作为社会主义文化的重要组成部分，对其进行保护利用和传承对于推动我国文化繁荣、提升文化自信具有十分重要的作用。

然而，我国在国际遗产实践中的话语权却与文化遗产大国的地位很不相称。在国际遗产领域话语的"失语症"不仅在我国，也在亚洲及世界其他国家和地区普遍出现。国际批判遗产学者指出，遗产和遗产实践本身就是话语和话语实践，是人们基于当下语境，对于过去历史的建构。这种建构是在西方男性白人为中心的"权威式遗产话语"霸权性地位影响下的实践，掩盖了具体历史文化传统的多样性。因此，有必要跳出西方话语实践的藩篱，结合各国或地区历史文化传统与当代语境，从遗产具体话语实践出发，建构当地遗产实践的话语体系，与西方进行跨文化对话。[②]

---

① 张西平. 中国文化走出去需要构建新的话语体系 [N]. 中国文化报，2017-03-17(04).
② SMITH L. *Uses of Heritage* [M]. London & New York: Routledge, 2006.

　　我国是世界文化遗产大国，截至2019年7月6日第43届世界遗产大会闭幕，我国共计拥有55项世界遗产，其中世界文化遗产37项，世界自然遗产14项，文化和自然双重遗产4项，遗产总数位列世界第一。在此背景下，从话语研究角度对我国的文化遗产保护和利用的社会实践进行研究很有必要。话语权是话语研究的重要课题。法国思想家福柯的话语权力理论为"话语权"问题研究提供了三点重要启示：（1）话语是一种社会实践；（2）话语对现实具有建构功能；（3）话语体现了权力关系。①遗产实践作为一种话语，在国际社会体现的是国家之间的关系，或者说，是西方社会与非西方社会的关系；在一国之内，遗产保护和利用的话语权体现在遗产保护和利用过程中利益相关群体之间的关系。我国遗产保护和利用的社会实践的模式为"政府主导、社会参与"，其中的利益相关群体主要包括作为遗产实践主体的各层级政府和"社会"，其中"社会"包含了社会上多样化的群体，比如志愿者组织、遗产保护和利用的相关机构、拥有遗产专业知识的遗产专家和学者、一部分比较有遗产素养的国家公民、缺乏遗产相关知识的群体等等。本书旨在从话语研究的理论视角，对我国遗产保护和利用中"政府主导、社会参与"的遗产实践进行批评话语分析，进而探讨如何建构传播中国经验和中国智慧的遗产保护和利用话语，提升我国在国际遗产领域的话语权，提升我国文化大国的地位。

　　具体来说，本书主要研究五个方面的问题：第一，政府在"政府主导、社会参与"的遗产社会实践中主体地位的话语策略是什么？第二，政府遗产专家学者和社会大众在"政府主导、社会参与"的遗产社会实践中是如何言说和被言说的？作为遗产社会实践话语语言的使用者，其地位和角色是怎样的？第三，在"政府主导、社

---

① 王啸.国际话语权与中国国际形象的塑造[J].国际关系学院学报，2010(6)：58-65.

会参与"的遗产社会实践话语体系下，遗产保护话语与经济发展话语如何相互作用？第四，在我国遗产保护和利用所构成的社会网络实践中，各种话语和话语实践如何相互作用？第五，基于我国遗产保护和利用实践的社会现实，如何提升我国在国际遗产领域的话语权？针对以上研究问题，本书以浙江省杭州市良渚古城遗址的保护和利用、浙江省衢州市水亭门历史文化街区的保护和利用、京杭大运河（杭州段）的具体遗产实践为主要案例，运用批评话语分析的研究方法，深入分析、研究、展现，在具体实践过程中，政府（包括各级政府的相关遗产部门和其他政府机构）和社会公众（包括遗产专业学者、遗产所在地社区居民等）（作为利益相关群体）形成的权力和权力关系，与所处的社会语境和社会现实之间的交互作用等，揭示文化遗产实践作为我国地方社会治理方式的遗产实践的话语形成，为世界文化遗产的话语实践提供中国经验，贡献中国智慧。这既是我国作为世界遗产大国义不容辞的责任，也是国际文化遗产话语发展的必然趋势和要求。

本书包括九章。

第一章主要介绍研究课题的缘起，文化遗产作为文化的重要资源，可以成为建构中国话语，传播中国经验和智慧，提升我国在国际遗界界的话语权的重要资源，有助于树立和提升我国文化大国的国际形象。与此同时，文化遗产作为我国历史和传统文化的重要载体，对促进传统文化的当代转化，挖掘文化的当代历史价值，以及提升我国的文化自信有重要意义。因此，该章第二节从五四时期的"整理国故"说起，认为随着我国经济实力的不断增强，要在世界范围内传播我们的文化价值观和理念，提升文化自信，增强文化软实力，有必要深入挖掘遗产的重要价值。

第二章对本书所使用的费尔克拉夫（Fairclough）和福柯（Foucault）的话语分析研究方法及其在遗产研究领域的应用而形成的

批判遗产研究（或译为"思辨性遗产研究"，critical heritage studies，CHS）方法进行了介绍；并在此基础上介绍了本书的理论框架。费尔克拉夫的话语分析方法是将研究对象视为一种话语实践（discursive practice）或者建构（construction），通过对细节的研究和呈现，分析研究对象被言说、实践的过程。福柯的话语分析，主要从知识／权力的角度看知识如何成为权力的工具，从而实现对人的规训，导致权力关系的产生；福柯后期的思想从权力和权力关系转到了"治理性"理论，他不再像早期那样认为权力和权力关系是对人的强制性控制，而是看到作为权力和权力关系作用的主体（subject）或是主动接受权力和权力关系，或是通过提高自身修养从而成为权力和权力关系的发出者。遗产研究领域的学者把费尔克拉夫和福柯的话语分析方法应用在遗产研究领域，话语分析与遗产研究的结合为人们认识及理解遗产的当下性、表征性、建构性以及由此产生的"遗产政治"提供了理论视角，推动了国际遗产研究的"话语转向"。这其中劳拉简·史密斯（Laurajane Smith）是一位佼佼者。她从话语分析角度探讨遗产实践，认为遗产就是一种建构，遗产本身就是话语和话语实践，涉及一系列价值观和理解的建构和规范。遗产实践就是通过遗产认定和利用（包括展览、展示或作为知识、表演等）的过程被建构起来。[①]史密斯指出，在遗产实践和研究领域，西方遗产话语处于霸权性地位，这一话语体系依赖于遗产知识／权力、拥有这些遗产知识和权力的技术专家和美学专家、机构化的组织，以及每个国家的文化代理机构和相关组织等，特别是欧洲受过教育的中上层专家和精英组成的统治阶层的权威话语，也被称为"权威式遗产话语（authorised heritage discourse, AHD）"。这一话语通过一系列的国家、国际组织得以推行和实践，使得 AHD 成为身份认同、遗产定义

---

① SMITH L. *Uses of Heritage* [M]. London & New York: Routledge, 2006.

和合法化的重要文化和政治工具。在此基础上，史密斯批判了AHD影响下的遗产实践，认为此种遗产实践话语企图使用起源于欧洲的遗产实践话语体系标准指导全球范围内的遗产实践，从而遮盖了世界各国和地区的文化多样性。因此，她提出，既然遗产作为重要的政治和文化工具对于身份认同、经验以及社会文化立场的建构具有重要作用，也可以为那些被言说的、缺少遗产话语权的国家和群体所使用，它们可运用知识/权力的视角挑战AHD的权威，这样就可以重新利用遗产和遗产实践来定义自己的身份认同、重申自己的文化社会价值观。因此，从话语分析角度研究作为一种治理方式的我国的文化遗产实践，提供了构建中国文化话语的特殊内容和现实基础，这首先体现了我国的本土文化；其次体现了国家和地方的特色；最后通过在国际文化遗产运动的背景下与西方遗产实践话语的平等对话，发出中国声音，增强国人的文化自信。

第三章从语言和社会的关系出发，研究我国遗产保护和利用中"政府主导、社会参与"的话语建构。首先分析了政府在我国遗产保护和利用的社会实践中作为主体的话语策略；其次从遗产政策作为机构话语看"政府主导、社会参与"的话语策略如何践行；接着从遗产实践机构话语和社会语境的辩证关系视角出发，探究"政府主导、社会参与"作为遗产实践话语背后的社会语境，从社会制度和社会构成来寻求这一机构话语的原因，以及社会语境对于"政府主导、社会参与"的遗产实践话语的作用。

我国"政府主导、社会参与"遗产保护和利用的话语实践并不是孤立存在的，而是与不同的社会实践之间存在着一定的关系的，构成了社会实践的网络。第四章以良渚古城遗址的保护为案例，从遗产保护和利用作为社会实践的细节入手，展现良渚古城遗址的保护和利用的社会实践与话语或话语实践相互作用的过程，从纵向维度和横向维度的社会实践网络入手，挖掘各种社会实践相互作用的特征：第一，良渚古城遗址的保护和利用，一切以遗产的保护和利用为中心，不仅仅是发生在与遗产保护和利用相关的各级政府行政部门，而且从文物保护相关部门的社会实践延伸到整个遗产所在地区域空间的治理，这里面涉及治安问题、经济问题、房地产问题、拆迁问题等，发生在政府治理的不同领域，比如公安系统治理下的防止偷盗、贩卖文物问题，房管部门管理下的文物遗址区内的拆建房屋问题，以及区域内招商引资等问题，体现了遗产保护和利用的社会实践之间的相互影响和作用。第二，良渚古城遗址的保护和利用的实践主体，主要是最低层级的政府即余杭区政府及其行政管理体系中的文物保护和利用部门，而杭州市、浙江省以及国家级政府及相应的文物保护管理部门，主要是在相关法律、政策、文件上给予必要的专业性支持。

话语的社会实践离不开语言使用者，即"人"的作用。在我国"政府主导、社会参与"的遗产话语实践中，语言使用者包括各级政府中从事遗产保护和利用的政府工作人员、相关的遗产专家学者以及遗产所在地社区居民，他们在我国"政府主导、社会参与"的遗产实践话语建构中各有各的地位和作用。因此，第五章从语言使用者，即"人"的角度出发，阐述遗产的社会实践话语的语言使用者如何在具体的遗产保护和利用的社会实践中发挥作用。包括遗产专家学者在内的社会公众作为遗产的社会实践话语的语言使用者，既受到政府作为遗产社会实践的主体的话语权的主导，同时也从其自身对于"政府主导、社会参与"的遗产实践的社会现实起到一定的影响作用。这表现在：第一，社会公众参与遗产保护和利用的社会实践的话语逐步增强；第二，政府作为遗产保护和利用的主体也越来越重视社会力量参与遗产实践的作用。

第六章主要从福柯后期对于权力和权力关系的理解出发，认为虽然社会公众在我国"政府主导、社会参与"的遗产话语的社会实践中处于被描述、言说的地位，这并不代表社会公众完全处于一种被动的地位。目前已有的研究文献常将遗产实践中的"社区参与""社会参与"和"公众参与"混用，因此，本章首先对于社区的概念以及社区参与和社会参与等的异同进行梳理和总结，提出这三者有时可以混用。接着对于国际国内的遗产保护和利用中社会参与的研究文献进行了梳理和介绍，提出我国公众参与遗产话语的社会实践呈现多样化趋势，且不同程度地表现出能动性，而不只是遗产话语言说的对象。社会参与遗产话语的社会实践有助于遗产保护和利用的可持续性，亦有利于社区发展，因此有必要进一步促进其参与遗产的社会实践的能动性。

第七章主要研究遗产保护和利用的社会实践如何在我国成为政府治理地方社会的话语。本章首先分析展现遗产保护和利用的话语如何从以经济发展话语为导向，到以强调文化话语为主导，进而实现遗产保护话语与发展话语的融合。接着，从良渚古城遗址的保护和利用的具体细节入手，揭示如何从遗产的社会实践话语与经济发展的悖论，到实现二者之间的有机融合。最后提出遗产保护和利用的社会实践作为我国政府治理地方社会的文化治理方式，具有中国特色，形成了独特的中国经验和中国智慧。

基于我国遗产话语作为社会实践对于我国的社会现实具有建构功能，同时又受到我国的社会语境的作用，第八章从话语权角度出发，认为遗产实践作为话语在国际社会中体现的是国与国之间的关系。换句话说，体现的是我国与遗产话语权占主导地位的西方社会的关系，因此，有必要基于我国遗产话语的社会实践，发出中国声音，在国际"遗产外交"中提升我国的话语权。首先，本章提出中国话语依然面临着各种挑战，首先体现在意识形态上。由于我国和西方社会在意识形态上的不同，我国的遗产保护和利用的社会实践经常被误读和误解。其次，我国现有的遗产话语权意识比较薄弱，而且在遗产保护和利用领域充斥着大量西方话语，本土的遗产保护和利用的"中国话语"创建不足。因此，要增强我国在国际遗产保护和利用的社会实践中的话语权，需要充分发挥我国的遗产专家学者在国际"遗产外交"中的作用。遗产专家学者在我国"政府主导、社会参与"的话语实践中处于媒介的地位，这表现在这一群体拥有遗产专业性知识，能参与到政府作为主体的遗产社会实践中，影响相关遗产政策作为机构话语的制定，以及遗产保护和利用的话语实践；同时也能够作为遗产教育者对于社会公众起到普及遗产实践知识，提升社会公众的遗产话语素养的作用；还能够作为中国遗产实践话语的研究者和言说者在"遗产外交"领域发挥重要作用，从而有助于我国在国际遗产领域中话语权的提升，分享中国经验，发出中国声音。第三，重视从我国的历史文化传统中不断挖掘与遗产保护和利用有关的话语，努力形成具有我国特色的遗产保护和利用的社会实践话语，以提升我国在国际遗产领域中的地位和话语权。作为一个文化语境不同于西方的文化遗产大国，对于文化遗产的认知、保护和利用，在学习西方、借鉴西方的同时，我们应力求保持中国文化和历史的特点，在历史观、文化遗产价值等方面保持思维的独立性，跳出AHD框架的束缚，探索中国文化遗产认知、保护和利用的本土话语。

　　第九章主要介绍本课题的研究发现、研究意义以及未来研究的方向。将文化实践作为一种治理方式有助于提升我国的文化自信，并且是我国在国际社会提升文化价值观念话语权的重要资源，把文化实践作为治理方式对于中国话语建构有重要的意义。因此本章着力探讨如何运用文化实践作为治理方式建构中国话语。同时，就研究的现实意义来说，本章对当下我国遗产实践中作为遗产实践主体的政府、遗产专家学者和社区居民的参与现状进行了总结，指出其中存在的问题就是三者之间缺少持续有效的沟通机制，从而使遗产实践的认定、保护和利用三个环节中政府、遗产研究学者和社区居民之间出现了脱节。因此，本章再次重申了我国遗产实践作为一种治理方式需要注意的事项：从纵向来看，要通过遗产实践作为一种治理方式，加强国家、地方、社会三者之间的互动；从横向，即具体的遗产的社会实践来看，要加强作为遗产实践主体的政府、遗产研究学者和社区居民之间的良性互动。

本书主要基于笔者参与的三项地方文化遗产保护实践案例，旨在从我国具体遗产实践入手，在遗产运动全球化语境下，从遗产地的历史文化传统和实地情况出发，反思以联合国教科文组织为代表的遗产话语体系，分析和研究我国遗产保护和利用的社会实践所处的社会语境、社会现实和遗产的社会实践所涉及的利益相关群体等，揭示中国本土遗产实践话语的细节层面，并尝试与西方遗产话语进行跨文化对话。

2010年6月，应国家历史文化名城衢州市的文广局邀请，浙江大学跨文化与区域研究所及非物质文化遗产研究中心组成的研究团队在衢州市水亭门历史文化街区展开文化遗产研究。具有1800多年历史的衢州市是南孔所在地，深受中国传统文化的浸染，地方历史文献丰富，文化遗迹众多。该项目使笔者有机会参与社区文化遗产实践的整个过程，从项目的酝酿到执行，再到项目结束，以及到水亭门历史文化街区的保护开启，最终到现在的活化和利用，前后经历了7年左右的实践。在这过程中，笔者有机会深入其中的微观细节，获得研究的一手资料。

2016年6月，受良渚博物院委托，笔者参与了浙江大学非物质文化遗产研究中心和社会学系的课题组"杭州全书·良渚丛书"之一《良渚遗址综合保护历程、经验与启示》的编写工作，期间深入良渚遗址保护挖掘现场，与良渚遗址保护和利用的一线工作人员进行了深度和广泛的交流，并得到了最近30多年良渚遗址保护和利用的相关文件，对于良渚遗址保护的历程、保护和利用的细节等有了比较全面的了解。良渚遗址的保护，如果从 1936 年施昕更发现良渚黑陶算起，到现在已经历经了 80 多年的时间。从原来单体遗址的保护，到现在设立的良渚遗址考古公园；从原来的考古专业性保护，注重保护良渚遗址的考古价值和遗产价值，到现在的综合保护，即既保护良渚遗址本体，又注重保护遗址所在的周边环境；把良渚遗址的保护和利用放在了整个遗址所在地——余杭区的地方治理体系当中，同时兼顾良渚原住居民的利益诉求，将良渚遗址保护纳入良渚新城的发展规划，即"大杭州"的城市规划中，体现了遗址保护和利用与城市发展的和谐共存。本书第四章和第七章以良渚遗址保护为主要案例，看地方政府如何在遗址保护和利用实践中发挥其主体优势，有效地解决了良渚遗址保护和利用与城市可持续发展之间的矛盾，实现了社会效益和经济效益之间的平衡和兼顾。

2017 年 4 月，笔者参加了由浙江大学非物质文化遗产研究中心和社会学系受杭州市运河（河道）研究院委托的杭州运河船民文化作为活态文化遗产的研究项目。2014 年中国大运河成功入选世界文化遗产名录。大运河作为世界文化遗产，是世界认可的中国国家文化符号。推进大运河文化资源的保护、传承和利用，是将大运河建设成中华民族伟大复兴的文化标志性品牌的重要举措。后遗产时代的运河保护和利用，不仅要遵循世界文化遗产价值保护的"真实性"和"完整性"原则，更重要的是如何利用大运河的文化遗产资源。依靠运河以运输为生、以船为家的船民群体，是运河的文化遗产内涵中不能忽视的核心社群（core community）。他们在运河水上空间的日常生活方式、历史脉络，对于运河水环境的感知和对运河作为文化遗产的认知，值得人们关注。该项目通过对当代船民日常生活的民族志研究，记录和保存船民的"活态文化遗存"，探究运河船民的遗产价值。2017 年 2 月 24 日，习近平总书记做出重要指示：保护大运河是运河沿线所有地区的共同责任。2019年2月1日，中共中央、国务院出台了《大运河文化保护传承利用规划纲要》，提出要深入挖掘大运河承载的深厚文化价值和精神内涵，结合时代要求继承创新，合理利用文化资源打造大运河文化带。因此，关注运河上的船民群体可以为运河文化带建设提供重要启示。

最后，由于本人的遗产实践经验和学术视野有限，本书在很多方面有待提升。在遗产实践上，希望有更多学者投入我国遗产实践作为治理方式的实际调查案例的总结上；在学理建设上，希望能够有更加充分、深入和细致的梳理和总结。笔者希望通过讲好遗产实践的中国故事，从而使具有中国特色的文化遗产实践作为治理方式，成为国际遗产界可以广泛传播的中国智慧和中国经验，发出中国强音，提升中国的国际话语权。

第一章　研究构想的提出

　　遗产和遗产实践本身就是话语和话语实践，是人们基于当下语境，对于过去历史的建构。这种建构是在西方上层社会男性白人为中心的"权威式遗产话语"霸权性地位影响下的实践，掩盖了具体历史文化传统的多样性。因此，我们有必要跳出西方话语实践的藩篱，从我国的遗产话语实践出发，建构遗产实践的中国话语体系，与西方进行跨文化对话。①

　　我国的遗产保护和利用为"政府主导、社会参与"的模式。然而本书并不是要从政治角度来谈论我国这种遗产保护和利用的话语实践，而是联系我国历史和当下的社会语境，对"政府主导、社会参与"的遗产保护和利用的话语实践进行批评话语分析，通过研究和分析遗产实践主体所采取的话语策略，遗产政策作为机构话语、遗产实践话语与社会语境的辩证关系，以遗产实践为中心的社会实践网络，以及遗产实践话语中的语言使用者等等，探讨如何通过提升我国在国际遗产实践领域的话语权来提升国家的文化自信和国际话语权。

　　在今天，我们要讲好中国故事，挖掘中国传统文化的精髓，增强国人的文化自信，讲好文化遗产的中国实践故事，亦是更好地宣传文化遗产的中国实践话语，在国际遗产实践界和学界，发出中国声音，应对西方现代性、全球化的挑战。首先，我国的遗产保护和

---

① 施旭. 文化话语研究的中国实践 [N]. 中国社会科学报，2018-03-06(08).

利用体现了我国的文化自觉。文化遗产作为中国传统历史文化的重要载体，是历史留给我们的宝贵财富，是我国5000多年历史的重要见证。其次，我国的遗产保护和利用是在全球遗产运动视野中的遗产实践。这就说明我们既要考虑本国的历史文化特色，又要存有开放的心态，注重与国际遗产实践界和学术界的沟通和交流。第三，遗产既是民族的，也是世界的，我们有必要通过遗产话语的沟通交流，在世界舞台上传播我国遗产实践的经验和智慧，让世界了解中国文化的价值，提高我国在遗产外交中的影响力和世界地位。因此，我们很有必要梳理、总结和建构具有中国特色的遗产实践话语体系，传播中国的文化价值观念，增强我国在世界文化遗产领域中的话语权，促进中国文化"走出去"。

第一节　遗产实践是建构中国话语的重要资源

如今，我国在世界政治经济文化中的地位已显著提升，然而，国际社会对中国道路与中国经验的认知充满猜测和想象。中国常常是被剖析和辩论的对象，而非积极的国际话题参与者，这与我国日益崛起的大国地位很不相称。[①] 中国崛起带来的可能是一种全新的思维、一种深层次的范式变化（paradigm shift）、一种西方现存理论和话语还无法解释的新认知。[②] 中国如何应对国际社会的各种质疑与挑战、阐释和宣传中国道路的正当性、保障自己在国际社会中的合法权益、处理好与其他国家的关系等，很大程度上依赖于中国拥有的话语权，即如何通过言说促进国际社会了解中国，让中国的文化价值观念被国际社会所接受。因此，用"中国话语讲述中国故事"成

---

① 赵庆寺. 中华传统文化与中国国际话语权的建构路径 [J]. 探索，2017(6)：114-121.
② 张维为. 关于中国发展模式的思考 [J]. 学习月刊，2008(2)：4-5.

为我国在国际传播层面上的重要范畴①，这也成为我国经历40年改革开放之后实行"文化走出去"的战略性选择之一，亦成为我国推进文化大发展的重要主题和契机。

党的十八大以来，以习近平同志为核心的党中央持续推进着中国特色、中国风格、中国气派的理论话语体系的形成，又激发了蓬勃的大众文化实践。②2013年12月，习近平总书记在全国宣传思想工作会议上指出，要加强国家话语体系建设，增强国际话语权，"着力打造融通中外的新概念新范畴新表述，讲好中国故事，传播好中国声音"③。这说明，"国家话语""中国特色的话语学体系""国家话语能力"等成为我国社会科学界关注的热点，并正在上升为国家战略。④因此，如何建构中国话语、提升我国在国际交往中的话语权，成为我国哲学社会科学领域所关注的焦点。王伟光指出："加强中国特色哲学社会科学话语体系建设，是中国特色社会主义实践创新的需要，也是党的理论创新的要求。"⑤建设中国特色哲学社会科学话语体系亦离不开话语表达的创新，话语体系创新应贯穿于话语构建的各个领域的学科体系等方面，要坚持话语创新与学术创新的统一。中国话语的建构，需要学科之间知识体系、学科视野的整合，不仅仅是语言学、修辞学、话语学、新闻学、传播学领域，也需要社会学等人文学科的参与，这应成为中国话语发展和建构的趋势。⑥

遗产研究领域可以成为中国话语建构的重要资源。话语分析在

---

① 陈汝东 . 论中国话语文明的历史走向 [J]. 现代传播，2016(6)：14-19.
② 关铭闻 . 浚通中华文化的源头活水——党的十八大以来中华优秀传统文化传承发展述评 [N]. 光明日报，2017-02-23(1).
③ 蔡名照 . 讲好中国故事　传播好中国声音 [N/OL]. 人民日报，2013-10-10[2019-03-15]. http://politics.people.com.cn/n/2013/1010/c1001-23144775.html.
④ 陈汝东 . 论国家话语体系的建构 [J]. 江淮论坛，2015(2)：5-11.
⑤ 王伟光 . 加快推进中国特色哲学社会科学话语体系　建设巩固马克思主义思想舆论阵地——在第四届全国哲学社会科学话语体系建设理论研讨会上的讲话 [J]. 国家行政学院学报，2017(3)：6.
⑥ 陈汝东 . 论中国话语文明的历史走向 [J]. 现代传播，2016(6)：14-19.

我国社会科学领域经过30多年的译介、阐释和传播，已经被普遍接受并成为备受关注的研究领域。话语分析的理论和研究思路为我国社会科学领域带来了新概念、新思路，促使我国学者思考如何在全球化语境下建构中国的话语，在语言学、社会学、政治学、传播学等领域，思考学术的本土化和策略问题。[1]在遗产研究领域中，运用话语分析研究方法对于权威式遗产话语（authorized heritage discourse，AHD）形成霸权性话语的反思和批判，使遗产研究领域可以成为中国话语建构的重要资源。权威式遗产话语形成霸权性话语，将起源于西方世界的遗产评价标准上升为主导世界遗产评价的标准；其中联合国教科文组织有关世界遗产的重要概念"突出普遍价值"（outstanding universal value）提出，遗产的价值不仅要高于其他的价值，而且必须在任何一种情况下都是如此；而且，联合国教科文组织任命的遗产专家，由于具有专业性遗产知识，其所在的相应机构在遗产价值等级的确认上，在遗产申请载入《世界遗产名录》的过程中具有决定权。[2]我国于1985年加入《保护世界文化和自然遗产公约》（Convention Concerning the Protection of the World Cultural and Natual Heritage），在我国遗产申请成为世界遗产的过程中，各级政府不断去接受、理解及阐释世界遗产的概念内涵，同时也发现我国的遗产并不完全适应世界遗产的认定、评价体系，然而为了成功《加入世界遗产名录》，许多遗产实践者不断地调整以适应世界遗产话语体系，甚至要和国际遗产专家谈判、协商如何认定我国遗产的价值和评价等级，这为建构中国话语提供了重要的途径和资源。成为世界遗产不仅关系到遗产所处的历史、文化环境，同时也是一个国家

---

[1] 施旭.话语分析的文化转向：试论建立当代中国话语研究范式的动因、目标和策略 [J].浙江大学学报（人文社会科学版），2008(1)：131-140.

[2] ZHANG R. World heritage listing and changes of political values: A case study in West Lake cultural landscape in Hangzhou, China [J]. *International Journal of Heritage Studies*, 2017, 23(3): 215-233.

建构自身的国家形象、权力、文化认同的重要资源，有助于提升文化软实力，建构和谐稳定的国家话语。[①] 遗产建构主要有三个层次：遗产作为政府发展旅游产业、进行地方治理、促进当地身份认同的重要方式；遗产作为专家学者知识的建构；遗产作为社区居民追求本体价值和经济利益的手段。在相关文化政策下，我国各级政府作为遗产实践主体在"政府主导、社会参与"的遗产保护和利用的社会实践中发挥了积极作用。本书从遗产学、社会学以及语言学的跨学科视角出发，以中国话语的对外传播为目标，尝试运用遗产学、社会学具体社会实践材料，研究和分析遗产实践的中国话语的建构细节，从而在宣传我国文化、提升我国国际话语权的对外传播方面贡献一点力量。

要建设中国特色话语体系，一个重要任务就是要讲好中国遗产实践的故事，这也是本书的重要任务。首先要构建好中国遗产实践的大的格局，深入具体遗产实践，展现其中的遗产实践主体即各级政府、遗产专家学者以及社区居民三者在遗产实践中的角色和作用，以及三者之间的互动。我国当下的遗产实践话语是以社会和谐为最高准则，实践中以政府、学者和社区居民的良性互动占主流地位，我们有必要研究三者之间是如何互动进而取得这样的境界，从而能够讲述好我国的文化遗产实践故事。在文化遗产保护已然成为《保护非物质文化遗产公约》（Convention for the Safeguarding of Intangible Culture Heritage）缔约国普遍关注的共同事项，并在几十年的发展中形成了国际社会共同使用和相互理解的话语系统的背景下，我国又提出了"一带一路"倡议，这一切都使文化遗产领域成了中国和世界良好的对话空间和话语平台，有利于营造文化间对话的和谐氛围，让文化遗产成为交流、合作和相互理解的话语资源；有了这样的空间

[①] YAN H M. World heritage as discourse: knowledge, discipline and dissonance in Fujian Tulou Sites [J]. *International Journal of Heritage Studies*, 2015, 21(1): 65-80.

和资源，"我们才能在地方、国家、双边或多边、区域或次区域层面，改进我们与世界各国文化间对话及和平文化建设的环境、能力和方式"①。因此，在这样的一个大环境下，将遗产实践作为建构中国话语的重要资源大有作为，这有助于促进我们重新认识文化遗产，对中国未来的文化建设意义重大。②

可见，对遗产实践进行跨文化研究并在此基础上进行遗产社会实践的中国话语建构将成为一项重要课题。首先，我国的遗产实践运动如火如荼，有大量的遗产实践故事可供挖掘和讲述。其次，建构遗产实践的中国话语，为世界文化遗产的话语实践贡献中国智慧和中国经验，既是我国作为世界遗产大国义不容辞的责任，也是国际文化遗产话语发展的必然趋势和要求。西方也希望中国能够有一套话语体系，言说自身道路的特殊性，这是国际化、全球化发展的趋势。③

由于全球化的发展，现在的国际遗产保护和治理正在进入一个崭新的时代，随着经济和政治力量的转移，非西方模式的遗产治理正在国际舞台上建立新的合法性地位。随着在亚洲、南美、中东、非洲等地区遗产保护和利用的话语实践的深入开展，国际遗产保护相关组织或者出于商业利用目的，或者出于政治目的，对这些地区提供的遗产保护援助在文化外交和软实力战略中发挥着越来越重要的作用。然而，随着全球秩序的变化，联合国教科文组织的能力削弱，民族国家的力量增强等，非西方的民族国家作为国际遗产保护和治理的重要角色，对世界遗产外交和治理领域产生了深远的影

---

① 朝戈金. 从三个故事看文化遗产保护与"民心相通"[N]. 中国民族报, 2018-02-09(11).
② 牟延林. 非物质文化遗产的表述背后是中国 [C]// 文化遗产研究（第二辑）. 成都：巴蜀书社, 2012: 277-280.
③ 陈汝东. 论国家话语体系的建构 [J]. 江淮论坛, 2015(2): 5-11.

响。①如泰勒通过研究国际文化景观概念与东南亚地区文化遗产实践之间的互动关系发现，20世纪90年代"文化景观的崛起"使国际遗产组织，如国际古迹遗址理事会（International Council On Monuments and Sites，ICOMOS）意识到这个概念非常适合东南亚地区国家的遗产现状；另一方面，东南亚国家的文化景观遗产丰富了人们对于遗产与周边环境关系的认知。②

1985年我国正式加入《保护世界文化和自然遗产公约》以来，经过30多年的遗产实践，现在我国已经成为拥有世界遗产数量最多的国家。随着我国作为遗产大国地位的提升，国际遗产组织十分重视我国，逐渐将我国文化遗产在遗产认知、保护和利用方面的一些特殊性考虑进遗产保护利用相关的文件或宣言的制定中，比如ICOMOS于2005年10月21日发布的《西安宣言》，承认了文物古迹遗址的周边环境对于古迹遗址重要性和独特性的贡献，就是考虑到包括我国在内的亚洲文化遗产不同于西方的古迹遗址保护的特点，而及时更新了他们对于古迹遗址保护的认知。这一宣言让人们认识到遗产所处周边环境及其对于古迹遗址的重要性：

> 古建筑、古遗址和历史区域的周边环境指的是紧靠古建筑、古遗址和历史区域的和延伸的、影响其重要性和独特性或是其重要性和独特性组成部分的周围环境。除了实体和视角方面的含义之外，周边环境还包括与自然环境之间的相互关系，所有过去和现在的人类社会和精神实践、习俗、传统的认知或活动、创造并形成了周边环境空间中的其他形式的非物质文化遗产，以及当前活跃发展的文化、社会、经济氛围。③

---

① WINTER T. Heritage conservation futures in an age of shifting global power [J]. *Journal of Social Archaeology*, 2014, 14(3): 319-339.

② TAYLOR K. Cultural landscapes and Asia: reconciling international and southeast Asian regional values [J]. *Landscape Research*, 2009, 34(1): 7-31.

③ 江昼. 文物建筑及其周边环境保护的新思路 [J]. 华中建筑，2017, 25(11)：149.

ICOMOS 前副主席郭旃认为："《西安宣言》是文化遗产保护事业理念和理论迈入历史新阶段的成熟表征。它系统地宣告，相关环境是遗产完整价值不可缺少的组成部分，而不是可有可无的附着物。"[①] 2006 年出台的《北京文件》亦是如此，这与 1994 年颁布的《奈良真实性文件》、2001 年发表的《世界文化多样性宣言》、2004 年修改完成的《实施世界遗产公约操作指南》一样，都表明国际遗产组织能够尊重包括中国在内的许多国家的遗产保护具体实践的经验和历史文化传统，以示对文化的多样性和人类文明的独创精神的尊重。以上均表明在遗产实践领域中，我国与国际遗产界进行平等对话的可能性是非常大的，而且中国的遗产话语实践是受到国际遗产组织的重视和接纳的。正如《奈良真实性文件》所指出的：

> 一切有关文化项目价值以及相关信息来源可信度的判断都可能存在文化差异，即使在相同的文化背景内，也可能出现不同。因此不可能基于固定的标准来进行价值性和真实性评判。反之，出于对所有文化的尊重，必须在相关文化背景之下来对遗产项目加以考虑和评判。[②]

联合国教科文组织下的世界文化遗产协会不断修订遗产"突出普遍价值"的一个重要原因，就是为了适应不同时代的要求，不同国家和历史文化传统的需要，以达到促进世界文化多样性的目标。[③]世界遗产保护组织也希望能够资助中国本土的文化遗产实践，形成可以作为范例的遗产实践范式。所以，我们有必要顺势而为，充分利用我国的遗产实践资源，进行相关的中国话语建构。

---

① 郭旃.《西安宣言》——遗产环境保护新准则 [J]. 中国文化遗产，2005(6)：6.
② 郭旃.《西安宣言》——遗产环境保护新准则 [J]. 中国文化遗产，2005(6)：6.
③ 史晨暄. 世界遗产"突出的普遍价值"评价标准的演变 [D]. 北京：清华大学，2008.

第二节　从整理国故、文化自觉到文化自信

　　建构中国话语成为我国哲学社会科学界普遍关心的话题。在建构的具体实施路径上，我国哲学社会科学界提出首先要有文化自觉，其次要立足于中国现实，再次要向西方借鉴学习，阐释中国道路，向西方解释中国世界。①文化自觉是中国文化走出去的前提。所谓"文化自觉"，费孝通认为："文化自觉只是指生活在一定文化中的人对其文化有'自知之明'，明白它的来历，形成过程，所具的特色和它发展的趋向，不带任何'文化回归'的意思，不是要'复旧'，同时也不主张'全盘西化'或'全盘他化'。自知之明是为了加强对文化转型的自主能力，去决定适应新环境、新时代时文化选择的自主地位。"②高丙中、赵萱认为，在全球文化遗产运动的语境下，非物质文化遗产的保护为中国传统文化的复兴提供了历史机遇，即费孝通所说的"文化自觉"③。张西平提到："在向世界学习的过程中，我们的文化观念开始开阔，在消化外来文化之时，我们开始自觉。"④

　　我国的遗产保护和利用是"文化自觉"的重要实践方式，这其实从五四时期的"整理国故"运动就已经开始。胡适提出的"整理国故"可以理解为"有系统的古籍整理"，根本意义在于"评判的态度"，即尼采所说的"重新估定一切价值"。这种对于"价值"的评估主要集中在文化价值（cultural values），即无形的文化意义，最终"就会产生一个新的文明来"。重视文化遗产的文化价值或者文化意义，是中国传统文化中应有之议题。

① 张传民.文化自觉、理论自觉与中国话语体系的建构 [J].山东社会科学，2012(10)：183-187.
② 费孝通.费孝通论文化与文化自觉 [M].北京：群言出版社，2005：344.
③ 高丙中，赵萱.文化自觉的技术路径：非物质文化遗产保护的中国意义 [J].中南民族大学学报（人文社会科学版），2014(3)：1-6.
④ 张西平.中国文化走出去需要构建新的话语体系 [N].中国文化报，2017-03-17(04).

提到"整理国故"，就不能不提到胡适提倡的新文化运动。[①] 新文化运动，也叫作"中国文艺复兴运动"，包括四个方面：第一是研究当前具体和实际的问题；第二是"输入学理"；第三是"整理国故"；第四是"再造文明"。这四方面也是中国文艺复兴的四重目的：

> 一、研究问题，特殊的问题和今日切迫的问题；二、输入学理，从海外输入那些适合我们作参考和比较研究用的学理；三、整理国故，把三千年来支离破碎的古学，用科学方法作一番有系统的整理；四、再造文明，这是上三项综合起来的最后目的。[②]

在谈到"整理国故"时，胡适特别谈到，"整理国故"也可以理解为"有系统的古籍整理"：

> 这其中的第一项成就就是：版本学、训诂学和校勘学。这一工作使得许多古籍显得更富智慧，也更接近现代的学术；第二项成就是发现古书和翻刻古书。第三项成就便是考古，发现古物。[③]

在胡适看来，这三项内容整合起来，便是"整理国故"。然而，这三项并未朝着有机统一的方向发展，而是各自有所侧重。其中，第三项发展到现在就是文化遗产运动。史献浩提出，以胡适、顾颉刚为代表的"研究问题、输入学理、整理国故、再造文明"的主张，使得中国现代史学取得了巨大的成就，其中重要的一点就是使得人们开始关注文献以外的古物、歌谣、传说等资料。而古物作为国故的代表，是作为封建迷信需要被破除，还是作为文化艺术品可以流传百世？这个讨论其实为当下的文化遗产保护运动提供了一些

① 胡适. 胡适口述自传 [M]// 胡适文集 (1). 欧阳哲生，编. 北京：北京大学出版社，1998：342.
② 胡适. 胡适口述自传 [M]// 胡适文集 (1). 欧阳哲生，编. 北京：北京大学出版社，1998：342.
③ 胡适. 胡适口述自传 [M]// 胡适文集 (1). 欧阳哲生，编. 北京：北京大学出版社，1998：372-373.

启示。①

胡适提出，在新文化运动中，"评判的态度"是新思潮的根本意义，这种"评判的态度"的真义就是尼采所说的"重新估定一切价值"②。这种评判的态度体现在新文化运动所包括的四个方面当中。可见，这种对于"价值"（values）的评估，主要集中在文化价值，即无形的文化意义方面。而此种文化价值在文化遗产运动中则主要表现为遗产的非物质性的文化价值或者文化意义。通过此种方式，胡适指出，"通过严肃分析我们所面临的活生生问题；通过由输入的新学理、新观念、新思想来帮助我们了解和解决这些问题；同时通过以相同的批判的态度对我国固有文明的了解和重建，我们这一运动的结果，就会产生一个新的文明来"③。

文化遗产运动由于受到西方思潮的影响，过于偏重物质而不那么重视遗产的文化意义和价值。胡适的这一思想和近些年来西方批判遗产研究学者所倡导的思想一致："遗产不是物"，而是一系列语言、价值观、意识形态的共谋和构建，即遗产话语。④批判遗产研究学者对于充斥于遗产学界的"权威式遗产话语"进行了反思和批判，指出"权威式遗产话语"是带有西方史学观、文化思维方式和中上层男性白种人烙印的话语，强调遗产的物质原真性，纪念碑性，民族主义和艺术、科学价值，而忽视了遗产本身的文化政治学及其多样性的文化价值体系。⑤

遗产的价值最终体现在其承载的无形文化价值和意义上，与我

① 史献浩. 存古：民初顾颉刚"保存唐塑"之倡导及其回应 [J]. 民俗研究，2015(3)：86-93.
② 胡适. 胡适口述自传 [M]// 胡适文集 (1). 欧阳哲生，编. 北京：北京大学出版社，1998：342.
③ 胡适. 胡适口述自传 [M]// 胡适文集 (1). 欧阳哲生，编. 北京：北京大学出版社，1998：344.
④ SMITH L. *Uses of Heritage* [M]. London & New York: Routledge, 2006.
⑤ SMITH L, WATERTON E. *Heritage, Communities and Archaeology* [M]. London: Gerald Duckworth and Co., 2009.

国五四时期学者提出的"整理国故"的根本意义在于"评判的态度"，即"重新估定一切价值"一致。胡适提到："我们整理国故，只是要还他一个本来面目。"从这个方面来说，中国的文化遗产运动应该继承五四运动的批判精神，通过遗产话语的建构和保护，还传统中国文化一个本来面目。什么叫作"本来面目"？刘锡诚的观点或许会给我们一些启发，他用新娘在婚礼上"跨火盆"的例子提出，不能单纯把"跨火盆"理解为去新娘邪气，不尊重妇女，而是应该看到，中国原始社会是人类从群婚到对偶婚的过渡时期，"跨火盆"表示新娘离开娘家嫁到夫家，告别旧的家庭开始新的生活。因此，在当下把"跨火盆"作为传统婚礼遗产的一部分，既要看到"跨火盆"在当时历史条件下的意义和作用，也要看到其在当下条件下的意义和作用。[1]"本来面目"即在当时当地的历史条件下，该如何去理解其文化意义与内涵；同时，也要考虑到其被继承和使用的新的文化意义和内涵。

向云驹提出，应在整理国故的基础上传承与发展非物质文化遗产。[2]目前中国的文化遗产运动，大多过于遵循西方的遗产运动框架，而忽视从中国传统文化中汲取必要的资源。胡适的"整理国故"思想强调对中国传统文化重新进行价值评估，而并不仅仅是专注于有形的中国传统历史文化载体，这与中国传统文化注重文化意义和价值的传承有关。文化遗产运动作为"整理国故"的一部分，其蕴含的是中国传统文化的无形文化内涵与意义，具有教化的功能。中国的遗产话语实践完全可以实现中国特色，既不必完全放弃本身的文化传统，也不必全盘吸收西方的思想。可以说，无论是非物质文化遗产保护，还是物质文化遗产保护，都是中国的文化自觉。我们需要借助文化遗产的物质载体，把中国传统文化的精髓、文化精神与意义唤醒并使其重新焕发活力，这也是"整理国故"的最终目的。

---

① 刘锡诚.试论非物质文化遗产的价值判断问题[J].民间文化论坛，2008(6)：21-27.
② 向云驹.论确立科学的非物质文化遗产观[J].文化遗产，2008(4)：14-17.

在今天的文化遗产保护中，我们有必要重新重视遗产文化意义和价值，"不忘本来、吸收外来、面向未来"，有利于彰显中国文化自信，增强国家文化软实力和中华文化的国际影响力。何谓文化自信？2016年7月1日，习近平总书记在庆祝中国共产党成立95周年大会上的重要讲话中提出："文化自信，是更基础、更广泛、更深厚的自信。在5000多年文明发展中孕育的中华优秀传统文化，在党和人民伟大斗争中孕育的革命文化和社会主义先进文化，积淀着中华民族最深层的精神追求，代表着中华民族独特的精神标识。"[①] 习近平总书记指出："中国特色社会主义是改革开放以来党的全部理论和实践的主题，全党必须高举中国特色社会主义伟大旗帜，牢固树立中国特色社会主义道路自信、理论自信、制度自信、文化自信，确保党和国家事业始终沿着正确方向胜利前进。"[②] 在新时代背景下，我们需要对中华优秀传统文化进行创造性转化和创新性发展，坚持文化自信，弘扬以爱国主义为核心的民族精神和以改革创新为核心的时代精神，为实现中华民族伟大复兴而不懈奋斗。2014年3月27日，习近平主席在联合国教科文组织巴黎总部讲话时说："一个国家和民族的文明是一个国家和民族的集体记忆……每一种文明都延续着一个国家和民族的精神血脉。"[③]

我国的文化遗产是中华传统文化的重要载体，在中国特色社会主义新文化建设中占有重要地位。首先，党的十九大报告指出，中国特色社会主义新时代的主要矛盾是人民日益增长的美好生活需要和不平衡、不充分的发展之间的矛盾。这意味着当代中国人的需求已经由满足物质需求转化为满足精神需求。文化遗产实践作为文化

---

① 习近平.习近平在庆祝中国共产党成立95周年大会上的讲话 [N/OL].人民日报，2016-07-02[2019-03-15]. http://cpc.people.com.cn/n1/2016/0702/c64093-28517655.html.

② 吴桂韩.高举伟大旗帜 坚定"四个自信"[J].理论学习，2017(11)：8-10.

③ 习近平.文明因交流而多彩，文明因互鉴而丰富 [M]// 习近平.习近平谈治国理政.北京：外文出版社，2014：258.

建设的一部分，其中遗产的活化利用（比如遗产作为旅游资源的开发利用、遗产博物馆展示等）可以满足人们的精神需求。第二，要建设社会主义文化，就要秉承中国的文化价值观念，坚持中国的文化立场。我国的遗产实践正是立足于我国当代的文化发展现状，思考和解决遗产保护和利用问题，这是当代社会所关心的文化问题。我国的遗产实践正成为社会主义文化建设的着力点之一。第三，我国"政府主导、社会参与"的遗产实践模式，既要坚持政府在遗产实践中的主体性地位等相关原则，坚持执行国家制定的宏观遗产保护和利用相关政策，又需要结合地方的实际情况，充分发挥地方政府和当地社会的积极性作用，激发全民族文化创新和创造的活力，建设社会主义文化强国。[①] 习近平总书记在党的十九大报告中指出要"加强文物保护利用和文化遗产保护传承"，对遗产的保护和利用，不仅能够推动地方文化产业发展，为当地带来直观的经济效益，又能够丰富群众的文化活动，取得良好的社会效益。总之，文化遗产保护和利用本身体现了我国的文化自信，促进我国的文化繁荣，有利于中华民族的伟大复兴。因此，我们有必要讲好遗产保护和利用的中国故事，从而展现真实、立体和全面的中国，传播中国智慧和中国经验，树立我国的大国形象，提高国家文化软实力。[②] 在此点上，话语研究者有必要承担这种社会责任，关注中国的社会现实，并在社会主义建设新时代，把促进社会发展，实现中华民族伟大复兴作为学术研究的起点，为建构中国话语体系，解读和阐释我国社会发展，促进中华文明在世界的传播，与世界对话和交流，做出坚持不懈的努力。[③]

[①] 祁述裕. 党的十九大关于文化建设的四个突出特点 [J]. 行政管理改革，2017(1)：40-41.

[②] 习近平. 习近平提出，坚定文化自信，推动社会主义文化繁荣兴盛 [N/OL]. 新华网，2017-10-18[2019-02-09]. http://www.xinhuanet.com//politics/19cpcnc/2017-10/18/c_1121820800.htm.

[③] 辛斌，田海龙，苗兴伟，等. 六人谈：新时代话语研究的应用与发展 [J]. 山东外语教学，2018(4)：12-18.

第二章 话语分析研究方法

　　本书主要采用话语分析的方法研究文化遗产实践作为一种治理方式的中国话语建构，探究和揭示文化遗产保护和利用的话语实践与我国社会的辩证关系。[①] 这里所说的话语分析方法主要是指费尔克拉夫以及福柯的话语分析研究方法。费尔克拉夫的话语分析方法是批判话语分析（critical discourse analysis，亦可译为"批评话语分析"）的重要学派。提到"critical"这个词语，许多人第一反应可能是"批判""批评"，费尔克拉夫在谈到批判方法的时候是这样阐释的："批判的方法不同于非批判的方法的地方，不仅在于前者描绘了话语实践，而且在于前者揭示了话语如何由权力与意识形态的关系构成，揭示了话语对于社会身份、社会关系以及知识和信仰体系的建构性作用。"[②] 可见，所谓"critical"就是通过分析和阐释文本（text）的生产过程，看话语如何被建构，看其中的社会主体、社会关系、知识和信仰体系如何被建构，以及其背后所反映的意识形态等。因此，所谓的"批判"是为我们提供认识某一现象、事件的视角，一套理解事物的方法。这里或许将"critical"翻译为"思辨"更加合适，这实际上都是对既有的研究进行辨析性反思和解构，进而在此基础上进行建构。笔者所理解的"critical"，更倾向于从"思辨"的视角，将话语分析方法应用在遗产研究领域，深入探索遗产话语研究的路径，进而有助于从遗产保护和利用的话语实践的视角，理解我国社

---

① 田海龙. 批评话语分析40年之话语形成 [J]. 天津外国语大学学报, 2019(1)：1-12.
② FAIRCLOUGH N. *Discourse and Social Change* [M]. Cambridge: Polity, 1992: 12.

会主义社会在新时代的新面貌。

福柯的话语分析研究方法一般被理解为包括知识与权力关系、语言表征与建构两大方面①，这种方法比较注重历史、空间维度的话语考古。②费尔克拉夫提出，福柯的话语实践不关注一些社会现实中的真实案例，包括具体的语篇或文本；福柯认为的实践（practice）有一定的"套路"，即由一定的结构（structure）来决定，这种结构相对来说比较稳定，不会轻易发生变化。因此，决定结构的一系列的原则非常直接地影响实践。③总之，实践有自己的特征，具体包括：（1）不能够简单认为实践就是结构的一种践行；（2）实践意味着实践中的结构是无法被预想的，而是被结构所决定的；（3）实践最终有助于形成结构。④所以，费尔克拉夫认为福柯不但不重视实践，也不重视斗争和反抗；他甚至提出福柯是相对主义者，没有一定的坚定的立场；费尔克拉夫认为自己不同于福柯，他明确提出自己的话语分析中有强烈的意识形态批判色彩。⑤福柯后期实际上就关注到结构的机制性的变化，即权力和权力关系的形成，权力和权力关系不是单向度的，而是双向的。社会个体既受到社会结构的影响，同时也对社会结构有一个反作用力。在社会个体、机构与整个社会结构之间的互动作用下，产生了社会结构；同时，社会结构会保持相对稳定，但并不表示社会结构一成不变，只是较少有很大的变动而已。福柯在后期已经意识到了这一点。费尔克拉夫亦认为，福柯关注的不是具体的社会实践，而是在具体的社会实践背后运作的一个巨大的结构或者说原则，这个结构或原则具有一定的稳定性，但是并不

---

① 刘彬.知识考古学：话语与陈述 [J].求索，2010(6)：224-225.
② 宋奕.话语中的文化遗产：来自福柯"知识考古学"的启示 [J].西南民族大学学报（人文社会科学版），2014(8)：7-11.
③ FAIRCLOUGH N. *Discourse and Social Change* [M]. Cambridge: Polity, 1992: 57.
④ FAIRCLOUGH N. *Discourse and Social Change* [M]. Cambridge: Polity, 1992: 59.
⑤ FAIRCLOUGH N. *Discourse and Social Change* [M]. Cambridge: Polity, 1992: 60.

表示它不会发生变化，因此，福柯的话语分析理论具有显著的解构主义色彩。① 福柯在其思想发展后期提出了"治理性"（也叫治理）的概念来替代他早期提到的权力和权力关系的概念，认为社会主体不再只是受到权力和权力关系控制和生产的对象，也可以是整个权力关系网络中权力的发出者。本书更多地运用福柯后期的治理思想来研究中国当下的遗产实践，从历史的维度去分析遗产实践背后的文化结构和传统。

将话语分析的研究方法应用于遗产研究领域是国际遗产学界近十多年来的一个重要趋势，这一趋势后发展成为批判遗产学（critical heritage studies）。在这个领域，澳大利亚学者劳拉简·史密斯运用费尔克拉夫的话语分析和福柯的知识／权力等话语理论，对西方遗产话语实践领域占霸权地位进行了反思和批判，她将这种话语称为AHD，并认为遗产是一种话语实践，是一种建构；她批判AHD强调遗产物质的原真性和完整性，遗产专家由于具有遗产专门知识，成为具有权威性的国际遗产组织的代表，形成国际统一的遗产认定、保护和实践标准，从而掩盖了各国各地区遗产的文化多样性；她提出应该跳出AHD框架，去发掘遗产的非物质层面，即文化意义与价值，以及遗产和社区居民的活态联系等，从而再现文化的多样性。从这个理论视角出发，本书亦认为，在跨文化研究中，对于遗产的思辨不能只停留在对于既有话语的解构和批判，还应该注重从我国的历史文化传统中，挖掘适合遗产所在地社区和文化传统的遗产话语，彰显遗产的地方性特色和本土意义，以在跨文化的对话中探索遗产实践和研究的多元文化之路。话语分析在遗产研究中的应用，既可以让人反思和批判AHD，也要看到它能够带领我们跳出AHD框架体系，指引我们重新审视自己的历史文化传统，从而在文化遗产

---

① 肖锦龙. 福柯理论视野中的话语——从《知识考古学》谈起 [J]. 文艺理论研究，2010(5)：87-92.

本土化方面去实践和努力。需要说明的是，话语分析方法的使用，是在借鉴和学习 AHD 和国际遗产话语对于遗产的认定和保护、利用的背景下，我们应该立足于中国传统的历史文化和当下实际；应该基于本国的历史文化传统，在文化遗产运动遍及全球的背景下，保持自身的文化独立性，梳理、总结和研究我国文化遗产实践中的思维方式、社会身份、社会关系的建构过程，"让中国认识自己，让世界理解中国，同时将推动话语研究的文化多元对话"[①]。

第一节　费尔克拉夫的话语分析方法

"话语分析"是一种跨学科实践。本书主要运用费尔克拉夫的批评话语研究方法，针对中国的文化遗产实践问题，收集相关的文本并结合我国当下的社会文化语境进行阐释。因此，有必要对费尔克拉夫的批评话语分析方法做一个简要介绍。在费尔克拉夫的《话语与社会变迁》一书中，费尔克拉夫就话语和话语分析方法进行了系统的梳理和介绍。他从以下八个方面来介绍话语分析方法：

1.在具有语言学指向的话语分析传统还比较薄弱和发展不够充分的情况下，需要借助社会学理论中有关语言和话语的描述。话语分析方法分析的主要对象是语言文本（linguistic texts）。

2.文本作为文本生产和阐释过程的产品，文本分析本身就是一种阐释，分析者侧重于阐释的趋向和背后的社会原因。

3.文本本身可能是多样化的、模糊的，有不同的话语类型。

4.话语是历史性的，也是流动的，在话语变迁的过程中有不同的话语类型的描述，这种不同话语类型的转变反映并组成社会变迁的进程。[②]

5.话语是社会建构的，包括社会主体、社会关系、知识和信仰系

---

① 施旭 . 构建话语研究的中国体系 [N]. 中国社会科学报，2014-11-05(A08).

② FAIRCLOUGH N. *Discourse and Social Change* [M]. Cambridge: Polity, 1992: 35.

统，话语研究关注建构的意识形态影响。

6.话语不光与权力关系有关，而且与权力关系和权力斗争如何形成，如何促进社会或者机构转型的话语实践相关。所以这里费尔克拉夫强调的是历史变迁的过程，社会力量之间的斗争（struggle between social forces），因此话语分析注重变量、变化和斗争（variability, change and struggle）。这里的斗争不是暴力的斗争，而是话语是否可以言说、表达，是否有话语权的一种争夺。

7.话语的功能体现在意识形态和实践的创造性转型和再生产。

8.语篇分析（text analysis）具有形成某个概念或者建构人际关系的（ideational and interpersonal）语言功能。①

费尔克拉夫关注语言作为话语的一面，他的话语分析主要关注文本的话语分析（text-oriented discourse analysis, TODA）②，而社会科学学者关注的是言说的或者书写的语言作为文本的一面。因此，本书所理解的话语和社会科学学者理解的话语的内涵是一样的，即关注的是言说的或书写的语言作为文本的一面。

本书将话语分析视作一种研究方法，认为其常被用来"揭示相关观念与知识生产的过程，发掘其背后的价值立场、意识形态、权力关系以及文化思维方式，是人文社会科学研究普遍运用的方法论工具"③。

在费尔克拉夫看来，话语分析作为一种研究方法，就是要研究话语变迁与社会和文化变迁之间的关系。④费尔克拉夫认为话语有三个维度：话语作为文本、话语实践和社会实践。⑤话语这三个维度的认知，缺一不可，包括：语言学领域的文本和语言学分析，宏观分析与社会结构相关联的社会实践，以及把社会实践看作是人们在分

① FAIRCLOUGH N. *Discourse and Social Change* [M]. Cambridge: Polity, 1992: 35-36.
② FAIRCLOUGH N. *Discourse and Social Change* [M]. Cambridge: Polity, 1992: 35.
③ 侯松，吴宗杰. 遗产研究的话语视角：理论、方法、展望 [J]. 东南文化，2013(3): 6-13.
④ FAIRCLOUGH N. *Discourse and Social Change* [M]. Cambridge: Polity, 1992: 62.
⑤ FAIRCLOUGH N. *Discourse and Social Change* [M]. Cambridge: Polity, 1992: 62.

享常识的基础上积极生产和理解的阐释或微观研究。①

首先，费尔克拉夫提出话语作为文本，是从语言学领域的角度来说。人们在选择用词的时候会非常注意社会身份、社会关系以及知识和信仰的指向性。任何一句话都含有多种功能，都包含观念的构成（ideational）、人际关系（identity and relational，包括身份和人与人之间的关系）以及文本意义（interpersonal meanings）。② 费尔克拉夫认为任何话语分析都关注文本是如何被生产、传播和消费的。③ 文本是话语实践在语言上的表现形式（linguistic form），所谓文本从广义角度来说，既包括言说的语言（spoken language），也包括书面的语言（written language）。④ 同样一个文本，可以有产生多种意义的潜力。而这些意义，从不同的角度、立场等进行分析，会对同样一个文本产生不同的阐释。⑤

其次，话语实践包括文本的产生、传播和阐释消费的过程，因话语类型和社会因素的不同而不同。文本如何被消费的过程就是文本在不同的社会语境中被阐释的过程。⑥ 要注意语言背后的语境（context）和力量（force）。语境可以帮助我们理解语言背后的力量，有助于我们正确理解文本，对文本进行比较合适的阐释，所以，文本的背景信息，前景信息，文本的参与者的性别、民族、年龄等都是非常重要的因素。⑦

第三，话语分析有意识形态指向。这是任何话语都不可避免的。费尔克拉夫认为，这种意识形态指向，是说在一定的话语事件背后

---

① FAIRCLOUGH N. *Discourse and Social Change* [M]. Cambridge: Polity, 1992: 72.
② FAIRCLOUGH N. *Discourse and Social Change* [M]. Cambridge: Polity, 1992: 76.
③ FAIRCLOUGH N. *Discourse and Social Change* [M]. Cambridge: Polity, 1992: 71.
④ FAIRCLOUGH N. *Discourse and Social Change* [M]. Cambridge: Polity, 1992: 62.
⑤ FAIRCLOUGH N. *Discourse and Social Change* [M]. Cambridge: Polity, 1992: 75.
⑥ FAIRCLOUGH N. *Discourse and Social Change* [M]. Cambridge: Polity, 1992: 78-79.
⑦ FAIRCLOUGH N. *Discourse and Social Change* [M]. Cambridge: Polity, 1992: 78-79.

都有相对应的话语惯例和规范在支撑或者说支配。^①话语分析方法与社会身份或者认同的建构有密切关系。话语可以塑造"社会身份"，构建人与人的社会关系。话语反映社会结构，社会结构作为社会的资源又表征着话语。^②阐释的是否到位、连贯？阐释需要秉承哪些原则？这些与阐释者/主体所坚持的意识形态有很大关系。^③谈到主体和意识形态的关系，费尔克拉夫认为，任何主体都脱离不了意识形态，而且主体有能力自发地将自身的意识形态和相对应的实践结合在一起，从而重构自身在实践和社会结构中的地位。意识形态对于人们日常生活的渗透通常是不易被发觉的，在具体的实践中人们无意识地接受意识形态的认知。^④

在此基础上，费尔克拉夫提出了批评性话语分析的三维框架：描写（description）—阐释（interpretation）—解释（explanation），即描写文本的语言形式及结构特征，阐释文本与话语实践的关系过程，解释话语实践和社会文化语境、意识形态之间的深层关系。^⑤这个框架有助于在话语分析过程中将文本的特殊性和社会相关性关联起来，从而理解社会现实变迁的过程。^⑥总之，人们使用话语分析方法来分析社会现实中的话语实践，从而能够更好地理解这个社会，用费尔克拉夫的话说，话语的目的就是通过话语分析促进社会的再生产（reproduction），以及促进社会的转型（the transformation of societies）。^⑦因此，话语分析方法关注社会现实，有着深切的社会人文关怀。

① FAIRCLOUGH N. *Discourse and Social Change* [M]. Cambridge: Polity, 1992: 67.

② FAIRCLOUGH N. *Discourse and Social Change* [M]. Cambridge: Polity, 1992: 64-65.

③ FAIRCLOUGH N. *Discourse and Social Change* [M]. Cambridge: Polity, 1992: 84.

④ FAIRCLOUGH N. *Discourse and Social Change* [M]. Cambridge: Polity, 1992: 91-92.

⑤ 朱桂生，黄建滨. 西方主流媒体视野中的中国青年形象研究——基于 BBC 纪录片《中国的秘密》的批评性话语分析 [J]. 中国青年研究，2017(5)：106-111.

⑥ FAIRCLOUGH N. *Discourse and Social Change* [M]. Cambridge: Polity, 1992: 100.

⑦ FAIRCLOUGH N. *Discourse and Social Change* [M]. Cambridge: Polity, 1992: 36.

第二节　福柯的知识／权力话语分析以及治理思想

福柯认为，所谓话语是"由一系列形成陈述的符号构成，陈述规定事物的存在样态"①；话语是一种"社会实践，系统地建构起言说的对象"②。费尔克拉夫指出，福柯的话语分析理论侧重分析研究话语和权力的关系、话语和知识如何建构社会主体和话语在社会变迁中的作用三个方面。福柯早期的"考古研究"关注的是话语的类型、知识形成如何构建社会主体，他关注话语类型（即话语如何形成）如何作为建构知识的重要原则，并运用谱系学研究，探索知识和权力的关系。③费尔克拉夫在介绍话语分析方法时说："话语不光和权力关系有关，而且要看权力关系和权力斗争如何形成，如何促进社会或者机构转型的话语实践。"④费尔克拉夫强调的是在话语历史变迁的过程中社会力量之间的斗争，话语分析注重的是变量、变迁和斗争。费尔克拉夫之所以有这样的认知，是因为他重点关注的是福柯早期的思想，忽视了福柯后期的思想。福柯后期的研究关注的是伦理学，即个体应该作为他自己行为的一个道德主体来构建自身，并重新审视国家和个体之间的关系，即主体性（subjectivity）和历史社会语境之间的关系。⑤

主体和权力问题是福柯的哲学思想关注的焦点问题，这已为国

---

① FOUCAULT M. *The Archaeology of Knowledge* [M]. SHERIDAN A. M. trans. London: Tavistock Publications, 1972: 107.

② FOUCAULT M. *The Archaeology of Knowledge* [M]. SHERIDAN A. M. trans. London: Tavistock Publications, 1972: 49.

③ FAIRCLOUGH N. *Discourse and Social Change* [M]. Cambridge: Polity, 1992: 39.

④ FAIRCLOUGH N. *Discourse and Social Change* [M]. Cambridge: Polity, 1992: 36.

⑤ RABINOW P. Representations are social facts: Modernity and post-modernity in anthropology [M]//James Clifford and George E. Marcus (eds.). *Writing Culture: The Poetics and Politics of Ethnography*. Berkeley: University of California Press, 1986: 234-261.
MCLAREN M A. From practices of the self to politics: Foucault and friendship [J]. *Philosophy Today*, 2006(50): 195-201.
赵灿. "诚言"与"关心自己"——福柯的古代哲学解释研究 [D]. 上海：复旦大学，2010.

内学界所熟知；相比较之下，福柯的治理性思想获得的关注度不高。这里有必要简单介绍一下福柯的治理性思想与权力、主体的关系，即福柯思想的发展脉络。如果说早期的福柯更多的是从批判的视角看待权力和权力关系，那么后期的福柯对于权力内涵的阐释与理解发生了变化，显得十分理性：早期的福柯认为权力更多的是规训与惩戒人们的身体，比如警察局等机构通过一系列话语体系达到对人的监控；后期的福柯则认为，权力更多地存在于社会生活中，特别是存在于微妙的社会关系中，通过一系列理性的方式来实现对于个体的作用，[①]进而在人的精神、心灵层面构建人作为主体的社会存在。[②]因此，福柯从文化视角提出用"治理性"一词来阐释权力在社会生活领域对人的精神层面的规训。同时，福柯不再把主体仅仅看作权力的最终作用对象，也把主体看作权力发出的最初起点。主体对于权力不是被动地接受，而是具有主动选择的能动性。从这个角度看，精神病院、警察局等机构是维持人类社会群体有序运转的重要方式，也是作为社会个体的主动选择。[③]一些西方学者将治理性思想中主体的主观能动性（agency）视角应用在具体研究中，如费耶斯运用福柯的治理性思想分析瑞典政府有关成年人终生学习的教育政策，发现其具体实践在过去与当下的不同：早期的成人终身学习是在政府制定的相关教育政策的推进下，由相关教育机构监督进行的；现在的成人进行终身学习，更多是他们自己的主动选择。[④]彼得森等运用福柯的治理性思想研究瑞典政府如何通过对过去历史的叙述，

---

① 崔月琴，王嘉渊. 以治理为名：福柯治理理论的社会转向及当代启示 [J]. 南开学报（哲学社会科学版），2016(2)：58-67.

② 张崇. 论福柯治理性思想下的高校青年教师发展 [J]. 内蒙古农业大学学报（社会科学版），2017(5)：74-79.

③ 罗骞. 所有的力量关系都是权力关系：论福柯的权力概念 [J]. 中国人民大学学报（社会科学版），2015(2)：63-70.

④ FEJES A. The planetspeak discourse of lifelong learning in Sweden: what is an educable adult? [J]. *Journal of Education Policy*, 2006, 21(6): 697-716.

构建当下国人的身份认同，发现人们对国家的身份认同也是作为个体的自我选择，个体愿意追随并认同社会、国家对公民的教育方式和身份构建，并主动参与这种构建，且将这种认同传递给下一代。[①]多尔蒂运用福柯的话语和治理性思想批判分析教育政策，认为教育政策作为政治理性的表现形式，反映了政府对治理的理解，即政府的思维方式。[②]

史密斯[③]从福柯的治理性理论出发，提出遗产专家及其掌握的遗产专业性知识与权力将遗产实践过程理论化，使其成为权力的来源。遗产成为 AHD 在身份认同、遗产定义和合法化方面的重要文化和政治工具。同样，从另一种角度看，遗产作为重要的政治和文化工具对于身份认同、经验以及社会文化立场的建构具有重要作用，也可以为那些被言说的、缺少遗产话语权的国家和群体所使用，运用知识／权力的视角挑战 AHD 的权威。在这方面，遗产实践恰恰可以提供可利用的资源，即可以重新利用遗产和遗产实践来定义自己的身份认同、重申自己的文化社会价值观。遗产作为以联合国教科文组织为代表的西方世界 AHD 维持其霸权地位的工具，也可以成为被言说的对象，或者被 AHD 控制的群体用来赢得话语权的工具。比如朱煜杰指出，文化遗产作为全球性的话语体系确实为地方的遗产实践带来了影响。但是这种影响并非单向的，也不是完全有效的。因为地方民众依然会根据他们自己传统的价值观念和生活方式对这种全球性的遗产话语体系做出不同的反应。在德国的德累斯顿遗产案例中，当地社区居民甚至对《世界遗产名录》说"不"，捍卫了他们自身的权益，拒绝了这一权威性遗产话语体系。因此，中国的遗产实

① PETERSSON K, OLSSON U, POPKEWITZ T S. Nostalgia, the future, and the past as pedagogical technologies [J]. *Discourse: Studies in the Cultural Politics Education*, 2007, 28(1): 49-67.

② DOHERTY R. Chapter 13: Critically framing education policy: Foucault, discourse and governmentality [J]. *Counterpoints*, 2007, 292: 193-204.

③ SMITH L. *Uses of Heritage* [M]. London & New York: Routledge, 2006: 52.

践也应该从一个新的角度去正视AHD体系之外的不同声音。①

福柯后期思想观念的转变，也意味着其对于民族国家政府态度的转变，即国家政府是人们团结凝聚在一起的一种方式，以群体的形式存在的人类需要国家政府的治理，以便维持整个人类群体的正常有序运转。在这样的国家政府为主导的权力关系网络中，国家政府起到的是协调、引导的作用，即在处理群体事务时能够协调社会各个利益相关群体（stakeholders）的诉求，保证事务能够得到及时有效的处理，以维护社会的稳定与和谐发展。在这个过程中，国家政府拥有权力，并在权力关系网络中处于主导性地位，亦是广大人民的主动性选择。②

不过，到目前为止大多数运用福柯的话语分析视角来看文化遗产实践的研究，多聚焦于具体遗产实践过程中的权力关系以及权力之间的斗争。如美国俄勒冈大学地理系的苏晓波研究丽江古城的木府建造过程中的权力关系问题时，发现当地的政策在地方建设的具体实施过程中受到了普通民众的挑战。在将木府纳入当地政策体系的过程中，地方政府发挥着重要的作用，目的在于增强当地的竞争力以及增加经济回报。同时，当地精英们参与的商业性利用促进了城市遗产的经济发展，有利于政府政策的实施，但政府政策却遭到当地居民的反对。③在国外，有很多居民反对政府文化遗产实践行为的案例，比如墨西哥城的街头商贩反对墨西哥城的历史中心以复兴和美化城市环境，进而促进旅游产业发展为目的而设计的拯救计划，政府在城市治理方面的种种规定和限制，使街头商贩无法在政府规划的城市空间中谋得生存的空间，街头商贩在这个遗产实践中成为

---

① 朱煜杰.遗产话语体系的构建与反思：文化遗产实践三例 [J].文化遗产研究（第六辑），2015(2)：19-26.

② 张崇.从居住区到城市历史景观：水亭门社区文化阐释 [D].杭州：浙江大学，2015.

③ SU X B. Heritage production and urban locational policy in Lijiang, China [J]. *International Journal of Urban and Regional Research*, 2011, 35(6): 1118-1132.

被排斥的群体，因此他们通过游行的方式表达自己的利益诉求，用这种方式来表达话语权。①

以上研究是运用福柯前期的思想，即权力和权力关系的话语分析视角开展的文化遗产实践的研究。本书则侧重于用福柯后期的有关治理性思想来研究遗产保护和利用的话语实践。在这样的视角下，可以看到，我国"政府主导、社会参与"的遗产话语实践模式，能够最大限度地调动社会的各种资源，在遗产保护和利用的社会实践中提高效率和效果。这既是由我国的社会语境决定的，即政府是人民利益的代表，其主导的遗产保护和利用的社会实践，最终目的是促进当地社区发展，提升社区居民的生活品质；也是社会大众的主动性选择，即社会大众同意且支持政府作为主体的遗产实践。在这其中如果发生诸如社区居民不同意政府相关遗产政策的情况，亦属于人民内部矛盾，而非权力关系斗争。

第三节 遗产研究的话语转向

遗产研究中的"话语"转向最早发端于21世纪初期。西方世界的专家学者开始反思全球范围内的遗产运动热。如人类学家赫兹菲尔德②认为，全球等级价值观就像欧洲殖民的余波，从欧洲少数国家开始，逐渐影响其他国家的意识形态和道德观念，并影响到人们的日常生活、行为举止。在这样的遗产话语形成过程中，这种等级价值观告诉人们什么样的文化是好的、有代表性的。

这种起源于欧洲的全球遗产运动的反思，主要是把话语分析与

---

① CROSSA V. Resisting the entrepreneurial city: Street vendors'struggle in Mexico City's historic center [J]. *International Journal of Urban and Regional Research*, 2009, 33(1): 43-63.

② HERZFELD M. *Cultural Intimacy: Social Poetics in the Nation-State* [M]. London & New York: Routledge, 2004.

遗产研究相结合，关注遗产的当下性、表征性、建构性以及由此产生的"遗产政治"，进而推动了批判遗产学①的建立。②劳拉简·史密斯可以说是其中的领军人物。她在2006年出版的《遗产的利用》一书，标志着国际遗产研究开始出现"话语转向"。如今，十多年过去了，这本书成为批判遗产学研究领域的核心著作之一。③在这本书中，史密斯借助话语分析理论研究遗产，提出："遗产是一种话语。这里的话语不是简单地指语言的使用，而是指一种社会实践。社会意义、知识和专业技能的形成，权力关系以及意识形态通过语言附加在遗产上，并得到重新生产。遗产话语不仅决定了遗产概念产生的方式，而且也影响遗产实践者的行为、社会实践和技术实践，以及遗产知识的建构和再生产。"④"遗产是一种文化实践，涉及一系列价值观和理解的建构和规范。"⑤

　　史密斯认为，西方对于遗产的认识处于霸权性地位，她称之为AHD，这是对欧洲遗产认知主宰的世界遗产话语的反思和批判。史密斯提到，达尔文的进化之说——社会进化论有助于强化社会凝聚力和科学理性，以及稳定欧洲国家所达到的技术成就，是欧洲白人

① 这里有必要阐释说明一下何谓"批判"（critical）。"批判"意味着西方遗产研究学界从自身角度对于以西方遗产话语为主导的遗产实践进行的反思。这是因为当今世界上非西方世界国家的崛起，全球的经济、政治面临转型，西方传统的中心地位受到了挑战，这在全球范围内的遗产运动中也不例外。因此，温特认为遗产研究出现的"批判转向"，就是要把一直以来作为西方遗产学界关注的主体的遗产转变成为关注的客体。也就是说，关注的角度基于遗产而又不局限于遗产本身，主要关注当今世界围绕遗产实践产生的有争议的问题，因此，"批判"有两大指向：一是解决存在于以社会科学和人文科学为基础的研究方法与以科学唯物主义为指向的遗产专业保护之间出现的摩擦关系和矛盾；二是遗产研究有必要跳出西方对于文化、历史和遗产以及社会-政治力量的语境的限制，致力于解决今天地区和全球转型下的关系。WINTER T. Clarifying the critical in critical heritage studies [J]. *International Journal of Heritage Studies*, 2013, 19(6): 532-545.

② 侯松，吴宗杰. 遗产研究的话语视角：理论、方法、展望 [J]. 东南文化, 2013(3): 6-13.

③ SKREDE J, HØLLELAND H. Uses of heritage and beyond: Heritage studies viewed through the lens of critical discourse analysis and critical realism [J]. *Journal of social archaeology*, 2018, 18(1): 77-96.

④ SMITH L. *Uses of Heritage* [M]. London & New York: Routledge, 2006: 4.

⑤ SMITH L. *Uses of Heritage* [M]. London & New York: Routledge, 2006: 11.

种族优越性的有力支持。西方定义的遗产诞生于欧洲上层白种男性的遗产话语，强调遗产的历史性、科学性和美学价值，强调遗产的物质性和纪念碑性。① 同时，遗产也是一种专业性话语，将遗产专家的价值观、关于过去历史的知识，以及遗产的物质再现放在重要地位，专业性话语充斥、控制和规范着专业的遗产实践。② 遗产话语源于一些专业性的组织、代表遗产专家的观点，特别是由受过教育的欧洲中上层专家和精英组成的统治阶层的权威话语，通过遗产实践者以及政策制定者们的经验进行表述，通过一系列的国家、国际组织得以推行和实践。③ 在AHD的影响下，大众在以遗产实践者和遗产专家为主的遗产构建过程中处于被动的角色，大众可能会成为遗产的消费者，游客在凝视遗产的过程中是被引导、被教育的对象，而不是主动积极参与遗产实践过程的。④

AHD在遗产话语中具有霸权性地位，依赖于遗产知识／权力、拥有这些遗产知识和权力的技术专家和美学专家，机构化的组织以及每个国家的文化代理机构和相关组织等。AHD强调遗产的纪念碑性和宏大叙事性，强调历史的纵深度，强调遗产的科学、美学专业价值判断，以及社会和国家建构和社会认同。⑤

这样一种对于遗产的认知带来的后果是：遗产与当下鲜活的生活世界割裂，只属于过去，成为一个死的、静止的东西；遗产成为分析研究的主体，是相关领域专家和技术人员的责任。于是一部分人被赋予了能够为遗产说话、可以代表遗产的话语权，另一些人却被排斥在遗产话语之外；同时，AHD建构了两个重要的遗产实践，即首先强调对遗产地、遗产本身的管理和保护，其次是以旅游休闲

① SMITH L. *Uses of Heritage* [M]. London & New York: Routledge, 2006: 17.
② SMITH L. *Uses of Heritage* [M]. London & New York: Routledge, 2006: 4.
③ SMITH L. *Uses of Heritage* [M]. London & New York: Routledge, 2006: 28.
④ SMITH L. *Uses of Heritage* [M]. London & New York: Routledge, 2006: 31.
⑤ SMITH L. *Uses of Heritage* [M]. London & New York: Routledge, 2006: 11.

为目的的遗产实践。①

　　AHD不仅影响着全球范围内对于遗产的认定，也影响着人们对遗产的保护、利用过程。这就涉及遗产的权力关系问题：一是由受过教育的欧洲中上层专家和精英组成的统治阶层在遗产保护和利用的实践中拥有权威话语权，即AHD，非西方世界国家则相对"失语"；二是在具体的遗产实践中，由于强调遗产专家学者的专业性知识对于遗产专业性保护的作用，社会大众被排斥在遗产的社会实践话语之外。由此，CHS的出现就是反思AHD，促使国际遗产组织能够在具体的遗产话语实践中考虑到这些"失语"的、被排斥的群体。而且，无论是在西方世界内部，还是在后殖民主义国家以及亚洲国家，有越来越多根据地理位置、文化、族群、种族、经济或者其他因素所划分的群体，他们根据自己的集体身份，社会、政治和文化的集体经历来重新定义什么是遗产，遗产的保护和利用该如何具体实践，并通过遗产实践建立他们自己集体文化身份的合法性。以上这些新情况促使国际遗产研究学者开始重视遗产的非物质层面，学者们开始重新思考传统遗产认知以及遗产的普遍价值（包括遗产的原真性的完整性问题），将遗产视为一种过程（process），一种从过去的流动的历史中进入当下社会语境，同样也会在未来不断发生变化的话语实践。② 遗产本身不仅是社会文化资源和社会文化进程，而且还涉及遗产政治，涉及东西方世界的遗产话语权的斗争，这种斗争普遍存在于遗产学术研究、遗产实践和政策制定等领域，遗产理论化（heritage theoriziation）的文化实践过程中存在着对群体既定身份认同的协商和谈判的权力和权力关系问题。③ 史密斯希望能够通过CHS使遗产研究学者和实践者能够从其自身的历史文化传统视角出发，发

① SMITH L. *Uses of Heritage* [M]. London & New York: Routledge, 2006: 12.
② SMITH L. *Uses of Heritage* [M]. London & New York: Routledge, 2006: 5.
③ SMITH L. *Uses of Heritage* [M]. London & New York: Routledge, 2006: 7.

出自己的遗产实践声音，保护文化多样性，这也引起了许多国际遗产研究学者的共鸣。

受到史密斯所代表的CHS影响，全世界许多遗产研究学者和实践者逐渐从各个国家和地区自身的历史文化传统、当下语境出发，挑战既有的遗产认知和保护范式。需要指出的是，这种挑战并非是要完全推翻既有的遗产认知和保护范式，而是希望在既有的遗产保护和利用的认知和实践范式下，进一步丰富对遗产的认知，充分尊重不同国家和地区的遗产和文化的多样性，考虑到那些被AHD排斥的社会大众对遗产的理解与认知。CHS提出遗产不仅仅是关于过去的历史，也不仅仅是物质性的东西，还是一种实践的过程、一种交流的方式和制造当下意义的行动，其目的是为了当下。遗产的社会意义、知识和专业技能的形式、权力关系、意识形态都以语言为载体并通过语言实现再生产。通过某种概念框架、议题或者讨论，形成了话语，影响到话语的组成、建构、协商和规定。话语不仅涉及如何组织概念来理解阐释历史，也包括行为方式、进行的社会和技术实践、相关知识建构和再生产的方式。[1]如赤木夏子通过研究日本伊势神宫的遗产表征话语，发现如果完全按照西方对遗产的认定范式，伊势神宫象征的传统社会结构、实践和习俗的文化多样性就无法充分再现和表征。[2]弗雷德霍姆提出要制定有利于加纳当地城市的可持续发展规划，不能完全照搬欧洲的权威式遗产话语，而应把当地独特的遗产认知和遗产组织形式考虑进去。[3]休曼研究了土耳其的世界遗产保护过程，调查了当地的政治家和政府官员是如何阐释和实施联合国教科文组织关于社区参与遗产地管理的实践标准的。他在研

---

① SMITH L. *Uses of Heritage* [M]. London & New York: Routledge, 2006: 4.

② NATSUKO A. Rethinking the global Heritage discourse—overcoming "East" and "West"? [J]. *International Journal of Heritage Studies*, 2016, 22(1): 14-25.

③ FREDHOLM S. Negotiating a dominant heritage discourse: Sustainable urban planning in Cape Coast, Ghana [J]. *Journal of Cultural Heritage Management and Sustainable Development*, 2015, 5(3): 274-289.

究过程中检视了国际文化遗产保护理念与当地的政治权力关系之间的张力，从而分析了导致出现伦理性规范和治理方面争议问题的原因。[①]邓珀和拉金研究在耶路撒冷古城的保护中，在以色列国家政治化和遗产考古学视角下，当地的国家遗产认知与国际遗产价值和相关规定协议之间的矛盾。[②]燕海鸣通过研究福建土楼遗产发现，在权威式遗产话语影响下，过于突出联合国教科文组织所认定的土楼象征"和谐"的价值，忽视当地居民参与遗产保护的主动性和能力，使土楼遗产与当地居民的日常生活脱离。[③]帕金森等认为建筑遗产价值的认定不光是专家学者的责任，也要考虑当地人对于文化遗产的认知和理解，包括当地人文化遗产集体记忆和文化身份。[④]克雷斯等提出应打破物质文化遗产与非物质文化遗产的界限，将"场所精神"视为文化遗产的精髓所在，通过"场所精神"和物质性遗产之间的对话，挑战权威式遗产话语的霸权地位。[⑤]

遗产研究的话语转向告诉我们，AHD不是放之四海而皆准的，我们不能够将这套遗产话语硬套在本国的遗产实践上。受到国际遗产研究的话语转向的影响，西方现有遗产概念过于关注物质性遗产，并不适应中国本土社区。[⑥]如朱煜杰提出，由于中西方的文化差异，中国的遗产实践需要在遵守国际保护理论精神的基础上，重视传统

① HUMAN H. Democratising world heritage: The policies and practices of community involvement in Turkey [J]. *Journal of Social Archaeology*, 2015, 15(2): 160-183.

② DUMPER M, LARKIN C. The politics of heritage and the limitations of international agency in contested cities: A study of the role of UNESCO in Jerusalem's Old City [J]. *Review of International Studies*, 2012, 38(1): 25-52.

③ YAN H M. World heritage as discourse: Knowledge, discipline and dissonance in Fujian Tulou Sites [J]. *International Journal of Heritage Studies*, 2015, 21(1): 65-80.

④ PARKINSON A, SCOTT M, REDMOND D. Competing discourses of built heritage: Lay values in Irish conservation planning [J]. *International Journal of Heritage Studies*, 2016, 22(3): 261-273.

⑤ CRAITH M N, BÖSER U, DEVASUNDARAM A. Giving voice to heritage: a virtual case study [J]. *Social Anthropology*, 2016, 24(4): 433-445.

⑥ 张育铨. 遗产做为一种空间识别：花莲丰田社区的遗产论述 [J]. 民俗曲艺, 2012, 176: 193-231.

历史文化和物质遗产中的精神元素，探索出符合中国国情和文化特征的保护理论和方法。①喻学才、王健民指出联合国教科文组织对于文化遗产的定义存在选词不当、概念不周延、文化遗产的信息性特征没有得到突出等局限性。②彭兆荣、葛荣玲提出有必要多反思国际遗产概念，了解文化遗产的发展源流，结合我国历史和当下实际，使遗产能够更好为我国和社会服务。③高丙中提出，文化概念的代表性意涵为"世界文化遗产"，带来的是人类社会处理社群差异与区隔的新理念和新思维。④喻学才认为按照西方的遗产保护观点，死守载体的原真性不符合中国传统，中国传统重视信息的原真性。⑤

　　国内也有一批学者开始运用话语分析理论研究中国本土的遗产和遗产实践。如李军借助福柯的知识考古学方法，考察"文化遗产"概念产生、演变的过程，揭示了其中内在的东西文明冲突。⑥李立以贵州屯堡为研究对象，通过对村志、学术论著以及村民与人类学家的互动过程的分析，展示了遗产话语的生产过程。⑦宋奕将福柯的知识／权力与空间的概念相结合，解读和反思遗产概念的形成与实践过程中隐含的权力关系，以及由此生发的如遗产地概念对遗产的认定所呈现的空间化趋势、生态博物馆的空间化实践等问题提供认知路径。⑧宋奕运用福柯"知识考古学"中知识／权力的话语视角，从

① 朱煜杰.中西遗产保护比较的几点思考：一个跨文化的视角[J].东南文化，2011(3)：118-122.
② 喻学才，王健民.关于世界文化遗产定义的局限性研究[J].云南师范大学学报(哲学社会科学版)，2007(4)：79-82.
③ 彭兆荣，葛荣玲.遗产的现形与现行的遗产[J].湖南社会科学，2009(6)：174-180.
④ 高丙中.从文化的代表性意涵理解世界文化遗产[J].清华大学学报(哲学社会科学版)，2017(5)：40-48.
⑤ 喻学才.遗产活化：保护与利用的双赢之路[J].建筑与文化，2010(5)：16-21.
⑥ 李军.什么是文化遗产？——对一个当代观念的知识考古[J].文艺研究，2005(4)：123-131.
⑦ 李立.在学者与村民之间的文化遗产——村落知识生产的经验研究、话语分析与反思[M].北京：人民出版社，2010.
⑧ 宋奕.福柯的启示：空间视角中的"文化遗产"[J].东南文化，2012(4)：15-20.

历史的维度对"文化遗产"进行话语考古，再次突出文化遗产话语的历史化特征，由此提出我们有必要认识到中国和西方有着不同的历史文化传统，因此有必要把文化遗产话语放在不同国家和地方的历史与现实语境中进行检视。① 侯松、吴宗杰运用话语分析方法，反思西方遗产话语所提出的"客观性""真实性""普遍性"概念，以中国本土历史文本为基础，通过展示话语的地方性，向 AHD 的普遍性发起挑战，为探讨遗产的文化多样性奠定了基础，力图寻找不同文化传统对今天所谓"文化遗产"的不同话语建构方式，理解其本土意义与文化思维方式，走向多元文化对话。② 侯松、吴宗杰还从跨学科和跨文化的话语视角，从理论和方法角度对遗产研究做了比较系统的梳理，可以说正式打开了国内话语视角在遗产研究领域即遗产话语研究的大门。③ 吴宗杰提出中国传统并非重视遗产信息的原真性，而是重视遗产所表征的文化意义和价值的原真性：由于过分受到西方文化遗产保护理念的影响，中国本土的文化遗产理念与实践传统没有得到合理、充分的挖掘。④ 吴宗杰从中国本土遗产话语实践出发，呈现遗产实践过程中遗产意义的叙述方式，挑战西方对于物质性遗产和非物质遗产的认定方式。⑤ 张集良发现普通民众与学者、官员所认知的"文化遗产保护"概念存在差异，官员的文化保护概念深受国际遗产保护话语影响。⑥

---

① 宋奕. 话语中的文化遗产：来自福柯"知识考古学"的启示 [J]. 西南民族大学学报（人文社会科学版），2014(8)：7-11.

② 侯松，吴宗杰. 话语分析与文化遗产的本土意义解读 [J]. 东南文化，2012(4)：21-27.

③ 侯松，吴宗杰. 遗产研究的话语视角：理论、方法、展望 [J]. 东南文化，2013(3)：6-13.

④ 吴宗杰. 话语与文化遗产的本土意义建构 [J]. 浙江大学学报（人文社会科学版），2012(5)：28-40.

⑤ WU Z J. Let fragments speak for themselves: vernacular heritage, emptiness and Confucian discourse of narrating the past [J]. *International Journal of Heritage Studies*, 2014, 20(7-8)：851-865.

⑥ 张集良. 中国人心中的文化遗产——关于本土"文化遗产保护"概念的探索 [C]//《旅游学刊》编辑部. 2011《旅游学刊》中国旅游研究年会会议论文集. 北京：社会科学文献出版社，2011：370-384.

　　在与西方遗产实践话语平等对话的基础上，我们有必要立足于当下中国的遗产实践，建构中国自己的遗产实践话语。从话语分析角度研究我国的文化遗产实践，提供建构中国文化遗产话语的特殊内容和现实基础，是"我国当代所关心的、具有重大国内国际意义的话语现象和问题"①。这首先体现了立足于我国本土文化的视角；其次体现了国家和地方的特色；再次是在国际文化遗产运动的背景下与西方遗产实践话语平等对话，发出中国声音，增强国人的文化自信。

---

① 施旭.构建话语研究的中国体系 [N].中国社会科学报，2014-11-05(A08).

第三章 "政府主导、社会参与"的遗产社会实践

　　话语分析方法的研究目的在于通过分析社会现实中的话语实践，去更好地理解这个社会，用费尔克拉夫的话说："话语的目的就是通过话语分析促进社会的再生产和社会转型。"[①]因此，话语分析方法关注社会现实，有着深切的社会人文关怀。批评话语分析不仅仅对体现语言运用的文本或口语等形式进行语言学分析，也要分析社会实践。从这个角度讲，批评话语分析的研究对象就是社会实践，批评话语分析是对社会实践的分析。

　　语言不能够脱离社会而独立存在，因此，"研究语言就不能不考虑赋予语言以生命并使其得以生存与发展的社会环境和因素"[②]。语言既是一定社会语境的反映，同时也对社会语境有一定的建构作用。基于我国遗产保护和利用的社会现实，"政府主导、社会参与"的遗产保护和利用模式作为机构话语的建构，是基于一定社会语境的机构行为，体现了语言和社会的关系。我国遗产实践机构话语的建构在形式结构和意识形态两方面进行选择，是一种社会空间，所以对于我国遗产实践话语的分析研究离不开对于话语实践过程本身及其发生的社会语境的分析。[③]而且，语言对我国遗产保护和利用的社会过程具有建构的作用。

① FAIRCLOUGH N. *Discourse and Social Change* [M]. Cambridge: Polity, 1992: 36.
② 郭松，田海龙. 语境研究：从社会语言学到批评话语分析 [J]. 外语学刊，2011(6)：74-77.
③ 辛斌. 批评性语篇分析方法论 [J]. 外国语，2002(6)：35.

本章通过研究我国遗产保护和利用中"政府主导、社会参与"的话语建构和社会语境之间的交互作用，以达到深刻理解"政府主导、社会参与"的遗产社会实践的目的。第一节主要研究分析"政府主导、社会参与"的遗产保护和利用模式作为机构话语的建构。第二节分析这种遗产社会实践的话语策略，主要从遗产政策作为机构话语看"政府主导、社会参与"的话语策略如何践行。我国遗产实践模式是基于一定的社会语境所形成的机构话语。批评话语分析认为语境与语言之间是辩证关系，一方面语境制约着语言的使用与解读，另一方面语言也可以建构语境。① 第三节主要探究这一遗产实践机构话语和社会语境的辩证关系。一方面，"政府主导、社会参与"的遗产话语的社会实践建构着相应的社会语境；另一方面，我国的政府运行机制和社会现实也在认同和强化"政府主导、社会参与"的遗产话语的社会实践建构。

第一节 "政府主导、社会参与"的遗产实践作为机构话语的建构

自从20世纪90年代以来，遗产运动在我国开展得如火如荼。1998年5月25日，在北京人民大会堂隆重举行了"世界遗产证书"和"中国世界遗产标牌"的颁发仪式，从此，世界遗产开始成为全中国举国上下的热点话题。遗产话语首先影响的是中国文物古迹的保护和利用。② 最明显的变化就是一旦被列为世界文化遗产，就会为当地的旅游产业发展带来巨大的经济效益，提高地方的知名度、创立文化品牌。2004年全国人大常委会批准我国加入联合国教科文组

① 郭松，田海龙.语境研究：从社会语言学到批评话语分析 [J].外语学刊，2011(6)：74-77.
② 林佳.遗产保护中的文化冲突与《北京文件》——兼论中国古建筑彩画的特点与保护 [J].建筑学报，2013(2)：6-9.

织《保护非物质文化遗产公约》，非物质文化遗产（简称"非遗"）话语亦开始影响我国，2011年，中国政府颁布实施了《中华人民共和国非物质文化遗产保护法》，这标志着我国"非遗"的保护已经开始在全国范围内铺开。无论是物质的文物古迹的保护，还是非物质文化遗产的保护，从保护实践看，都形成了"政府主导＋社会参与"的基本模式，其中各级政府是遗产保护的主体，遗产专家学者、文化精英以及社区居民等仍然处于辅助性地位。

首先，政府在遗产实践中具有话语权，在遗产保护利用、申请成为世界文化遗产的过程中，政府发挥主体性作用。不过，各层级政府发挥的作用各不相同，扮演不同的角色。比如在谈到杭州西湖2011年申请成为世界文化景观遗产时，时任杭州市人大常委会主任、杭州市西湖申遗工作领导小组组长王国平说，西湖申遗"得到了中央、省部各级领导的高度重视与亲切关心，得到了国内外专家学者的帮助指导，凝聚了全市人民的力量"[①]。这一句话很好地体现了我国遗产保护和利用中"政府主导、社会参与"的话语实践。王国平说：

> 西湖申遗工作从1999年开始启动。2001年，以西湖申遗为主要任务的西湖综合保护工程正式实施。2006年，西湖被列入中国世界文化遗产预备名单。2008年8月，经浙江省人民政府致函提请，西湖作为正式申报项目由国家文物局报中国联合国教科文组织全国委员会核准。2009年2月，向联合国教科文组织世界遗产中心递交西湖申遗文本及规划纲要。之后，根据世界遗产中心的要求，对申遗文本及规划纲要作了修改完善。去年2月，再次向世界遗产中心递交申遗文本及规划纲要，通过初审。去年9月，国际古迹遗址理事会委派专家到杭州对西湖申报项目进行实

---

① 杭州市人大常委会主任、杭州市西湖申遗工作领导小组组长王国平就西湖申遗答记者问 [N]. 杭州日报，2011-06-25(01).

地评估考察。今年5月，世界遗产中心公布国际古迹遗址
理事会对西湖申报项目的评估意见。本月召开的第35届世
界遗产大会对西湖申报项目进行审议表决。回顾西湖申遗
的历程，可以说是"十年磨一剑"。①

从上文对西湖申遗过程的语言表述中，可以看到西湖申遗首先
由浙江省人民政府向国家文物局提出申请；之后，由我国国家文物
局报中国联合国教科文组织全国委员会核准，进而向联合国教科文
组织提交申遗文本。而这其中大量的基础性的申遗工作，即王国平
一开始提到的由杭州市委、市政府组织的"西湖综合保护工程"的
内容，是由杭州市委、市政府下属的杭州市园林文物局（杭州市园文
局）管辖下的杭州西湖区风景名胜区管委会所执行完成的。这一政
府机构在西湖申遗过程中发挥着至关重要的作用，承担着大量的西
湖申遗的基础性和关键性工作。因此，可以看到，我国遗产保护模
式中的"政府主导"，实际上是各层级政府之间的层层主导，最高一
级的国务院下属的国家文物局代表的是国家，必须要由国家文物局
提请才能够具有申报世界文化遗产的资格，而世界文化遗产申报书
撰写，接待联合国教科文组织国际遗产专家的考察、协商以及具体
的遗产保护和利用，都离不开杭州市政府的基层机构的具体工作。

杭州市的政府机构杭州市园文局作为西湖文化景观遗产的保护
和利用的主体，上承国家级、浙江省和杭州市政府，下启西湖文化
景观遗产所在的西湖区风景名胜区管委会，一方面要遵照、执行上
级制定的遗产保护和利用相关政策和法律法规，一方面要正确指导
所属的区级机构将具体的保护和利用实践措施进行落实，正如王国
平提到："新中国成立后，在党中央、国务院和省委、省政府的领导
下，历届杭州市委、市政府都把保护西湖作为重要使命，在西湖的

① 杭州市人大常委会主任、杭州市西湖申遗工作领导小组组长王国平就西湖申遗答记者
问 [N]. 杭州日报，2011-06-25(01).

49

保护、建设和管理上做了大量卓有成效的工作。迈入21世纪以来，杭州市委、市政府把保护西湖摆在更加突出的位置，落实世界遗产保护准则的要求，坚持积极保护方针，按照'保护第一、生态优先，传承历史、突出文化，以民为本、为民谋利，整体规划、分步实施'原则，突出真实性、完整性、延续性和可识别性，实施西湖综合保护工程，使西湖的自然人文生态得到了更好的保护和修复。"这其中包括：优化城市布局；"保老城、建新城"；制定法规规划；调整管理体制；设立杭州西湖区风景名胜区管委会；实施综合保护工程。由此可见"政府主导、社会参与"中的"政府主导"的内部肌理。从遗产实践角度看，杭州市政府作为我国政府层级中的地方政府，在遗产保护和利用中发挥的主体性作用效果明显。尤其是将遗产实践纳入地方治理体系中，既促进了地方的发展，也有利于遗产的保护和利用。

第二，遗产所在地政府在遗产评定过程中，在我国遗产认知、价值评定等方面与国际遗产专家的交流、磋商过程中，扮演了重要角色。联合国教科文组织和ICOMOS的遗产保护项目官员被认为是具有特殊专业知识的国际专家，代表联合国教科文组织在文化遗产价值的认定、是否可以入选世界遗产清单方面具有决定权。这些国际遗产项目官员，掌握着世界遗产认定话语权，地方官员则掌握了对于遗产资源的动员能力。接受我们采访的一位参与杭州西湖申遗的官员提到，在杭州西湖申报世界文化遗产的过程中，杭州市政府发挥了十分重要的能动性作用。在这个过程中，有联合国教科文组织国际遗产话语渗透进来，也需要遵循我国在遗产保护方面的相关原则规定。第一，早在西湖申遗之前，杭州市政府就设立了综合保护工程，实际上并非特意为了申遗而做，而是从整个城市治理的角度，去提升和改善杭州城市环境。当受到文化遗产话语的影响之后，才有了文化遗产保护和利用的意识，进而进行相应的遗产保护实践。

西湖申遗是在2008年正式开始的，主要由杭州市政府投入了人力和物力，实际上还是原来西湖综合保护工程的班子，抓住了遗产申报的关键点，根据申遗文本要求，通过3年时间冲刺，完善相关申遗工作（基于对ZJ于2017年9月的访谈）。

在申遗的过程中，中国传统的遗产思维与ICOMOS国际专家的遗产思维产生了冲突，这就需要地方遗产实践者能够进行权衡，进而做出相应的选择。比如西湖苏堤中间原来有个花坛，按照中国传统的文化思维就是曲径通幽。然而国际遗产专家并不认可这种思维，提出要整改。当时杭州市的遗产实践者们对这个整改意见的争议还是很多的，然而最终决定还是将花坛移除掉，苏堤就成了一条线。如果不根据国际遗产专家的意见进行整改，就无法被列入世界遗产清单；因为西湖遗产的评审报告，就是这个专家牵头的团队负责的。这个报告对于西湖能否被评为世界遗产有直接影响。这些专家的知识结构和认识标准，直接决定西湖的文化景观中哪些符合国际标准，哪些不符合。如果不按照他们的标准，就不能通过世界文化遗产的评审。ICOMOS遗产专家以考古学者为主，在他们的评审下，西湖作为遗产的真实性可以得到较好的保证，但是完整性就不一定了。因为完整性不单包括实体，还包括遗产所承载的文化意义和价值观。中国的东方式审美，对景观的诉求，跟西方的差别还是很大。（基于对MZH于2017年9月的访谈）在遗产的具体申报和认定过程中，表面上是地方政府的遗产实践者和国际遗产专家之间的冲突，实际上是东西方两种不同的遗产话语体系的较量。

当时也有人提出，苏堤历史上的断桥原来都是石头铺就的，现在却铺上了沥青，与遗产真实性和完整性不符合。但是西湖文化景观遗产的实践者们认为，这是断桥与现代化进程有机的结合；实际上西湖的景观也体现了现代化的过程，是不断变化的。后来这种做法还是得到了认可（基于对ZJ于2017年9月的访谈）。地方遗产实践者们一方面要秉承中国传统文化中的遗产话语，一方面又不能完全与国际遗产话语相悖。西湖的申遗文本这样描述西湖作为世界文化遗产的突出普遍价值：

> 西湖作为文化景观列入《世界遗产名录》，对于提升中国文化在世界的地位产生积极影响，"填补了世界遗产中以突出'文化名湖'为主要价值特征的湖泊遗产空白，是对世界遗产类型的重要补充"。因此，西湖文化景观从杭州市地方的遗产上升成了中国文化的象征和符号，代表中国的国家形象。其中"中国文化"具体体现在：西湖自然山水、"三面云山一面城"的城湖空间特征、"两堤三岛"景观格局、"西湖十景"题名景观、西湖文化史迹、西湖特色植物六大要素。它是中国历代文化精英秉承"天人合一"哲理，在深厚的中国古典文学、绘画美学、造园艺术和技巧传统背景下，持续创造的"中国山水美学"景观设计。西湖也是景观设计史上最经典作品，展现了东方景观设计自南宋以来讲求"诗情画意"的艺术风格，在9至20世纪世界景观设计史和东方文化交流史上拥有杰出、重要的地位和持久、广泛的影响。它在10个多世纪的持续演变中日臻完善，并真实、完整地保存至今，成为景观元素特别丰富、设计手法极为独特、历史发展特别悠久、文化含量特别厚重的"东方文化名湖"，是世界独具一格的文化景观。①

> 这一文化景观体现着文化遗产的原真性、完整性：

> 可以说，西湖是历史上最能体现中国传统文化核心价值的审美实体，是东方审美体系中最具经典性的文化景观。西湖的原真性、独特性和唯一性，用通俗一点的话来表达，

---

① 杭州市人大常委会主任、杭州市西湖申遗工作领导小组组长王国平就西湖申遗答记者问 [N]. 杭州日报，2011-06-25(01).

就是与世界上以自然景观著称的湖泊相比，西湖的人文景观是最多的；与世界上以人文景观著称的湖泊相比，西湖的自然景观是最美的。西湖是自然美与人文美完美结合的典范。①

西湖能够成为文化景观遗产是国际遗产话语和我国传统遗产话语交融的最好例证。首先，直至2003年，国际遗产话语中才正式出现"文化景观（cultural landscape）"的概念和认知，这为西湖申请成为世界遗产提供了认知前提和可能性。正因如此，西湖作为湖泊类文化景观遗产，具有突出普遍价值。"西湖是目前中国列入《世界遗产名录》唯一一处湖泊类文化遗产，也是现今《世界遗产名录》中少数几个湖泊类文化遗产之一。与这些湖泊类文化遗产相比，西湖文化景观显示出独一无二的特征。现今《世界遗产名录》中，有7处遗产拥有规模显著的湖泊水体，其中包括：5处自然遗产，即布里特威斯湖国家公园、萨雅克–北哈萨克草原及群湖、图尔卡纳湖国家公园、马拉维湖国家公园、贝加尔湖，虽然它们在自然属性方面具有独特性和代表性，但文化价值特征不显著，不具备'文化名湖'的价值特征；1处湖泊类混合遗产，即澳大利亚威兰德拉湖区，该湖泊是自然与人类进化过程的重要证据，不具备'文化名湖'特征；1处文化景观的湖泊类遗产，即费尔特/新锡德尔湖文化景观，该遗产的湖体基本属于人类聚落的背景环境，不属于景观的构成要素。因此，西湖文化景观作为全球少数湖泊类世界文化遗产之一，具有非常鲜明的个性。"②

---

① 杭州市人大常委会主任、杭州市西湖申遗工作领导小组组长王国平就西湖申遗答记者问 [N]. 杭州日报，2011-06-25(01).

② 杭州市人大常委会主任、杭州市西湖申遗工作领导小组组长王国平就西湖申遗答记者问 [N]. 杭州日报，2011-06-25(01).

第二节　遗产政策作为政府在遗产实践中主体地位的话语策略

作为在遗产保护和利用领域中的重要政府文件，政府制定的文化遗产法律法规，集中体现了一定时期政府工作的重心。作为机构话语，政府的遗产政策具有指导并参与遗产保护与利用话语实践的特征。因此，分析一定时期以机构话语形式发布的政府遗产政策，不仅可以了解政府在不同历史时期对于遗产保护和利用的侧重点，还可以认识遗产保护和利用所反映的我国社会变迁的轨迹。[①]

借助遗产政策中的机构话语，政府的权威性地位得到充分体现，这有助于我们深刻认识到遗产保护和利用的相关法律作为机构话语引发社会变革的作用，这些话语体现的新概念、强调的重点等反映出政府的工作重点所在，这些反过来引起整个社会对这些新的社会问题的关注和讨论，进而影响遗产政策话语的制定和实践，并促进遗产保护和利用的深化和改革。

政府在遗产实践中的主体性地位所具有的优势在于能够确保具有保护价值的遗产被很好地保护。由于中国地域广阔，从整个国家来看，文化遗产实践的落实程度参差不齐，一些地区文化遗产保护和利用还不是特别成熟，有的地区尽管领导重视遗产保护，但是由于基层特别是一线的行政官员普遍缺乏人文素养和文化遗产保护情怀，因此许多文化遗产实践并没有落到实处。即使在这样的情况下，利用文化遗产保护的载体，坚持政府的主体性地位，提升大家的遗产保护意识，总体上仍能够取得比较好的效果。相关的研究比如张铭心、徐婉玲[②]以社区参与高昌故城的遗产旅游开发和保护为例，发

---

① 钱毓芳，田海龙．话语与中国社会变迁：以政府工作报告为例 [J]．外语与外语教学，2011(3)：40-43.

② 张铭心，徐婉玲．文化遗产保护和社区参与研究——以高昌故城为例 [J]．中央民族大学学报（哲学社会科学版），2010(3)：35-42.

现社区参与促进了故城的旅游开发，即遗产能够在一定程度上给当地社区带来经济收益；但是由于社区居民遗产保护意识不强，造成了故城的破坏，其后在当地政府的引导下，社区居民从单纯地参与遗产旅游开发，到参与故城的遗产保护，最终达到高昌故城遗产保护和旅游开发之间的"双利共生"状态。

国家文物保护法律法规和相关政策，赋予了"政府主导、社会参与"的遗产社会实践的合法性地位。比如《中华人民共和国文物保护法》第5条规定："中华人民共和国境内地下、内水和领海中遗存的一切文物，属于国家所有。"第8条规定："国务院文物行政部门主管全国文物保护工作。地方各级人民政府负责本行政区域内的文物保护工作。县级以上地方人民政府承担文物保护工作的部门对本行政区域内的文物保护实施监督管理。县级以上人民政府有关行政部门在各自的职责范围内，负责有关的文物保护工作。"可见，政府作为遗产所有权和实践主体权的所有者，是受到国家法律规定保护的。当然，文物保护法中并不排斥遗产属于私有，私有的文物同样受到文物保护法的保护。就建筑遗产而言，对于私人来说，遗产的功能或许只能作为财产；然而，一旦被官方认定为遗产，必然要花费大量资金保养、维护祖先留下的财产，而这一般单独依靠私人的力量很难做到。[①] 因此，在中国，大部分遗产实践都是在政府的主导下完成的。

从20世纪90年代开始，我国政府意识到社会参与对于文化遗产实践的重要性，鼓励把文化遗产视作地方发展的重要资源，明确公众参与遗产保护的权利与义务。21世纪初，国家多次出台法律法规，强调社会参与遗产保护和共享保护成果，社会可以参与遗产保护对象认定、价值研究阐述、宣传、日常管理、监督和保护状况的检测、合理

---

① 彼得·霍华德. 遗产的崛起 [J]. 文化遗产研究，2011：20-41.

利用。① 如2002年，《中华人民共和国民族民间传统文化保护法（建议稿）》第3条规定：国家对民族民间文化保护实行"保护为主、抢救第一、合理利用、适度开发、政府主导、社会参与"的方针。2005年，《国务院办公厅关于加强我国非物质文化遗产保护工作的意见》再次明确"社会参与"作为非遗保护的原则之一。《中国文物古迹保护准则》（2015版）第8条规定："文物古迹的保护是一项社会事业，需要全社会的共同参与。全社会应当共享文物古迹保护的成果。"《中国文物古迹保护准则》阐释说："文物古迹保护是一项公共事业，是社会每一成员的责任和义务。社会各方应自觉支持、积极参与保护文物古迹。保护成果是全社会的共同成果，由社会共享。"2016年国务院下发《关于进一步加强文物工作的指导意见》指出：

> 制定鼓励社会参与文物保护的政策措施。指导和支持城乡群众自治组织保护管理使用区域内尚未核定公布为文物保护单位的不可移动文物。制定切实可行的政策措施，鼓励向国家捐献文物及捐赠资金投入文物保护的行为。对社会力量自愿投入资金保护修缮市县级文物保护单位和尚未核定公布为文物保护单位的不可移动文物的，可依法依规在不改变所有权的前提下，给予一定期限的使用权。培育以文物保护为宗旨的社会组织，发挥文物保护志愿者作用。鼓励民间合法收藏文物，支持非国有博物馆发展。制定文物公共政策应征求专家学者、社会团体、社会公众的意见，提高公众参与度，形成全社会保护文物的新格局。

2018年10月，国家出台《关于加强文物保护利用改革的若干意见》，其中第9条基本原则提出："要健全社会参与机制，坚持政府主导、多元投入、调动社会力量参与文物保护利用的积极性。"

---

① 吕舟.《中国文物古迹保护准则》的修订与中国文化遗产保护的发展 [J]. 中国文化遗产，2015(2)：1-8.

针对遗产利用和保护的社会实践，出现了遗产过度利用的社会现实，在此种情况下，遗产政策作为机构话语需要给出积极回应的对策。比如武夷山世界文化遗产实践中，当地政府通过拆迁的方式获得遗产所有权，但是并没有兑现给村民补偿金以及就业方面优先考虑的承诺，引起村民和武夷山景区管委会之间的矛盾。[①]造成这一矛盾的其中一个重要的原因就在于政府将遗产保护和利用的管理权让渡给企业，而企业逐利的性质使其并不能够以遗产保护为前提进行适度的开发和利用。谢凝高针对山东曲阜发生的"水洗三孔"事件，提出事件发生背后的主要原因是地方政府只是把"三孔"视作旅游商品和旅游资源，因此轻易把世界遗产的管理权易手，并以此提出，要保护好我国的世界文化遗产，必须要由国家政府直接管理。针对这些在遗产保护和利用过程中出现的破坏遗产的现象，2016年国务院下发的《关于进一步加强文物工作的指导意见》中指出，要合理适度利用文化遗产："任何文物利用都要以有利于文物保护为前提，以服务公众为目的，以彰显文物历史文化价值为导向，以不违背法律和社会公德为底线。文物景区景点要合理确定游客承载量；国有不可移动文物不得转让、抵押，不得作为企业资产经营，不得将辟为参观游览场所的国有文物保护单位及其管理机构整体交由企业管理。"

在以上国家制定的遗产政策的规范指引下，地方各级政府亦需要根据本地具体遗产的社会实践，制定更加细化、操作性强的遗产政策作为机构话语，成为具体遗产实践的话语策略。以杭州良渚古城遗址保护和利用的社会实践为例，在贯彻落实《中华人民共和国文物保护法》《浙江省文物保护管理条例》等遗产法律法规的大前提下，杭州市政府先后制定下发了《杭州市文物保护管理若干规定》

① 刘黎明.社区民众参与遗产地管理的现状、原因及对策分析 [J].乐山师范学院学报，2012(7)：61-64.

《突发性非正常出土文物应急保护处理预案》《杭州市良渚遗址保护管理条例》等一系列法规规章，建立健全包括法规体系、规划和工程设计规范体系、管理体系、检测评估体系和安全防护体系在内的大遗址保护管理体系，完善部门联合执法机制，充实保护力量，健全保护网络，提高保护水平，推动良渚遗址保护走上法制化轨道，把大遗址保护工作真正落到实处。

第三节　"政府主导、社会参与"遗产实践的社会语境

对语言要有完整的、符合实际的认识，归根结底离不开对语境的把握。[①] 海姆斯（D. Hymes）说："要理解语境中的语言，其关键是从语境入手，而不是从语言入手。"[②] 郭松、田海龙认为，批评话语分析的语境研究有五大特点：第一，语境概念不仅包括具体交际情景，而且包括宏观社会结构，比如权力、意识形态等；第二，语境不再被看作独立于语言和语言使用者的客观存在，而是具有主观性的，是语言使用者的主观建构，语言使用者在语境研究中处于核心地位；第二，语境研究不仅关注微观的语言现象，如词汇、句法、语音语调等，而且也重视话语的宏观层面，如主题、操控等策略；第四，语境研究不仅把语言和语篇作为研究对象，建立语言与社会语境之间的联系，而且也对语篇产生的社会机制和过程做出理论描述；第五，语境研究关注语境和语言之间的辩证关系，语境不仅可以决定语言的意义，语言也可以建构一定的语境。[③] 语言学研究在新的世纪要有突破性的进展，就必须坚定不移地从相对封闭的、静态的、分类

① 许力生. 语言学研究的语境理论构建 [J]. 浙江大学学报（人文社会科学版），2006(4)：158.

② HYMES D. On communicative competence [A]// PRIDE J.& HOLME J. *Sociolinguistics*. Harmondsworth：Penguin, 1972：269.

③ 郭松，田海龙. 语境研究：从社会语言学到批评话语分析 [J]. 外语学刊，2011(6)：74-77.

学的、外在的、给定的、与语言相分离和对立的语境构建转向更加开放的、动态的、交互的、内化的、生成的、与语言互嵌的和交错的语境构建。①

政府作为遗产保护和利用的社会实践主体在国际上许多国家都是普遍存在的现象。然而，一些研究指出，政府作为遗产实践主体在具体的遗产实践中存在着不尽如人意的方面。比如赫兹菲尔德以在希腊、意大利和泰国所采集的资料为基础，研究其作为人类学家参与当地的历史文化遗产保护过程中，当地居民与政府官员、开发商以及其他利益相关者之间的权力和权力关系。赫兹菲尔德认为历史保护要适应当地人群的需要；但他发现一些国家的"社区改造"反映的是一种"新自由主义"的逻辑。所谓"新自由主义"，表面上选择自由、机会自由，与经济公平无关或者是真正的经济公平，但其实质就是"优胜劣汰"，弱者处于被淘汰的地位。由于投机商强大的经济能力，生活在历史街区中的居民没有能力反抗这些投机商进行历史保护的意志和意愿而只能妥协，从而在历史遗产保护中成为被排斥的群体。这一群体不光被排斥在历史遗产保护过程之外，而且这一群体的历史也在遗产的保护过程中被排斥和否定。当地的代表往往会宣传他们是要提升社区的生活品质，但是其实他们并没有征求当地居民的意见，也没有试着和这些居民居住在一起体验其生活，尊重其集体认同感和对这片土地的归属感。在整个历史街区被作为遗产的保护过程中，政府的遗产实践者们与社区居民群体是相对的，甚至是对立的。社区居民的利益在遗产的保护过程中没有被考虑在内，所谓的历史保护成了城市官员、投机倒把者、开发商满足自己意志的话语和工具，所以他们之间会有冲突。从全球经济的意识形态角度来看，人们过于从经济价值观角度来看待历史保护，

---

① 许力生. 语言学研究的语境理论构建 [J]. 浙江大学学报（人文社会科学版），2006(4): 163.

这是一种新自由主义，这种意识形态不尊重遗产所在地社区居民的本土历史，而倾向于维护那些官员和投机倒把的商人的利益，使居民的生活处于"被"改造、"被"发展的地位。①

以上提到的情况在我国遗产保护和利用的社会现实中并不存在，最根本的原因就在于政府作为遗产保护和利用的主体，所考虑的利益是其治理空间内整个社会大众的利益，也就是说，政府作为社会大众利益的代表，政府的利益与人民的利益是一致的。比如在大运河（杭州段）历史街区小河直街的保护中，大部分人都希望借着拆迁改善物质生活条件，他们不想再住在破旧的老式居民区，而是希望居住在现代化的新式小区，也有一些居民希望可以回迁到修复保护好的小河直街，政府也支持并欢迎居民们回来。这都体现了遗产保护和利用中"以人为本"的理念，即遗产所在地社区居民的生活被放在一个重要的地位。所以，在我国的遗产的保护和利用的社会实践中，政府和人民的利益是一致的，人民的意愿得到了政府的回应，政府主导的遗产保护和利用的社会实践得到了人民的支持。

总之，我国"政府主导、社会参与"遗产保护和利用模式作为机构话语的建构基于我国的社会语境，与我国的历史传统以及当下语境密切相关，体现了我国的社会现实。首先，从国家建构的角度说，世界文化遗产是一个国家的文化象征，代表国家的文化形象，因此政府作为遗产保护利用和传承的主体义不容辞。我国的文化遗产保护和利用，是在西方的遗产话语影响下的社会实践，与我国民族国家的建构过程同步。在建立现代民族国家的过程中，国家民族的文化体现国家的形象，代表国家的文化身份。在这个方面，文化遗产发挥着重要的作用。我们需要通过文化遗产实践来加强国民对于中华文化的认同，加强公民对于国家的认同。遗产从属于地方上

---

① HERZFELD M. Engagement, gentrification, and the neoliberal hijacking of history [J]. *Engaged Anthropology: Diversity and Dilemmas*, 2010, 51(S2): 259-267.

升为属于整个中华民族文化的一部分，体现的是中华民族多元一体，即文化多元、政治一体。以大运河世界文化遗产的申遗文本中对于运河遗产的表述为例：

> 大运河是世界唯一一个为确保粮食运输安全，以达到稳定政权、维持帝国统一的目的，由国家投资开凿、国家管理的巨大运河工程体系。它是解决中国南北社会和自然资源不平衡的重要措施，实现了在广大国土范围内南北资源和物产的大跨度调配，沟通了国家的政治中心与经济中心，促进了不同地域间的经济、文化交流，在国家统一、政权稳定、经济繁荣社会发展等方面发挥了不可替代的作用，产生了重要的影响。大运河也是一个不断适应社会和自然变化的动态性工程，是一条不断发展演进的运河。①

以上文字中"稳定政权""帝国统一""国家投资""国家管理"这样的字眼，无一不体现了运河作为中国国家的文化象征这一重要的价值。

第二，各级政府在遗产实践中的主体性作用，反映了我国的治理文化。因为中国的政府是人民的代表，自然代表的是人民的利益。将文化遗产实践纳入地方治理体系也是为人民谋利益的内容之一。比如1999年，杭州西湖曾申遗受阻，当地政府痛定思痛，进行了长达10年的西湖综合保护工程。不但将原来的一些影响景观风貌的违章建筑和围栏予以拆除，还提出了"还湖于民"的口号，取消了门票，而且建了一个新的湿地公园。② 时任杭州市委书记王国平就曾指出："保护西湖不仅是杭州城市管理者的历史责任，更是800多万杭州人和'新杭州人'的历史责任。杭州的许多历史文化遗产，都是

---

① 国家文物局. 中国大运河申报世界遗产文本 [Z]. 2013：329.

② 张柔然. 古迹融入社区：中国保护世界文化遗产更具"远见" [N/OL]. 新华网, 2018-04-21[2019-03-15]. http://www.xinhuanet.com/2018-04/21/c_1122718439.htm.

因时随事：遗产实践话语建构的中国范式

在专家和市民的呼吁下保护下来的。可以说，人民群众是保护西湖、保护杭州这座历史文化名城的主体，是西湖申遗的基础。"① 杭州运河遗产实践提出的"还河于民"亦是如此，都提出了全民共享文化遗产的口号，并且进行实践。②

在良渚遗址的保护和利用实践中，地方政府始终坚持以人为本的原则。由于遗址保护对于遗址区内居民的生产生活有严格限制，如政府关闭了采石场，禁止人们开山取石；同时关停了一些乡镇企业，拒绝了外来企业的投资等，导致当地居民只能从事传统的农业生产，造成当地的经济发展水平与周边地区的差距越来越大，人们的物质生活水平也不高。地方政府也意识到，这样必然会影响到老百姓参与遗产实践的积极性和主动性，甚至会产生消极的心理。对此，时任杭州市委书记的王国平就提过，在2000年左右，一直到2002年，盗挖事件屡禁不止，当地的干部想方设法搞"石头经济"。对此，要想办法"开前门堵后门"。如果光是堵后门，不开前门，不让老百姓有一个出路的话，他始终要跟你对着干，而且会想出各种各样的办法来，他就会想尽各种办法来对付你，那这个问题就难办了。合理利用的意思，就是要把后门堵住，石头经济一定要停下来，盗挖要严惩不贷；但是也要给百姓一个出路，让他去发展经济，改善社会，让百姓也能够富起来，给他们一条出路。这其中的度要把握好，这是开发的前提和目的，利用是为了保护得更好。

因此，良渚遗址保护坚持以人为本、以民为先，坚持一切为了群众、一切依靠群众，把"保护为了人民、保护依靠人民、保护成果由人民共享、保护成效让人民检验"作为大遗址保护的根本出发

footnote① 杭州市人大常委会主任、杭州市西湖申遗工作领导小组组长王国平就西湖申遗答记者问 [N]. 杭州日报，2011-06-25(01).
② ZHANG R. World heritage listing and changes of political values: a case study in West Lake cultural landscape in Hangzhou, China [J]. *International Journal of Heritage Studies*, 2017, 23(3): 215-233.

点和落脚点，在大遗址保护中改善居民生产生活条件，帮助居民扩大就业、增加收入，让居民真正成为大遗址保护的最大受益者，实现大遗址保护与提高居民生活品质的"双赢"，做到"遗址保、公园美、百姓富"。而且，杭州市余杭区良渚遗址管委会作为良渚遗址保护和利用的主体，始终注意培植文化遗产保护的群众基础，唤醒社会自觉，最大限度地争取利益相关者的理解支持和主动参与。

首先，为了赢得当地居民对于大遗址保护的支持，余杭区建立了大遗址保护的补偿机制，从新城区土地出让毛收入中拿出10%，反哺良渚遗址保护，多年来累计投入数十亿元。当地政府每年还安排近1000万元资金，以奖代补鼓励各村社开展遗址保护。[①]建立文物保护补偿经费，弥补了基层组织在文物保护中失去的发展机会成本及经济成本，提高了基层政府组织及民众在保护文物中的主动性。目前，此项制度为全国首创，为全国大遗址保护提供了一个解决文物保护与经济发展矛盾的思路，弥补了我国文物保护政策中文物保护补偿这一方面的空白。

第二，发展旅游经济、文化产业和没有污染的产业，有利于解决当地农民致富和劳动力分流问题，有利于发掘和弘扬良渚文化。政府从提升良渚遗址的旅游价值入手，合理利用良渚遗址。比如，2008年，良渚博物院建成，除了运用传统的文物展示、场景营造等陈列手段外，还采用多媒体、4D影院等现代科技手段，将室内展示与室外体验相结合，成为良渚文化和良渚遗址对外宣传展示的重要窗口和平台。

第三，解决遗址保护区内农户建房难题。按照《良渚遗址保护总体规划》和《杭州良渚遗址保护管理条例》的相关要求，对遗址保护区内的农户建房行为实行严格的控制和管理制度，避免对遗址

本体及其历史环境造成破坏。制定完善遗址区农居点建设规划，在一般保护区可安排一定的农居点。对重点保护区内覆压重要遗址本体的农户实行逐步搬迁，在一般保护区或遗址保护区外围进行安置；对重点保护区内部覆压重要遗址本体的农户实行整治为主、搬迁为辅的方法，并对建筑式样进行引导。

充分尊重遗址区百姓的意见，在重点保护区内对遵守规划、愿意搬迁的农户给予一定的资金补助；在一般保护区内对不愿搬迁的农户可引导其发展民宿经济，让遗址区百姓享受申遗的成果。区政府对遗址区内外新农居点选址、农户的拆迁安置、整治资金补助与奖励等出台专门的政策，指导良渚遗址区块更好地开展拆迁安置工作。

当地政府将"文物本体保护好，周边环境整治好，经济社会发展好，人民生活改善好"作为大遗址保护工作的目标追求，使大遗址保护工程成为民心工程、民生工程。2009年6月11日，良渚国家遗址公园项目启动仪式上，王国平看到，数百位参加仪式的居民脸上挂满笑容，热情地与参加仪式的领导、专家和嘉宾打招呼。这在20多年前是无法想象的。王国平在20世纪80年代中期任余杭县委书记时，曾带领余杭县领导干部和公安民警查处过群体性盗挖良渚遗址文物的犯罪活动，有几十位村民因盗挖良渚遗址文物被判刑。当时村民们之所以要盗挖遗址文物，是因为生活没出路，盗挖遗址文物是他们维持生计的无奈选择。20多年后，大遗址保护与利用的科学发展之路，使得老百姓也受益良多。参加大遗址公园启动仪式的村民的神情，与当年参加宣判大会的村民神情完全不同。现在良渚国家遗址公园周边的居民可能要离开原来的居所，有的已经离开原来的居所，他们之所以如此，是为了良渚遗址保护和良渚国家遗址公园建设，是因为了解到良渚遗址保护与利用的大好前景，知道良渚遗址保护和良渚国家遗址公园建设将会给他们带来新的就业岗位、美好的生活环境和良好的生活品质。这些都与当地政府的各个部门在践行遗产保护的同时，维护了广大居民的利益是分不开的。

第四，以各级政府为主体的遗产实践，可以反映不同利益相关主体的利益诉求；亦可以从地方治理的整体大局角度出发，做出符合当时语境的重大决定。不同利益相关群体，在中国就是政府下辖的各个机关部门，比如园文局、旅游局、交通局等，这些部门在遗产实践中，代表不同群体的利益。在遗产保护和利用的社会实践中扮演不同的角色，发挥不同的作用。以大运河（杭州段）作为世界文化遗产为例，杭州市政府的各个部门对于大运河（杭州段）作为世界文化遗产实际上有不同认知，遗产保护部门如杭州市园文局认为运河是遗产，港航局则认为运河是航运通道，水利局认为运河的功能是保障杭州市行洪排涝，旅游局主要侧重大运河作为旅游产业资源的开发和利用。对于居住在运河沿岸的社区居民来说，运河是景观、休闲活动区域。政府的各个部门所代表的就是这个部门所对应的社会大众，每一个个体都有他的诉求。比如对于在运河上跑船的船民来说，他们最关心的是航道的安全和容量，而与他们相对应的港航局的主要任务就是要做好运河航道的日常维护和航道交通管理。对于水利局来说，运河的驳岸要造得高，要能够调节杭州市内的水量，保证不会发生和水有关的灾害。对于环保局来说，要保证运河的水质，因此"五水共治"是他们工作的重点。对于土地局来说，能够出让运河沿线多少土地，能拆掉或者可以保护多少老旧街区，是他们关心的焦点。对于运河遗产保护部门来说，要保证运河沿岸的遗产不遭到破坏是重中之重。这其实也体现了大运河作为文化遗产的保护和利用并非单纯的相关遗产部门的责任和义务。

如今，我国文化遗产的保护和利用越来越受到各级政府重视，遗产保护和利用的社会实践话语成为城市治理优先考虑的主导话语，政府下辖的各个机关单位的相关工作，亦围绕遗产保护和利用而展开。这其中最具代表性的案例可能就是大运河（杭州段）拱宸桥红绿灯的设置。大运河杭州市区段是国家的重要水运航道，也是连接钱塘江与杭州市内河的唯一水上通道。拱宸桥是大运河世界文化遗产杭州段的标志性遗产，拱宸桥总长为98米，中间主孔的直径为15.4米，两侧孔洞的直径宽度一样，为11米。随着运河上货船的吨位越来越大，在2015年、2016年和2017年三年间发生了13起威胁拱宸桥安全的水上交通事故，如2016年7月，两艘货轮对向而行通过拱宸桥洞时，一艘货轮为躲避另一艘货轮撞上了西侧的桥墩。因此，为了加强对拱宸桥的保护，在杭州市政府组织协调下召开的市各机构部门的会议上，由杭州市港航管理局提出，在拱宸桥南北两侧各设置一个红绿灯，以管控通过拱宸桥南北方向的船只，确保交通事故不再发生。2017年7月3日，杭州运河拱宸桥水域红绿灯投入运行，目的就是平衡拱宸桥作为世界文化遗产和其所在水域作为水运交通航道之间的矛盾。[①]同时，为了更好地保护运河沿岸的文化古迹，同时提升京杭运河航道的通行能力，京杭运河浙江段的三级航道整治工程（京杭运河第二通道）在2016年已经开工。不但古运河沿线的文物古迹能够得到有效保护，大运河作为南北重要水上交通要道，水运的低成本、大批量、长距离的运输在我国的经济发展中亦能够持续发挥重要作用。

在当下遗产话语在城市治理中占主要地位的语境下，保护遗产是重中之重。这与20世纪80年代对于遗产话语的认知完全不同。在杭州市余杭区运河街道的博陆段的运河上，原来有两座桥，分别叫长寿桥、丰年桥。在20世纪80年代，由于航道建设，船大而桥洞小，因此水运部门主张拆桥，虽然遭到了文化部门的反对，但由于当时经济话语占主导地位，古桥终究还是拆了。同时拆除的还有余杭区的万寿桥(于明洪武年间重建，横跨运河)、塘栖里仁桥、安溪广

---

① 周淳淳，罗曼慧.杭州运河拱宸桥水域也有红绿灯了 [N].青年时报，2017-07-05(06).

济桥等。^① 如果放到今天，这种情况就不会发生。因此，以地方政府为主体的遗产实践作为地方治理的一部分，必然是根据其不同时期的语境，按照长远利益和短期利益的综合考虑，根据各个利益部门的诉求进行轻重缓急的判断，从而进行的社会实践。如今，在遗产话语占主导地位的情况下，任何涉及遗产的事情，必然以遗产保护利用为重，以政府为遗产实践主体进行治理，合理分配各个部门的职责和任务，有利于形成合力。

第五，政府在遗产实践中的主体性作用有助于提高效率。政府作为遗产保护机构，除了民众参与这部分以外，其他政府能想到的，能做的，都在尽力去做。比如杭州市政府对运河遗产的保护，在执行力、决策力上效果显著。政府可以动用专家，对保护形成理论上相对高的要求、纲领和原则，根据这些制订相关执行层面的规划计划和措施，将这些具体的规划措施落实到具体的行政部门，由行政部门按照各自职责去完成。这种模式在执行上肯定优于西方的公众参与和民主决策，在效率上也肯定比西方效率高（基于对LZH于2017年10月的访谈）。

大运河申遗是难度很大的工作。首先，大运河项目由国内多个城市联合申报，也增加了难度。这不仅需要运河沿线的各级政府能够做好相关工作，而且需要在中央政府的宏观协调下保证申遗工作能够统一顺利进行。比如在运河水环境治理上，可能会出现下游的某一河段保护好了，其他上游城市的漂浮物又漂下来了，这也是工作上的一个难点，但后来政府间跨区域的协调工作越做越好，使大运河的环境生态保护问题得到了比较好的解决。可以说，如果没有完善的跨区域协调机制，大运河申遗就不会成功。大运河申遗最早是2006年开始，但是一些城市很晚才加入，比如宁波市2008年才加

---

① 余杭县志编纂委员会，编. 余杭县志[M]. 杭州：浙江人民出版社，1990：390-391.

入申遗，这就为其保护工作增加了难度。由于涉及的区域广、部门多、利益群体大，大运河申遗项目的难点之一就是保护问题。比如宁波郊区的运河河段，没有很好地得到保护和利用，生态问题、卫生问题、居民生活污水排放、违章建筑等问题很多；城镇河段也有水质问题、环境保护的协调问题。正是因为地方政府能够发挥主观能动性，才能保证运河的保护工作顺利有效开展。①

　　第六，政府主体性作用有助于国家统筹规划与地方具体落实。大运河遗产的保护很好地体现了国家统筹规划与地方政府之间的互动。大运河遗产不像西湖文化景观遗产只坐落在杭州市西湖区，运河遗产的属地本身就比较复杂。这首先是大运河作为线性遗产的特点所决定的。运河遗产有多个遗产点和遗产段，而不仅是整个线路。因此，运河属地管理最大的挑战是切断了遗产的线性特征。遗产的完整性和原真性被分割了。②随着运河申遗工作的完成，运河遗产的保护和利用成为运河沿线地区的工作重点。针对大运河遗产的特点，如何更好地推进地域联合的"合作性保护"，是否应该成立更高层次的保护机构，以便协调沿线城市更好地保护，这些都是迫切需要思考和解决的问题。③从国家的管理来看，大运河遗产涉及35个城市，包括十大河段。申报的系列遗产分别选取了各河段的典型河道段落和重要遗产点，包括河道遗产27段，总长度1011千米，相关的遗产点共计58处。这些遗产分布在2个直辖市和6个省的35个地级市，遗产区总面积为208.19平方千米，缓冲区总面积为542.63平方千米。在申遗中，各地由于共同利益而走到了一起。大运河申遗成功后，大运河的保护和开发进入了"后申遗"时代。然而，社会各界对于

---

① 赵婷婷，林艳. 大运河申遗成功专家：大运河进入后申遗时代 [N/OL]. 中国青年报，2014-06-23[2019-03-15]. http://china.zjol.com.cn/system/2014/06/23/020097328.shtml.
② 陈晓强. 后申遗时代大运河的保护和开发 [N]. 大众日报，2015-07-19(06).
③ 毛建国. 京杭大运河申遗成功后更应"合作性保护" [N/OL]. 中国青年报，2014-06-24[2019-03-15]. http://zqb.cyol.com/html/2014/06/24/nw.D110000zgqnb_20140624_3-02.htm.

大运河的态度似乎回到了申遗之前，大运河作为文化遗产淡出人们的视野，回到了被人遗忘的角落。① 从市一级的遗产点和遗产段的管理看，大运河的保护管理工作涉及交通、水利、环保、国土、住建、规划、文化、旅游等多个部门，存在各自为政的问题，遗产保护、整治、利用和管理缺少统一协调，缺乏保护的整体性和统一规划。

从2015年起，运河遗产的保护利用问题又提上了运河沿线各个城市的重要议程。2017年2月24日，习近平总书记视察北京大运河森林公园时强调，保护大运河是运河沿线所有地区的共同责任。② 2017年两会期间，民盟中央针对目前大运河开发利用一直缺少国家层面统一规划，使得运河沿线各地运河资源开发利用程度参差不齐等状况，提交了关于建设运河文化经济带的提案。③ 大运河遗产的利用和开发可能会再次成为以国家牵头、地方共同协作完成的一项文化建设。由于大部分世界文化遗产都是在省的管辖范围之内，虽然在申报中是以国家名义申报的，但是在遗产的管理和利用方面最后还是落到地方政府上面，因此各地具有比较大的自主权。然而，像运河这样的世界文化遗产，由于其遗产属地的特殊性，特别需要在国家层面进行宏观上的调控。2019年2月，国务院办公厅下发了《大运河文化保护传承利用规划纲要》，从宏观规划设计层面明确了大运河沿线省市建设大运河文化带的方向、目标和任务。

其实，无论后申遗时代的大运河遗产的保护和利用是否能够成为国家牵头的全国性遗产实践，作为运河所在的地方来说，都需要始终如一地保护好、利用好和传承好所在辖区内的运河遗产。大运河（杭州段）的遗产实践正是如此。杭州市作为大运河文化遗产的重

---

① 韦慧.申遗成功后，大运河将流向何方？ [N/OL]. 新华网，2014-06-22[2019-03-15]. http://www.zjww.gov.cn/culture/2014-06-25/896612682.shtml.

② 徐鹏飞，王皓，蔡奇：以高度历史使命感推进大运河文化带建设 [N/OL]. 北京日报，2017-07-03[2019-03-17]. http://cpc.people.com.cn/n1/2017/0703/c64102-29378152.html.

③ 张翼，周洪双."运河文化经济带"，是啥模样 [N]. 光明日报，2017-03-25(05).

要节点，共有11处大运河首批申遗点段，包含6个遗产点、5段河道。这11处分别是：富义仓、凤山水城门遗址、桥西历史街区、西兴过塘行码头、拱宸桥、广济桥等6个遗产点，以及杭州塘段、江南运河杭州段、上塘河段、杭州中河-龙山河、浙东运河主线等5段河道。杭州河道总长度110千米，申遗点段的数量在全国各个城市中位于前列。杭州对运河的保护既将其作为文化遗产，又作为城市治理的重要部分。正是因为这一点，杭州从20世纪80年代就开始整治运河水环境和周边环境，而当时文化产业、文化资源和遗产的概念还没有像今天这样为人所重视。当时对于运河的整治是把运河放在整个城市环境和城市治理的框架中来做的。① 在近30年的时间里，杭州对于运河的综合保护工程可以归纳为三个阶段："第一阶段，从20世纪80年代开始，杭州实现了运河与钱塘江的沟通。第二阶段，重点解决水质的问题。20世纪90年代以来，杭州用了长达10年的时间，将运河城北一带的污水进行了节流。1993年，为综合开发大运河，杭州市成立了运河截污指挥部，开始对运河的水污染进行治理。第三阶段，则进入运河综合治理阶段。"② 2002年，杭州市组建了杭州市运河指挥部和一个国有独资企业——杭州市运河集团。指挥部负责对运河综合保护实行统一规划、统一协调、统一筹资，组织实施重点项目；运河集团通过市场化运作，搞好招商引资，吸引社会资金，为运河保护和开发提供资金保障③，解决好了"钱从哪里来，地从哪里找，人往哪里去"三大问题。④ 2005年底以朱炳仁为代表的"运河

① 苏易宣. 京杭大运河：创业"大摇篮"致富"经济带"[N]. 中华新闻报，2006-12-27(K01).
② 陈卿. 运河的复兴和一个城市的愿景：第二届杭州运河商务区高峰论坛札记 [N]. 杭州日报，2010-11-02(A05).
③ 苏易宣. 京杭大运河：创业"大摇篮"致富"经济带"[N]. 中华新闻报，2006-12-27(K01).
④ 胡惠荣. 千年大运河杭州"金名片"——京杭大运河杭州段整治纪实 [N]. 人民日报海外版，2008-09-06(03).

三老",向大运河沿岸的 18 个城市的市长写信,呼吁加强对大运河的保护。2006 年,杭州市政府颁布了《京杭运河(杭州段)综合整治与保护开发工程规划》的系列相关政策,加强对大运河的开发和保护。2006 年 5 月,京杭运河保护与申遗研讨会在杭州举行,并发布了《京杭大运河保护与"申遗"杭州宣言》(简称《杭州宣言》)。《杭州宣言》提出,要重视"申遗",要从国家战略高度,建立统一协调机构,制定大运河保护的法律法规,统筹保护与发展规划。[①] 2014 年 6 月,大运河成功列入世界文化遗产,当年杭州制定的运河综合保护的三大目标,即还河于民、申报世遗、打造世界级旅游产品,已经实现了两个。将杭州段运河打造为世界级旅游产品成了这几年杭州运河保护和利用的重要目标,力求在保护遗产的前提下,发展旅游产业,促进地方发展。[②] 从 2017 年开始,浙江省提出加快和推进大运河(浙江)文化带规划建设。[③] 2018 年,浙江省积极响应党中央的号召和决定,在第十四次党代会上提出要"积极谋划我省大运河文化带建设,把大运河文化保护好、传承好、利用好"。这更是把运河遗产的保护和利用放在了全省规划和建设的战略高度上。

我国"政府主导、社会参与"的遗产保护和利用话语的社会实践,与我国的社会语境密切相关,符合我国的社会现实,这一社会实践有利于遗产的保护和利用,促进了我国遗产保护和利用事业的蓬勃发展。然而,在"政府主导、社会参与"的遗产话语活动中,参与者也依据各自的社会角色,运用话语建构身份、实施影响和参与遗产实践活动,进而参与建构了我国"政府主导、社会参与"的

---

① 张佳英,熊艳.回忆《杭州宣言》诞生过程 [N/OL]. 杭州日报, 2017-04-24[2019-02-10].http://hznews.hangzhou.com.cn/chengshi/content/2014-07/24/content_5373768.htm.

② 计慎忆,熊艳.把京杭大运河杭州段打造成传世之作 [N]. 杭州日报, 2017-07-08(01-02).

③ 董波.讲好大运河文化带的"浙江故事" [N/OL]. 2018-03-04[2018-05-06]. https://zj.zjol.com.cn/news.html?id=885142.

遗产实践的社会语境。[①] 当这一遗产话语的社会实践模式深入人心，为大众所接受时，也建构了政府在遗产实践活动中的全能型的地位以及社会大众在遗产实践活动中的被动角色的社会现实，这主要体现在：第一，虽然遗产实践模式为"政府主导、社会参与"，然而在具体的遗产实践中，往往是社会参与十分薄弱，这其中的原因在于普通社会公众缺乏遗产保护和利用的专业知识和素养，因此很难在专业的遗产保护和利用中发挥作用。而且，公众在调动保护资源、组织动员能力等方面相对较弱。政府大包大揽，造成政府负担过重。第二，在遗产的价值认定以及专业性保护阶段，政府可以借助自身的优势，调动组织资源以及社会力量对遗产进行专业认定和保护。然而，在列入官方遗产名录之后，政府及遗产专家学者没有介入遗产作为旅游资源进行开发利用的阶段，不能够主导市场的走向和游客的志趣；社会公众在遗产作为旅游资源进行开发利用阶段参与度很高，但是由于缺乏一定的遗产素养，往往会使旅游产业发展无法达到预期经济目标，严重甚至会出现破坏遗产的现象，如"水洗三孔"、泰山的锁链隧道即是如此，很难实现遗产的社会价值。第三，一部分群体对于政府具有依赖心理。社会大众认为自身力量薄弱，很难参与遗产的专业性保护与利用。一旦遗产被列入政府的遗产名录，大都是被收为公有，遗产如何保护和利用也由政府决定，与人们的日常生活没有多大关系。因此，有必要正视这些社会现实，调整我国遗产实践机构话语中政府与大众在遗产实践中的定位和角色。

---

① 田海龙.学术思想与研究路径：新修辞学与批评话语分析的异与同 [J].天津外国语大学学报，2018(5)：137-139.

第四章 遗产保护和利用的社会实践网络

　　社会实践并非是孤立、单一的存在，相反，不同的社会实践之间存在着一定的关系，构成了社会实践的网络。① 社会实践网络的观点由田海龙提出，他认为社会实践网络纵横交错，由不同的社会实践通过横向和纵向的关系构成：

　　　　社会实践网络中发生在横向和纵向维度的社会实践，其相互作用可以发生在同一个社会生活领域，也可以发生在不同的社会生活领域……从批评话语分析的角度看社会实践的网络，不论是发生在相同领域还是不同领域，各种社会实践之间的相互作用和影响主要是不同社会生活领域中话语生产、传播、消费之间的相互作用。②

　　社会实践网络的关系实际上就是话语（或话语实践）相互作用的网络关系，体现在社会实践网络上，则是某个社会实践的话语与另一个（或其他）社会实践的话语之间的相互作用，并以此来研究"社会实践的网络以及网络中的社会实践构成一种特殊的权力关系"

---

① 田海龙. 社会实践网络与再情景化的纵横维度——批评话语分析的新课题及解决方案[J]. 外语教学，2017(6)：7-11.

② 田海龙. 社会实践网络与再情景化的纵横维度——批评话语分析的新课题及解决方案[J]. 外语教学，2017(6)：8.

等问题。[①] 社会实践网络作为批评话语分析的研究对象，在批评话语分析的研究实践中还处于初步阶段，相关的研究还比较少。本章以良渚古城遗址的保护为案例，将遗产的保护和利用作为社会实践，从细节入手，展现良渚古城遗址保护和利用的社会实践网络如何通过话语或话语实践相互影响，以及它们之间的相互作用。

从整体来看，良渚古城遗址的保护实践是一个动态变化的过程：从1936年西湖博物馆的施昕更先生在杭州余杭良渚一带挖掘出良渚陶器，并撰写出版《良渚——杭县第二区黑陶文化遗址初步报告》开始，良渚古城遗址的保护到现在经历了80多年。从最开始的保护单个的考古挖掘点，到现在的良渚古城遗址整体保护；从只是文物部门参与的遗址考古与保护，到现在以良渚管委会为主体，协调政府的土地规划、环保、工商等部门共同参与，积极吸引社会参与的综合保护，良渚古城遗址的保护和地方建设发展有机结合。2018年1月26日，良渚古城遗址作为我国申报2019年世界文化遗产的唯一的一个项目，将代表我国向世界遗产委员会申报的2019年世界文化遗产项目。[②] 这正是余杭区政府、杭州市政府与浙江省政府多年来坚持对良渚遗址综合保护的重要结果，亦是国家对于这种综合保护方式的肯定。2019年7月6日，在阿塞拜疆巴库举行的第43届世界遗产大会上，良渚古城遗址被列入《世界遗产名录》。这说明，中华5000年文明史已为世界权威机构所承认。中国的世界遗产总数达到55处，

---

① 田海龙. 社会实践网络与再情景化的纵横维度——批评话语分析的新课题及解决方案 [J]. 外语教学, 2017(6): 7-11. 考察社会实践网络中社会实践在纵向维度和横向维度的再情景化模式，需要：第一，确定被移动的话语或社会实践；第二，确定该话语或社会实践最初所处的原始情景；第三，确定再情景化的始作俑者，即促成该再情景化发生的机构或社会人，第四，确定新的情景；最后，确定被移入新情景中话语或社会实践的新意义。就社会实践网络而言，被移动的话语是某个领域里发生的社会实践，由于批评话语分析在理论上认为"话语即社会实践"，在方法论上认为研究分析"话语即社会实践"重点就是研究分析话语如何被生产、被传播和被接受这样的"话语实践"，那么，这个被移动的话语就可以被认为是发生在特定社会领域的"话语实践"。

② 良渚古城遗址正式申报2019年世界文化遗产 [N/OL]. 都市快报, 2018-01-27(A03).

成为世界上拥有世界遗产数量最多的国家。良渚古城遗址也成为杭州所拥有的继西湖和大运河之后的第三个世界遗产。①

"政府主导、社会参与"的遗产保护和利用模式作为机构话语塑造着社会现实；同时，社会现实也影响着"政府主导、社会参与"的遗产保护模式的机构话语。其社会实践网络中，各种社会实践相互作用的特征就体现在：第一，良渚古城遗址的保护和利用，一切以遗产的保护和利用为中心，这不仅仅发生在与遗产保护和利用相关的各级政府行政部门，而且从文物保护相关部门的社会实践延伸到整个地方的区域治理，这里面又涉及治安问题、经济问题、房地产问题、拆迁问题等，发生在政府治理的不同领域，各种社会实践相互影响和作用。第二，良渚古城遗址保护和利用的实践主体，主要是最低层级的政府即余杭区政府行政管理体系中的文物保护和利用部门，相关的杭州市、浙江省以及国家级政府及相应的文物保护管理部门，在相关政府法律、政策、文件上给予必要的专业性支持。

第一节 遗产保护和利用的社会实践网络的纵向维度

良渚古城遗址的保护和利用的社会实践的纵向维度，体现在从国家到余杭区的各级政府文物保护和利用相关的行政管理领域。良渚古城遗址位于杭州市余杭区内，保护范围达33.8平方千米，1936年被发现，1996年被国务院公布为全国重点文物保护单位。在中华文明"多元一体"的起源过程中，良渚是证实中华5000年文明史的最具规模和水平的地区之一，是证实中华5000年文明的充分证据。②2018年1月，良渚古城遗址被我国有关部门推荐为2019年世界文化

---

① 让世界遗产成为杭州的文化标识 [N]. 杭州日报，2019-07-15(06).
② 张春海，王广禄. 良渚文化实证中华五千年文明 [N]. 中国社会科学报，2015-10-16(06).

遗产申报项目。2019年7月6日，良渚古城遗址正式列入《世界遗产名录》。

当地政府把良渚遗址作为遗产本体的管理，上升到了整个地方治理的高度，把对良渚遗址的保护，提升到浙江建设文化大省、杭州创建文化名城的战略高度，把良渚遗址的保护和开发利用工作列入浙江省和杭州市的国家经济和社会发展重大项目，同时按国务院要求将所需经费列入各级财政预算。"在保护中发展，在发展中保护"，地方政府作为遗产建构的主体，把遗产保护纳入城镇治理体系和总体发展规划中，实现社会共享遗产的利益最大化，促进地方社区发展。

在体制上，成立良渚管委会，理顺了良渚遗址管理中浙江省、杭州市和余杭区各自的管理责任。2001年，良渚遗址保护区内的石矿整治，关停了29个石矿场、31个石矿采挖点；重大的盗挖案件已经被杜绝，管理新体制已经建立，规划和立法工作顺利展开。但是，最根本的是良渚遗址的管理体制问题。良渚遗址的早期保护成效不大，管理体制没有理顺是根源所在。省市区三级都可以管，也都可以不管，出了问题谁都可以不负责任。因此，成立良渚管委会，可以达到两个目的，一是对良渚遗址实施更严格的保护，二是探索积极保护的新路子。管委会坚持积极保护，以保护为目的，以开发为手段，以适度的开发来实现真正的保护。

杭州市政府的主要职责是按照"精简、统一、效能"原则，抓紧配强配好良渚管委会和管理局的领导班子。为了有利于工作协调，管理局班子吸收浙江省文化厅、省文物局、杭州市园文局有关领导和专业人士参加。同时，杭州市积极帮助余杭区向上级争取有关政策，并切实做好规划审批把关和重大基础设施建设等方面工作。杭州市财政每年给余杭区安排200万元～300万元的补贴资金，3年不变，专项用于良渚遗址的保护开发和世界文化遗产的申报工作。余杭区委、区政府切实担负良渚遗址保护与开发的实施主体职责，把良渚遗址保护与开发工作摆上重要议事日程。坚定不移地贯彻"保护第一，环境优先"的工作方针，对良渚遗址实施严格有效的保护。同时，余杭区努力探索"积极保护"的新思路、新途径，真正做到"以保护为目的，以开发为手段，以适度开发来实现真正保护"。

　　良渚管委会承担起保护的责任，受省、市、区三级委托，担负起保护良渚遗址的第一责任人的责任。这种开发区式的管理体制，在全国可能也是首创，独此一家。浙江省按照"文物特区"理念，改变遗产保护由文物行政管理部门单打独斗的被动局面，把良渚遗址管理区作为一个整体，在2001年设立了级别为副厅级的良渚管委会。以管委会为核心，分别设置了办公室、文物管理局、国土与规划建设处、申遗处、文化产业处、良渚博物院（良渚研究院）、良渚遗址管理所、文物执法大队、瑶山派出所、美丽洲事业公司等机构（单位），分别承担宣传展示、价值研究、遗产监测、保护管理、文物执法、遗产申报、产业引导、国土规划、资金筹措等职能，最大限度地整合了原本分散在各个职能单位的要素资源，最大限度地发挥遗产所在地政府的主体作用。

第二节　遗产保护和利用的社会实践网络的横向维度

　　良渚古城遗址的保护和利用的社会实践的横向维度体现在从国家到余杭区的各级政府文物保护和利用相关的行政管理领域和其他部门的行政管理领域。总体来说，从行政管理领域和新闻领域等其他领域的关系来看，良渚古城遗址的保护和利用的社会实践网络还比较薄弱。

　　良渚文化遗址位于浙江省经济发达区域，由于经济发展快，人口密度高，遗址范围广，加上多头管理，致使目前良渚文化遗址的保护工作存在着许多突出问题和隐患。党和国家领导人，浙江省、杭州市、余杭区各级部门和领导都十分重视良渚遗址的保护，尤其是省市区三级政府，在具体的遗址保护和利用上做出了不懈的努力。在良渚遗址具体的管理和经营上，杭州良渚管委会发挥着极其重要的作用。遗址保护不应只是文物部门单打独斗，而是要将遗址保护纳入到遗址所在地的地方治理体系当中。

2001年9月，浙江省政府批准划定良渚、瓶窑两镇面积为242平方千米的区域为杭州良渚遗址管理区，成立了相当于一级地方政府的杭州良渚管委会并挂浙江省杭州良渚遗址管理局的牌子，主要职能为遗址区内文物日常管理和保护、管理区内建设项目审核、管理区内规划和遗址考古规划、申遗工作，以期将政府的意志与市场机制有效地结合在一起，这使得良渚遗址的保护不再是文物部门的单打独斗。此举有利于加强对良渚文化保护与开发工作的领导、协调和服务；有助于理顺管理体制，明确各级相关部门的管理责任。良渚管委会的管理范围内分三大区块：第一块是良渚遗址重点保护区，第二块是一般控制区，第三块是经济建设开发区块。管理区管委会主要职能是对该区域实施保护、规划、协调、监督、治理和服务。

良渚遗址保护是一项周期长、公益性明显的工作，在地方政府实行任期制和以经济建设为中心工作的背景下，如果不建立保护和利用相关制度，保护和利用工作很难持续开展并且取得实效。在良渚遗址保护和利用过程中，地方政府扮演着至关重要的角色，在政策倾斜、行政干预乃至财力投入方面，都离不开地方政府的主体性作用。在保护机制上，形成了"条抓块保"、五级联动的保护机制。浙江省政府成立由分管副省长挂帅的良渚遗址保护、申遗工作领导小组，把全局，议大事，协调处理重大问题，余杭区成立党政一把手牵头的指挥部，整合力量、靠前指挥；遗址所在镇街、村社根据管委会的工作要求，实行任务包干、网格管理、履行属地责任，形成梯度传导、各司其职的指挥和执行机制，确保良渚遗址保护和申遗各项决策部署的一以贯之、一抓到底。

地方政府的主体能动性作用还在于能够化解遗产实践中地方居民与政府之间的矛盾。如为了保护良渚遗址，当地原居民需要搬迁离开遗址核心保护区域，在整个过程中，地方政府坚持"以人为本"，在充分尊重遗址所在地原居民的生存权和发展权的基础上，确立"区别对待、迁留适宜"的安置政策。对叠压在遗址本体上、危及遗址安全的农居和企业，通过以地换地、异地转移的方式有序外迁，降低遗址区人口密度，减少人类现代活动对遗产景观造成的次生灾害；对于一般保护区的农居，进行引导和整治，通过协调建筑风格、控制建筑高度、美化村容村貌，改善原居民的生产生活条件，营造宜居宜业的生态家园，营造利益相关者合力支持遗产保护事业的良好氛围。

从良渚遗址保护和利用所涉及的行政管理领域与新闻领域等其他领域的关系来看，良渚古城遗址的保护和利用的社会实践网络主要体现在政府与遗产研究领域、普通社会大众的互动。在与新闻领域的关系互动中，主要体现在遗产保护和利用的宣传以及对于社会大众的遗产教育方面。从与遗产研究领域的社会实践网络关系来看，在良渚遗址的保护中，地方政府高度重视遗产专家、科研院所的研究工作，坚持遗址的研究和利用为一体（"研用一体"），即研究为先导，用考古研究指导大遗址保护、利用和展示。2002年1月22日，国际良渚学中心成立，聘请了80多位国内外专家学者为客座研究员和特邀研究员，开展良渚文化的多学科研究，建立"一体两翼"的良渚学研究大格局。这里面的"一体"指的是良渚学。"两翼"指的是围绕良渚学研究实践而搭建的两大驱动载体，一个是考古先导，主要是聘请遗产专家研究良渚遗产的本体价值；另一个是学术研究，如社区参与模式、玉文化的"非物质意义"研究、"大遗址公园"的国内外比较研究、遗产教育研究等。

　　良渚古城遗址的社会实践以研究带动规划、保护、经营、管理和发展，即重视良渚学研究学者的科研成果与良渚遗址保护和利用的实践相结合，用科研成果将遗址保护和开发引领到正确的方向。首先，对良渚遗产本体价值的研究能够使人们更加深刻地认识到良渚遗址的价值。比如在良渚遗址的考古工作中，从单体遗址的考古挖掘到后来整个良渚古城遗址的发现，使得人们对于良渚遗址有了全新颠覆性的认识，有力地证明了良渚遗址的突出普遍价值。这对于良渚古城遗址的申遗工作具有十分重大的作用。第二，良渚学的研究能够将良渚遗址的研究从遗产本体价值领域拓展到新的研究领域，形成多学科融合联动的开放研究格局。比如如何促进社区参与良渚遗址的保护和利用、如何开展与良渚遗址有关的玉文化产业研究、如何对公众实行遗产教育等。研究将更加有利于良渚遗址的保护，促进良渚遗址与当地社区居民、社区发展之间的良性互动。第三，积极扩大良渚遗址在国际遗产学界的地位和影响，与国际学者互动。①

　　通过与遗产研究学者、专家的良性互动，以研究带动良渚遗址的展示与利用，实现遗址保护与发展的互动和共赢。以玉文化的研究和相关文化产业利用为例。2008年6月，良渚成立了中华玉文化中心，张忠培老先生在成立开幕式上说："如果把良渚文化玉器比作一顶皇冠，那良渚遗址出土的玉器就是皇冠上的明珠，它的成就在世界范围也是绝无仅有的。"②张忠培老先生还说："既要研究玉器，又要研究玉器背后的文化；既要形而上，又要形而下；既要宏观，也要微观。二是要对玉器和玉器文化进行谱系研究。在红山文化、良渚文化、凌家滩文化这三大谱系的玉文化研究中，良渚文化走在了

---

① 方敏，王月. 良渚古城"圈粉"世界考古界[N]. 人民日报（海外版），2018-01-11(03).

② 刘斌. 张忠培先生与良渚[J]. 南方文物，2014(3)：17.

前列，但总体来说都还不够深入透彻。按照'传承、吸收、融合、创新'的考古学文化发展轨迹，从多元一体的角度对不同玉文化进行解构。三是做好玉文化研究与历史研究的结合文章，不仅要研究玉文化在社会历史中的作用，还要研究在文化力上发挥的作用；要把研究成果投入到当代文化建设中来，为建设新文化做贡献。"① 在张忠培先生的领导下，中华玉文化中心两年"一个会、一个展览、一本图录、一本论文集"，先后在良渚博物院举办了"红山文化玉器展""凌家滩文化玉器展"和"夏代中国文明展"等，积极推进了中华玉文化的研究。在注重玉文化研究的同时，也注重玉文化与当代文化建设的结合。

第三节　遗产保护利用的社会实践网络特征：各层级政府各司其职

良渚古城遗址的保护和利用的实践主体，主要是最低层级的政府即余杭区政府行政管理体系中的文物保护和利用部门，相关的杭州市、浙江省以及中央政府及相应的文物保护管理部门，在相关政府法律、政策、文件上给予必要的专业性支持。良渚古城遗址是一个"金矿"，具有极高的历史价值、文化价值、生态价值和旅游价值。余杭区政府在开展挖掘良渚古城遗址的具体工作时，离不开杭州市、浙江省政府所做的大量工作的支持。这主要体现在现代管理体制到位，实行统一规划、统一建设、统一经营的高度统一的管理模式，即余杭区政府开展的良渚遗址保护和开发利用工作，是在整个杭州市、浙江省的统一规划建设框架下展开的。比如在杭州大都市建设上，总的规划思路是"东扩，西进，北调，南下，中兴"，北

---

① 刘斌. 张忠培先生与良渚 [J]. 南方文物，2014(3)：17.

部重在调整结构，包括城乡结构，产业结构。因此，良渚遗址所在的杭州北部可以作为今后杭州房地产开发的重要地区。同时，余杭区本身也具有良好的基础和条件。首先，交通便捷，特别是地铁的开通将良渚纳入到了大杭州发展的网络中；第二，余杭区经济实力雄厚，是杭州市的一个经济强区，对良渚的建设能够给予很大的实质性支持。

通过明确浙江省、杭州市、余杭区及有关部门的职责，坚持积极保护的方针，以创新的思路抓好良渚遗址的保护与开发，加快良渚遗址申报世界文化遗产的步伐。这样的保护机制，被良渚管委会称为"条抓块保""五级联动"。"条抓快保"指的是良渚管委会的管理范围内分三大块区：第一块是良渚遗址重点保护区，第二块是一般控制区，第三块是经济建设开发区块。不同的区块对应的良渚遗址保护和利用的政策因地制宜，各有不同。"五级联动"指的是国家、省、市、区、镇街、村社五级政府各司其职，形成联动，确保良渚遗址保护和申遗各项决策部署的一以贯之、一抓到底，努力探索"积极保护"的新思路、新途径，真正做到"以保护为目的，以开发为手段，以适度开发来实现真正保护"。良渚遗址管理区成立之前，良渚文化保护职能由余杭区文体局和良渚、瓶窑镇政府负责。管理区成立以后，良渚文化保护职能统一由良渚管委会负责，除此之外，管委会的主要职能是对该区域实施保护、规划、协调、监督、治理和服务。良渚管委会的定位是服务机构，对区域内的良渚文化保护、开发和良渚、瓶窑两镇的经济社会发展进行综合协调服务。良渚管委会处理好与良渚、瓶窑镇党委、政府的关系，职责明晰。管理区内的开发区投入、产出属于地方财政，税收全部纳入所在镇财政；按现行财政体制，余杭区地方财政收入的20%要上缴浙江省财政，余杭区财政局尽力争取管理区内产出的地方财政收入的增量全部留在余杭，其中80%以上部分专项用于良渚文化保护开发。中国良渚文化村建设过程中的征地、拆迁、安置工作由良渚镇政府负责，良渚管委会搞好建设中的指导协调工作。原良渚工业小区规划的地块现改作商贸流通区，在建设中与中国良渚文化村相衔接。

在良渚遗址的保护、利用以及管理的社会实践上，文化遗产管理不被看作国家和各级政府的职责，而被视为一项地方公共文化事业，既是政府的，也是企业的、民众的，和各行各业的人都有关。因此，良渚遗址保护和利用的社会实践网络以良渚管委会为核心，凝聚各个相关利益群体积极参与，形成内外联动，凝聚社会共识，坚持"共有共享"的社会参与原则。良渚管委会准确把握遗址区内作为利益相关者的原住民和遗址区外作为争取对象的社会民众两类人群的不同心态、不同感受，因人制宜、分类施策，通过利益、情感和价值纽带的串接串联，夯实遗产保护的民意基础。

对于利益相关者，良渚管委会在全国率先探索建立大遗址保护补偿机制，杭州市和余杭区两级财政每年预算安排1500万元，对因文物保护受到损失的农民、村集体和企事业单位进行经济补偿，累计补偿1亿多元；开展遗址区内村社文物保护工作实绩考核，采取"以奖代补"、转移支付的方式拨付1554.07万元，支持美丽乡村建设、村级集体经济发展和社会民生事业改善，增强原居民的"获得感""幸福感"，激发原居民保护遗址、支持申遗的自觉性、自主性、自发性。

对于外围的社会公众，搭建了"一展、一会、一营、一教材"四个宣传教育平台，弘扬传统文化，凝聚社会共识。经过多年持续不懈的努力，广大群众基本实现了从"要我保护"到"我要保护"的理念转变。

"一展"是指良渚文明展，由良渚博物院每年组织举办，为广大群众了解良渚文明架起桥梁。"一会"是指中华玉文化中心年会，每2年举行一次，围绕各地玉文化交流办展览、出论文，至今已举办了

5届。2008年6月，中华玉文化研究交流中心在良渚文化村成立，并召开座谈会对如何进一步弘扬中华玉文化、发展玉文化产业做了深入探讨，引起了玉文化界的高度关注。玉文化是中华民族特有的文化标志，而良渚玉文化是中华玉文化的第一高峰，代表着中华玉文化的顶尖水平。以良渚博物院为载体，弘扬中华玉文化，发展玉文化产业。不仅良渚博物院要打好"玉文化牌"，整个"大美丽洲"良渚文化旅游综合体也要打好"玉文化牌"。通过举办一年一度的玉器精品展销会，把玉器的展示与销售有机结合起来，以展带销、以销促展，逐步形成一个玉器交易市场，使其在弘扬中华玉文化、发展玉文化产业的同时，把大量中高端游客吸引进来。

"一营"是指由良渚博物院和北京大学考古文博学院面向全国中学生每年举办的考古夏令营，旨在帮助青年学生提升遗产保护的思想意识。在做好青少年学生第二课堂文章上狠下功夫。良渚博物院被纳入杭州青少年第二课堂行动计划，成为杭州青少年第二课堂的重点和亮点。这样做，不仅有利于进一步增强杭州青少年特别是余杭青少年的爱国、爱乡热情，让他们了解并熟悉良渚文化，当好良渚文化的"薪火传人"，而且也有利于解决良渚博物院人气不高的问题，可谓一举两得。"一教材"是指出版《良渚文化》拓展型课程教材，将这类教材列入余杭区中小学日常教学课程，增强青少年乡土文化自豪感。

在良渚遗址保护工作中，余杭区政府下属的各级单位都承担了一定责任，并建立了村一级的目标考核责任制。同时，按照以人为本，和谐管理的要求，妥善处理遗址保护与群众生产、生活的关系，使良渚遗址所在地的群众对遗址保护的支持度不断上升。以市场化操作方式向农民租用近千亩土地，启动了莫角山遗址北侧的生态农业园项目，为美化遗址环境和农民增收、就业创造了条件。着力破解保护区内农户危房改建难题，通过政策补助，引导农户由重点保护区向一般保护区，由保护区内向保护区外迁移，先后解决了遗址区内250多户农户的建房选址审批问题，使保护区内建房难的问题大为缓解，既保护了群众的生命财产安全，也极大地争取了他们对遗址保护工作的理解和支持。

第四节　遗产保护利用的社会实践网络特征：从单体遗产保护到遗产所在地的空间治理

在我国的遗址管理中，一般来说，政府起到的是主体性作用，遗产实践作为文化治理方式，是政府在整个地方治理中的一个部分，也就是遗产管理从属于地方治理；而在良渚这个案例中，整个地方空间的治理以良渚古城遗址的积极保护为前提，即地方治理（包括民生问题、生产生活方式、产业规划、地方规划等）从属于遗址保护。良渚古城遗址的保护和利用，一切以遗产的保护和利用为中心。从单纯的遗址地的保护，到遗产地所在区域的治理，不仅仅发生在遗产保护和利用相关的各级政府行政部门，而且从文物保护相关部门的社会实践延伸到整个地方区域的治理，这里面涉及治安问题、经济问题、房地产问题、拆迁问题等，发生在政府治理的不同领域，各种社会实践相互影响和作用。

良渚案例的最大特点，就是设立了杭州良渚遗址管理区，这是一个"文物特区"。良渚管委会是这个特区的最大的主体，其主要职责是在保护遗址遗产的基础上，进行地方治理，因此在规划设计上，考虑的是良渚遗址本体环境整治和周边城镇景观的关系，以及良渚遗址作为历史遗产与现代城镇化的关系等。奥克斯通过研究贵州屯堡遗产展示过程中地方政府、学者和村民三者的关系，认为这是地方政府利用文化遗产治理地方的方式之一。不过，他只看到遗产展示是地方文化治理的一部分。从良渚遗址保护和利用的案例看出，整个良渚遗址保护和利用的社会实践都是地方政府治理地方空间的一部分。良渚遗产保护和利用作为一种文化治理方式统摄着整个地方的治理。这是良渚遗址管理与其他遗址管理最大的不同之处。奥克斯①所研究的地方治理，其目的是促进地方的经济发展、以经济导向为话语；而良渚的遗产实践作为地方治理的模式，是用地方的经济发展促进良渚的遗产保护，而良渚的遗址保护，目的是全民共享，也就是说，经济发展与遗产的保护和利用融为一体，不分彼此，是一种共同体。良渚的遗产保护和利用方式作为一种地方治理的方式，就是为了建设一个和谐的、繁荣的社会，满足人民的物质与生活的需求。精神需求满足了、物质也丰富了。从地方政府官员的角度看，通过改变城镇的面貌，带来居民生活态度、价值观，以及行为的变迁；空间的改变，在提高城镇居民的生活质量、生活水平上，具有重要的意义。如果人们住在一个有很大提升的物质环境里面，随着生活环境的改变，物质生活水平的提高，居住其中的人们的想法、思维方式以及行为举止也会潜移默化地发生变化。即物质空间环境的改变，建构人们新的思维观念和生活方式的形成。这和管子所说的"仓廪实则知礼节，衣食足则知荣辱"是一样的道理。

良渚古城遗址实践，将以遗址保护为中心的理念纳入整个大杭州的城市发展战略和经济发展长远规划中，遗址的管理与地方治理相结合，这样的实践的结果不是提供单体的遗址保护，而是设立了"文物特区"以及遗产保护的管理机构，由这些机构负责地方的治理、规划等。遗产保护随着考古研究的不断深入而逐步向前推进，经历了从"单体保护"到"整体保护"、从"被动保护"到"主动保护"、从"单纯保护"到"合理利用"、从"文物部门单打独斗"到"政府社会群众协同参与"的转变：

2001 年之前，良渚遗址的保护管理机构为规格较低的

---

① OAKES T. Villagizing the city: turning rural ethnic heritage into urban modernity in southwest China [J]. *International Journal of Heritage Studies*, 2016, 22(10): 751-765.

良渚文化遗址管理所，保护力量薄弱，资源调配权限有限。
2001年后，良渚遗址的保护开始破除体制障碍，按照"文物特区"的模式，将42平方千米的良渚遗址保护区拓展纳入242平方千米的良渚遗址管理区，把管理区所辖遗产区域、居民社区、企事业单位等自然区域和人文空间作为一个相对独立的整体进行系统综合保护。"文物特区"的保护模式主要体现出三个特性：一是建立结构严密的组织体系，设置规格较高、权限较大的杭州良渚遗址管理区管理委员会，围绕保护管理、价值研究、宣传展示、遗产监测、文物执法等职能组建相应机构（单位），形成"一核多堡"的组织框架体系；二是建立职责清晰的工作机制，浙江省、杭州市和余杭区分别成立良渚遗址保护工作领导小组或指挥部，遗址所在镇街、村社根据领导小组或杭州良渚遗址管理区管理委员会的工作要求，实行任务包干、网格管理，形成梯度传导、顺畅有序的指挥和执行机制；三是区域资源的充分整合，推动城管、国土、公安等单位管理职能下沉，健全完善市、区、镇、村四级文物保护网络，形成条抓块保的保护管理格局。事实上，这种"文物特区"的保护模式符合良渚遗址保护的现实情况，也是近年来良渚遗址保护管理取得较大进展的一项根本性举措，在杭州近郊的城市化前沿阵地，良渚遗址能够得以整体性保护，遗址风貌基本没有受到冲击破坏，与这种保护模式、这套体制机制密不可分。加强文化遗产保护，根本的是要对文化遗产保护管理的体制机制进行改革创新，通过资源整合、要素集聚，释放体制机制创新的红利，破除文物行政管理部门"单打独斗"的困局，最大限度发挥政府的主导主体作用。资金筹措，改变了一般遗产保护就政府出钱，单一保护的局面，而是多方资源资金筹措，特别是PPP（Public Private Partnership）模式，吸引社会资本参与。巨额投入的背后是良渚遗址的保护在长期的摸索实践中，建立起一套财政专项、土地反哺、市场配置、社会捐助"四位一体"的资金筹措机制。财政专项由省、市、区三级财政预算安排，浙江省政府通过政策杠杆调节，将良渚遗址管理区范围内财政收入上缴省20%部分留存，由地方设立良渚遗址保护经费专项，省财政同步单列每年500万元～800万元的良渚遗址保护经费专项；杭州市和余杭区确定良渚遗址保护年度财政专项经费各300万元、500万元。更为重要的是余杭区紧扣城市化进程的步伐，开创性地建立外围土地开发反哺良渚遗址保护机制，明确在远离良渚遗址保护区、最靠近杭州主城区、最具价值的26平方千米土地，每年土地出让毛收入的10%用于反哺良渚遗址保护，近三年仅通过该机制就筹集资金20余亿元，保障了良渚遗址保护和申遗项目的顺利推进。近年来，良渚遗址保护还在积极探索PPP模式，以公共资本和财政资本撬动更多的社会资本参与良渚遗址保护，探寻可复制、可持续的良渚遗址保护资金筹措投入路径。良渚遗址保护多元筹资的经验证明，保护文化遗产尤其是大遗址，核心的是要解决好"钱从哪里来"的问题。解决好这一问题需要综合运用政府"有形之手"和市场"无形之手"，在坚持政府主导的前提下，做好做足土地财政和社会资本两篇文章：前者关键靠土地市场的培育，以地保护、以地开发、以地安置；后者关键是建立科学规范的准入运营监管机制，资金共筹、利益共享、风险共担。①

将遗址和其周边环境进行整体保护，通过规划、产业调整等各种有效手段来保护和管理周边环境，改善人居环境，提高当地经济发展水平和居民生活水平，实现历史文化与现代城市建设的和谐共生。这不仅仅是遗产本体的保护和利用问题，还涉及良渚古城遗址所在地的环境保护、产业布局、区内交通等。因此，在良渚古城遗址的保护利用中，良渚遗址管理区基础设施建设和环境整治是搞好整体保护与开发的先决条件。这就要求良渚的遗产保护不仅仅要保护好良渚古城遗址，还要树立经营城市、经营环境的理念，加大环境综合整治力度，加大环境整治投入力度，还要将33.4平方千米的遗址绝对保护区内的企业和住户外迁，加紧修复已遭破坏的生态环境。

同时，在良渚古城遗址地外围地区进行适度的开发建设，以筹措资金投入到遗产本体的保护上面。其中良渚文化村、良渚遗址公园两大项目和工业开发区、商住区两大区块的建设的资金，都被地方政府用来"反哺"遗址保护。

2007年11月16日，王国平建议将良渚遗址综合保护工程改名为良渚大遗址公园综合保护工程。建设良渚博物院和实施良渚博物院周边地区环境综合整治工程，迈出了建设良渚国家遗址公园的第一步，而且是关键性的一步。良渚博物院所在地原来是余杭区的一个化工园区，周边环境脏乱差，人们一进园区就会闻到一阵阵恶臭，保护措施难以落实，人民生活水平难以提高。经过余杭区委、区政府近年来的努力，这里发生了翻天覆地的变化，昔日的化工园区变成了良渚博物院。

2007年，在余杭区委、区政府的领导下及市、区两级有关部门的大力支持下，杭州良渚管委会及相关乡镇开始了"大美丽洲"建

---

① 骆晓红，周黎明.良渚遗址保护：历程回顾与问题探讨[J].南方文物，2017(3)：270.

设，成立了杭州美丽洲实业有限公司。"美丽洲"是对良渚直白、通俗的称呼，在这里重点突出的就是"创意良渚基地"的文化创意园区，其中良渚玉文化产业园是一项重要内容。美丽洲实业有限公司作为良渚玉文化产业园的投资、经营主体，负责建设良渚玉文化产业园，以实现良渚玉文化遗产的活化利用。

将良渚古城遗址的保护实践融入城市治理和发展的宏观战略，探索出了一条遗产实践与城市治理结合的路子，从根本上解决了遗产实践与地方发展的问题。这就是良渚新城的建设，预计未来的良渚新城能够成为杭州城北副城的新中心，成为城市化推进中的新区块。当地政府牢固树立了"鱼和熊掌可以兼得"的观念，即城市化进程与历史文化遗产保护可以并存。遗产的保护也只有通过城市化才能得到最终解决。通过"保老城、建新城"的指导思想，余杭区在距离良渚古城100多千米的地方建设了良渚新城，二者横跨中华文明5000年，遥相呼应。负责具体落实的杭州市余杭区政府，对良渚新城有着更加细致的规划：毛家漾沿线、梦栖小镇和良渚北区块要打造文化旅游产业带，建设良渚文化国家公园，引入中国美院良渚校区，配合区块内良渚文化村、东明山、毛家漾等优质资源和安溪老集镇的提升改造，大力发展设计、文化、休闲旅游产业。①计划将良渚遗址保护总体规划纳入杭州市城市总体规划，并与杭州市历史文化名城保护规划、杭州市及余杭区土地利用总体规划、城镇体系规划相衔接。综合保护最核心的一点就是把遗产保护、遗产本地价值保护纳入地方社会经济发展框架当中，不是只把良渚遗址作为文化遗产来保护，而是把文化遗产作为文化资本，进行积极保护，即坚持"以保护为目的，以开发为手段，通过适度开发实现真正保护"的指导思想，以保护为前提，助力城镇化进程和城市治理。把对遗

---

① 岳雁文. 良渚古城外再建良渚新城 10年后将成为杭州城北副城新中心 [N]. 都市快报，2017-08-18(A07).

产的保护融入余杭区、杭州市的城市发展规划，把遗产保护、研究与城市建设与管理、产业经营融合成为有机统一整体。（基于2004年3月时任中国浙江省委常委、杭州市委书记、杭州市人大常委会主任王国平在良渚遗址调研时的讲话）

　　良渚遗址的案例比较全面地呈现了遗址的保护和利用的社会实践与地方政府对遗址所在地方的空间治理实践结合而成的网络关系。其中社会实践网络的具体细节既丰富了我国遗产实践研究的案例，也弥补了遗产实践作为文化治理方式中的一些理论上的不足，更重要的是，有利于我们运用批评话语分析的社会实践网络理论清晰地理解社会现实。

第五章　遗产社会实践中的语言使用者

　　前文主要侧重从话语建构和社会语境的关系来看待我国"政府主导、社会参与"的遗产实践。在语境和语言的关系中，语言的使用者，即"人"起着决定性作用："正是人的主动性与能动性决定了语境的动态变化。在具体的语言交际过程中，外部世界中哪些东西会成为其语境，均取决于人的选择。"[①]这体现了"以人为本"的语境构建中"人"所发挥的作用。从语言使用者来看，语言与语境总是统一的，它们相互嵌入，处于互动反射的双向的（bi-directional）关系中。[②]许立生认为："语境并非先于语言交际过程而存在，而是语境产生于交际开始之时，并在交际过程中不断构建、变换。语境与语言使用互为前提，语言使用本身也能构造语境、说明语境。"[③]语言使用的过程就是语境生成的过程，语境的生成是依照是否与语言使用相关来进行的。因此，我们既不能片面地只关注语言而忽视语境，也不能脱离具体的语言使用来谈论语境及其构成。"在语言交际过程中，语境的构建也呈动态的发展和变化趋势，语言使用者们不是完全被动地受控于给定的语境，而是能够借助包括语言在内的种种手

[①]　许力生. 语言学研究的语境理论构建 [J]. 浙江大学学报（人文社会科学版），2006(4)：163.

[②]　许力生. 语言学研究的语境理论构建 [J]. 浙江大学学报（人文社会科学版），2006(4)：163.

[③]　许力生. 语言学研究的语境理论构建 [J]. 浙江大学学报（人文社会科学版），2006(4)：163.

段生成、改变或选择自己所认为适当的语境。"① 也就是说，在话语建构过程中，人对于语言的使用、选择超越了语境和语言的二元对立，将语境和语言联结融合成为一体，使得语境与语言事件共同构成了一个更大的统一体。

本章主要从语言使用者，即"人"的角度出发来看我国的遗产实践模式作为机构话语的建构。这里的语言使用者主要指各级政府中从事遗产保护和利用的政府工作人员、相关遗产专家学者以及遗产所在地社区居民，乃至整个社会公众，他们在遗产保护和利用的话语实践中扮演不同的角色，既受到我国遗产保护和利用的社会实践所处的社会语境的影响，也参与建构我国遗产实践话语的社会语境。

第一节　政府相关部门作为遗产实践的语言使用者

"政府主导、社会参与"的遗产保护和利用的话语，是基于我国社会现实的建构，与此同时，这种话语也在建构着社会现实。同样，社会实践网络中的其他因素，包括社会公众以及遗产专家学者形成的社会实践网络关系，即不断变化的社会现实，也在影响"政府主导、社会参与"的遗产保护和利用的话语建构，并推动这一话语的变化。

地方政府负责人及其团队对政府在遗产社会实践中的主体性优势的发挥具有重要作用。同样的国家宏观政策，在各地却有不同的执行力和效果。其中一个重要原因，就是人的因素，也就是地方领导及其团队的能力。如郭旃就提到我国文化遗产界现存的一些恶劣的现象："有官员追求政绩，目无法纪而拆旧建新的；有只用不修，不珍惜濒临残损的历史建筑，却热衷于打造历史再现辉煌的；有漠

---

① 许力生. 语言学研究的语境理论构建 [J]. 浙江大学学报（人文社会科学版），2006(4): 163.

视日常保养管理，只热衷大修、重建，过度干预的；新的队伍成长缓慢，也缺乏有效的培养、选拔、激励和保障机制；培训、监测、管理，很多工作不同程度地流于形式等。"①在既有的国家宏观政策框架下，人的能力至关重要，领导者的能力则是重中之重。比如一个市的领导，可以调动市里面的资源，调动得好，就成效明显；如果调动不好，就会破坏合理配置。

遗产运动在全球已经全面兴起，洛温塔尔就曾断言："遗产运动无所不在。"②越来越多的地方政府意识到文化遗产实践的重要性，尤其是文化遗产作为旅游资源，能够带动旅游产业发展，增加地方财政收入，促进地方发展。政府作为遗产话语实践的主体，在政府主导下社区参与遗产实践，亦是政府文化治理的重要内容。在这个过程中，领导群体的道德在国家和地方的利益均衡中得到进一步强化和认同；社区居民深入参与实践，其遗产文化认知和素养就会不断提高。城镇、乡村的文化遗产实践就是对于居民的遗产教育和国民教化的持续工程。这种地方和国家利益都得到实现的文化工程中，文化遗产实践起到了特别重要的作用。文化遗产实践已经成为中国当代社会典型的有道德的领导群体的重要转型的工具。在这过程中，合适的有道德感的领导群体就会使地方和国家层面的利益都得到实现。

首先，领导者及其团队要能够平衡政府各个部门，以及社区群体各个方面的利益和需求，并且能够客观保证参与遗产实践的相关利益群体都能够得到积极的有成效的回报。

文化遗产实践的范围越广，涉及的群体、部门就越多，整个实践操作起来就越加复杂。要想获得成功，领导者及其团队就要有很

---

① 郭旃. 怎么落实呢？——学习习近平总书记关于文化遗产系列论述 [J]. 中国文物科学研究，2015(1)：38.

② 此句原文为 "Heritage movement is everywhere." LOWENTHAL D. *The Past Is a Foreign Country* [M]. Cambridge: Cambridge University Press, 1985: 1.

强的执行力，能够平衡参与组织各方的内在权力，还应具备解决矛盾的能力。这就需要其团队必须要有接受过遗产实践专业知识培训的专门人才、有文化遗产作为文化资源开发产业的相关经验、有足够的资金以及相关的权力，能够赋予团队人员以权力执行相关工作。最重要的资源就是领导者及其团队对于遗产实践工作的热忱和精力投入，保证其能够一心一意搞好遗产实践。团队必须在遗产保护和利用的实践中平衡各种权力和权力关系，能够通过激发团队人员的工作热情和有效的动机性进而增加团队的凝聚力。同时，领导者必须要有较高的遗产素养、遗产保护意识和相应的执行能力。遗产所在地的社区居民、文化精英以及相关团体等对于遗产地有天生的亲密性，他们对于遗产地的历史、遗产地的具体的遗产物品以及当地遗产实践中的问题和社区的具体问题等感觉更加敏锐，因此要充分激发这批人的工作热情和能力。只有把拥有遗产实践专门知识的专业人员和熟悉遗产所在地区的有丰富的相关经验的工作人员凝聚在一起，才能够保证遗产实践能够顺利推行。（基于对LZH于2017年10月的访谈）

其次，领导者能够作为一种纽带，将遗产所在地区的政府和上级政府紧密相连，保证以政府为主体的自上而下的遗产实践能够达到预期目标。当然，领导者要能够教育其领导下的团队，提高他们的遗产专业知识素养，能够以发展的眼光培养、扶植一批既有专业知识素养、又有较强工作能力的人员；要既能够与上一级政府沟通交流好，又能够扎根于遗产地所在社区，获得所在社区居民的支持和理解。良渚遗址所在地杭州的市委市政府领导就是如此，这其中最为突出的就是曾担任杭州市委书记的王国平同志。他多次积极主动汇报、介绍良渚遗址的保护工作，引起中央领导的高度重视，他还支持良渚遗址的保护和利用的相关工作。早在2009年，时任国家副主席的习近平来杭调研党建工作，在前往江干区考察的路上，王国平向他汇报良渚遗址保护的进展情况。当提到已建成良渚博物院并对外开放，大遗址公园建设也在推进时，习近平马上就提出要参观良渚博物院。他临时调整行程，花了半天时间进行参观，并对良渚博物院给予充分肯定、高度评价，还与大家合影留念。习近平曾高度评价良渚遗址的价值，他曾2次实地视察、5次对良渚遗址的保护和申遗做出重要指示。他曾提到，良渚遗址群是实证中华5000年文明史的圣地，是不可多得的宝贵财富，我们必须把它保护好。要让良渚文化成为浙江创建文化大省的一张"金名片"。习近平总书记一直对良渚遗址的保护非常关心、重视，多次做出批示。这离不开遗产所在地领导者们的积极汇报和介绍，更离不开习近平总书记本身的遗产素养和高度的遗产保护意识。实际上，许多中央领导非常重视良渚遗址保护工作，也曾经亲自到良渚博物院考察指导。1994年，时任国务院副总理朱镕基到嘉兴调研"三农"工作，当时，王国平还向他介绍了余杭的良渚文化以及良渚博物馆。让王国平没有想到的是，朱总理到了杭州以后，主动向杭州市委、市政府的领导提出到余杭参观良渚文化博物馆（现在良渚博物院的前身，作者注）。考察后，他表示不虚此行，博物馆建设得很不错。王国平表示余杭在20世纪90年代举全县之力（余杭当时为余杭县，作者注）完成良渚博物馆的建设，是很了不起的，良渚博物馆当时也是余杭的标志性建筑。

再次，领导能够培育团队相关的工作能力，进而使得团队能够意识到所从事工作的价值和潜力，也能保证未来工作的资金和相关的政策支持。同时，领导能够在遗产普及教育、遗产旅游以及特殊的遗产活动、大事件当中充分发挥其主观能动性作用，从而保证遗产实践能够得到长期有效的政策支持和遗产地的可持续发展。

本章一开始所说的"人"不是单独的人，而是制度的人，是集体的人。中国的民主集中制，也是集体的智慧；当然作为单独的个人，能够把集体的智慧都考虑在内，从而做出决定，也一定有他自己的想法和理解在里面。（基于对 C 于 2017 年 9 月的访谈）如曾担任杭州市委书记的王国平同志在谈到良渚遗址保护时表示，政府官员在文化遗产保护中发挥至关重要的作用。因此，作为政府官员一要牢固树立保护历史文化遗产就是最大政绩的观念。为官一任，造福一方。建新城、开新路、盖新房，是政绩，保护历史文化遗产同样是政绩，甚至是更大的政绩、真正的政绩、最经得起历史检验的政绩。路可以明天开，房子可以后天盖，保护历史文化遗产必须今天干。历史文化遗产不仅仅属于杭州，更不仅仅属于今天这一代人，我们只是受民族委托、受后人委托的历史文化遗产的"保管人"。二要牢固树立保护历史文化遗产就是保护生产力的观念。共产党人是历史唯物主义者，共产党人最尊重历史，最爱护文物。历史文化遗产凝聚着几千年来杭州人辛勤的劳动和无穷的智慧，承载着杭州悠久的文化积淀和物质财富。今天的发展是建立在昨天的文明之上，昨天的文明与今天的发展一脉相承。

第二节　遗产专家学者作为遗产实践的语言使用者

具有学术影响力的学者，以及这些学者依托的大学研究机构，以及这些学者出版的学术专著，对于批评话语分析对象的初步分化以及在后续陈述方式中再次确立，都具有重要作用。[①] 在我国"政府主导、社会参与"的遗产保护和利用的社会实践话语中，遗产专家学者既可以成为"政府主导"中的一部分，也可以被视为"社会参与"中的一分子；既可以作为社会参与的一部分参与政府遗产保护政策和管理的制定，又可以成为政府的智囊团，作为政府的一部分，

---

① 田海龙.批评话语分析 40 年之话语形成 [J].天津外国语大学学报,2019(1)：1-12.

成为遗产保护利用和管理的主体。本节主要的研究内容就是遗产专家学者在我国遗产话语中的表述。

遗产专家（expert）和遗产专门知识（expertise, expert knowledge）在历史遗产保护领域一直鲜少被关注。布鲁曼提到："与我们对于遗产的载体和遗产的消费者的了解相比，我们对于遗产机构和遗产人员的了解太少。"[①] 目前，对于遗产专家和遗产专门知识的研究主要关注两方面：一是遗产保护专家与地方社区之间的合作；二是历史遗产保护专家在遗产政策制定层面参与全球历史遗产保护治理的实践，比如参与世界遗产委员会，以及其他联合国教科文组织文化条约的制定等。[②]

关于遗产专家和遗产专门知识与具体地方遗产实践的研究相对较多，主要关注遗产地、遗产专门知识和地方性知识生产的特殊关系。如史密斯运用福柯的知识／权力理论对专家和专家技能进行了反思，提出当下的 AHD 中遗产知识作为一种权力，将遗产作为 AHD 的客体，代表的是精英的利益，而把其他阶层人们的利益排除在外。职业性的专家权威成为学界关注的焦点之一。[③] 斯科菲尔德针对遗产实践中社区参与（community engagement）和决策制定过程中话语的多样化，对专门知识的优点和可使用的范围提出了挑战。[④] 沃克对专门知识对于遗产保护、规划和属地管理实践的具体作用提出质

① BRUMANN C. Heritage agnosticism: A third path for the study of cultural heritage [J]. *Social Anthropology*, 2014, 22(2): 182.
② LIXINSKI L. International cultural heritage regimes, international law, and the politics of expertise [J]. *International Journal of Cultural Property*, 2013, 20(4): 407-429.
JAMES L, WINTER, T. Expertise and the making of World Heritage policy [J]. *International Journal of Cultural Policy*, 2017, 23(1): 36-51.
③ SMITH L. *Uses of Heritage* [M]. London & New York: Routledge, 2006: 11.
④ SCHOFIELD J. (ed.) *Who Needs Experts? Counter-mapping Cultural Heritage* [G]. London: Ashgate Publishing Limited, 2014.

疑。[①]瓦格和贝内迪克森运用质性研究方法研究冰岛自然保护区策略制定过程，并借助了戈夫曼的表演（performance）和福柯的治理性（governmentality）两个概念，详细阐释了专业性知识在制定战略中的作用和专门知识在制定具体战略时的角色。[②]亚罗提出遗产专家和遗产专家为之工作的机构生产了过去的历史，他通过有关遗产保护会议的民族志研究，发现遗产专家对于历史建筑的理解相较于其他群体而言，更加为官方机构所重视，他还解释了在会议进程中，一座历史建筑的性质，包括建筑的特征、情感、原真性和完整性是如何被相关专家和与会人员共同制造出来的。[③]琼斯和亚罗研究遗产的原真性是如何被不同形式的技艺和专业知识所生产出来的。研究发现在整个遗产本体价值保护的实践中，遗产的原真性既不是完全主观的话语构建，也不仅仅是等着被保护的历史纪念碑客体；原真性的特质是在人（包括教堂的石匠、遗产保护专家、政府遗产机构官员等）和实物之间的具体互动中才产生的。这说明遗产专家的专业性知识并非凭空产生，对于遗产的生产、认知也不是完全主观的；而是各方面互动的结果，是基于一些对工艺流程的考察和对具体的历史建筑的分析、讨论形成的，这里面就会涉及各种专门知识，各方面的专家以及相关的政府官员等人和资料、物之间的互动。[④]

　　相比较之言，对遗产专家运用专门知识参与国际遗产机构遗产政策制定和具体遗产实践治理过程的研究相对较少。这方面研究的

① WALKER D. Local world heritage: Relocating expertise in world heritage management [G]// SCHOFIELD J. (ed.) *Who Needs Experts? Counter-mapping Cultural Heritage*. London: Ashgate, 2014: 181-201.

② WAAGE E R H, BENEDIKTSSON K. Performing expertise: Landscape, governmentality and conservation planning in Iceland [J]. *Journal of Environmental Policy & Planning*, 2010, 12(1): 1-22.

③ YARROW T. Where knowledge meets: Heritage expertise at the intersection of people, perspective, and place [J]. *Journal of the Royal Anthropological Institute*, 2017, 23(S1): 95-109.

④ JONES S, YARROW T. Crafting authenticity: An ethnography of conservation practice [J]. *Journal of Material Culture*, 2013, 18(1): 3-26.

基本立足点在于，专家性知识或专家技能是一种过程，而不是某一种实物；其体现的是一种社会关系，不是人们拿来使用或者展示的东西。①如詹姆斯和温特提出了遗产外交（heritage diplomacy）的概念。他们认为从遗产实践专门知识来看，遗产专家所拥有的专门知识不仅包括技术性的专业知识，而且还有外交专业知识和机构形式的专门知识。②在国际遗产政策制定中，西方话语已经不占据绝对优势和主导权，随着亚非国家在地理政治学（geopolitics）中的力量不断增强，这些国家在国际遗产政策制定过程中的影响力也显著提升的新形势下，詹姆斯和温特的研究呈现了在世界遗产委员会会议的语境下专家和专家技能的作用，如专家知识如何为了政府官方机构的目的而精巧地生产一些专门知识，官方机构又如何形成一些专门知识，以及遗产实践专业技术知识和政治学之间如何互相作用，通过遗产实践专门知识的美学，决定了未来的文化遗产的方向。这两位研究者的分析为我们揭示了国际遗产保护政策、联合国教科文组织规范性的政策以及遗产保护和利用的治理实践政策的生产过程，提出由于遗产专家通过遗产话语能够将国际遗产话语和实践进行融合，遗产专家的"遗产外交"技能在世界遗产体系中的地位渐趋上升，这有利于各种文化的价值观和权力能够进行跨文化对话，并且能够切实应用到遗产保护实践中去，从而促进多样化的文化遗产保护和利用实践的可持续发展。③詹姆斯从科学主义和官僚机构两个角度出发，研究以世界文化遗产机构的遗产实践专家为载体的专门知识（expertise）如何成为遗产外交和全球遗产治理的重要工具。在世界遗产条约制定和执行原则中，联合国要求各国选择他们国家文化

---

① KUUS M. *Geopolitics and Expertise: Knowledge and Authority in European Diplomacy* [M]. Hoboken, NJ: Wiley, 2014: 3, 40.

② JAMES L, WINTER T. Expertise and the making of World Heritage policy [J]. *International Journal of Cultural Policy*, 2017, 23(1): 36-51.

③ JAMES L, WINTER T. Expertise and the making of World Heritage policy [J]. *International Journal of Cultural Policy*, 2017, 23(1): 36-51.

或自然遗产领域具有代表性的人物参与到国际组织如ICOMOS、世界自然保护联盟（International Union for Conservation of Nature，IUCN）、国际文化财产保护与修复研究中心（International Centre for the Study of the Preservation and Restoration of Cultural Property, Rome, ICCROM）中。正因为有了这些专家，世界遗产委员会才有了作为遗产咨询机构的能力。然而，在近几年的世界遗产大会中，世界遗产委员会不断与ICOMOS的建议相左，比如2014年的多哈大会上，47%的ICOMOS和IUCN的建议被推翻了。联合国教科文组织的世界遗产委员会将遗产保护援助作为外交内容，促成了专家参与的符号性价值（symbolic value），使得这种遗产保护援助能够远离经济和政治领域，而仅仅作为文化外交有效地进行。其中一方面原因就是国际遗产实践专家具有权威性的话语权，他们的考古学专业知识强调遗产的物质性、原真性和完整性，这是以相关科学知识为基础，以远离政治、更加客观和价值中立的遗产科学话语为根基的；另一方面，世界遗产委员会作为联合国教科文组织的机构，推翻了ICOMOS作为遗产专家学者组织给出的专业性的知识建议，这说明遗产机构的权威远大于遗产专家学者的权威，从而使遗产保护和利用方面专业知识的使用和普及具有机构化、官僚化的特征。在遗产外交领域，遗产保护专家在促进国际合作、国际和平的建立以及在地理政治学中的作用，应该引起遗产研究学界的重视。[①]布鲁曼研究发现，世界遗产委员会希望能够在全世界范围内传播一种世界主义的、大同世界的遗产保护理念，因此，他们需要大量的有这方面志向的遗产专家，而这些专家来自不同的国家，因此必然有为该国谋求话语权的倾向，这就使得这些专家成了自己国家的遗产外交家，他们强烈支持本国的国家利益，有时也具有世界主义的倾向，但这种倾向更多是体现在一些比

---

① BRUMANN C. Heritage agnosticism: A third path for the study of cultural heritage [J]. *Social Anthropology*, 2014, 22(2): 173-188.

较宏观的关注点，比如世界和平、平等与和谐。[①]

在评定西湖是否能成为世界文化景观遗产时，我国政府机构的遗产实践官员以及遗产保护专家与国际遗产专家之间的交流，就体现了专家在本土遗产话语建构与国际遗产话语之间对话和交流的积极性作用。这也使得笔者注意到遗产研究专家与政府之间的关系其实是一种良性的互动。在遗产保护中，相关权威专家所起到的作用和政府官员不同，但是其作用也非常明显。（本书第三章第一节中已有相关论述，这里不再赘述，作者注）

遗产专家学者由于具有遗产专业性知识，可以通过各种渠道传播遗产的价值，从而唤醒人们的遗产保护和利用的意识。运河（杭州段）综合整治与开发就是一个很好的案例。运河是杭州的重要组成部分，杭州的许多重要遗址都集中在运河两岸。杭州作为运河重要的遗产段之一，其中分布着6个文化遗产点和5条河道。2001年，时任全国人大常委的浙江大学历史系教授毛昭晰老师参加"中国杭州运河文化研讨会"时，得知当时位于拱墅区的富义仓要被拆除，运河边的历史街区小河直街也同样要被规划拆迁，非常担忧这些文化遗存的命运，于是给当时的市委领导写了一封长信。在信中，他把需要保护的码头、河埠、仓库、街巷、古宅等都列了出来，并认为凡是影响运河风貌的工程，正在开工的要马上停下来，已经造成破坏的要想方设法尽快弥补，争取把运河打造成展示杭州文化风貌的水中文化长廊。时任杭州市委书记的王国平说："我看了以后很感动，这反映了一位历史学家、考古工作者、老领导、一位杭州人对保护好历史文化名城的心声。"实际上，毛老师的建议与当时市委、市政府正在筹划实施的运河综合保护工程的思路不谋而合。杭州市委领导在信上批示："离开了历史遗存谈运河文化，或是南辕北辙，

---

① BRUMANN C. Heritage agnosticism: A third path for the study of cultural heritage [J]. *Social Anthropology*, 2014, 22(2): 173-188.

或是本末倒置；（对有代表性的历史遗存）未拆的绝不能拆，正在拆的要立即停止，已拆的要妥善修复。"2002年，杭州市第九次党代会将运河综合保护工程列入了新世纪城市建设的"十大工程"，并提出"还河于民、申报世遗、打造世界级旅游产品"三大目标。①

再比如在建构京杭大运河遗产时，"运河三老"发挥了十分重要的作用。正是"运河三老"作为遗产保护民间专家的倡议，开启了我国国家文物局牵头运河沿线地方政府联合申报京杭大运河入选《世界文化遗产名录》的重要旅程。2005年，古文物专家罗哲文与古建筑专家郑孝燮到了杭州，见到"杭州铜雕"国家级非遗代表性传承人朱炳仁，三人开始谋划如何促成大运河申报世界文化遗产，由此揭开了大运河申遗之序幕，他们因此被尊称为"运河三老"。2005年12月，三人起草了"关于加快京杭大运河遗产保护和'申遗'工作的信"，并寄给了运河沿岸18座城市的市长。2006年的全国两会上，当时的全国政协委员、全国政协文史委副主任刘枫带领58名全国政协委员响应"运河三老"的呼吁，草拟"大运河申遗提案"。之后由国家文物局牵头，联合运河沿线35个城市参与的全国大运河资源调查工作启动。2006年12月，大运河被列入了《中国世界文化遗产预备名单》。②2014年，中国大运河成功入选《世界文化遗产名录》。这种由遗产领域相关专家推动，最后由政府牵头的世界遗产申报，充分体现了专家学者和政府之间的良性互动。

同时，遗产专家学者由于更加谙熟中国的历史文化传统，能够运用创造性思维，批判地吸收以联合国教科文组织为代表的西方AHD的影响，结合本土的历史文化传统和遗产资源，跳出西方的遗

---

① 张佳英，曾瑞阳.专访全国人大原常委、浙江大学历史系教授毛昭晰[N/OL].杭州日报，2014-07-22[2019-03-18]. http://hznews.hangzhou.com.cn/chengshi/content/2014/07/22/content_5370416.htm.

② 汪灵犀."运河三老"之一谈大运河申遗成功：挑战在后面[N/OL].人民日报海外版，2014-06-24[2019-03-15]. http://hbjswm.gov.cn/wmzh_pd/fw/whyc/zxdt/201406/t20140624_2022531.shtml.

产认知框架，从而在全球化语境下探索出适合中国本土的遗产认知、保护和利用方式。浙江省衢州市水亭门历史文化街区文化遗产研究者，正是从这样的角度积极促成了当地社区遗产的保护实践。受到"旧城改造"运动的影响，衢州古城的许多庙宇、民居群遭到拆除。1994年，衢州被评为国家历史文化名城，"国家历史文化名城"的标签就像是一件保护衣，保护衢州古城内的一些古建筑免于被拆除的命运，其中就包括衢州的古城墙。然而，在已退休的衢州市规划局官员的眼中，当时的许多衢州官员并没有认识到"历史文化名城"这块牌子的巨大价值。当时甚至有人提议把孔庙的一部分拆除，以建造市文化局的职工宿舍；还有人打报告，建议拆除衢州古城墙的大西门（即水亭门）和大南门。2001年，水亭门历史街区靠衢江的上营街东面一排民居被拆除。然而，这片被拆除的区域用来做什么，当时的市政府并没有一个明确规划，虽然有许多方案报告，但是都没有获得市政府的批准。于是，这片区域就被空置在那里。一直到2013年水亭门历史街区改造工程正式开始，这片空置的区域被用来恢复水亭门一带曾经有过的园林文化。在这期间，有衢州市政府官员提出要重建水亭门老街区。2004年，衢州市政府邀请上海同济大学建筑设计研究院对老街区改造进行设计规划。2008年，规划书虽然已经设计完成，但是在具体落实的时候依然存在争议，这也成为笔者参加水亭门街区文化遗产调查研究项目的契机。2010年3月，由当时衢州市文广局牵头，邀请时任浙江大学跨文化研究所所长吴宗杰教授及其带领的团队来这里进行文化遗产研究，目的就是要通过调查研究，看看这块区域是否有作为遗产保护下来的价值，以解决衢州市政府内部官员之间的认知分歧，进而能够更好地利用这一片传统居住区域。

首先，遗产研究学者介入遗产实践有助于扭转人们对于文化概念的认知。我们在调查中发现，老百姓和部分政府官员对于文化的认知与相关学术领域的学者对于文化的认知并不一致。一些人认为文化等同于知识。当地一位83岁的老爷爷说："我没有文化。如果我有文化，我怎么会还在这里？我可以早就离开衢州。如果我有文化，我就会得到退休金，一个月五六百。"（基于2010年7月对WTF的访谈）他说在他出生的时候，算命的说他活不过17岁，所以父亲怎么都不同意让他像他的哥哥姐姐们那样去读书。"他们都有文化，但是我没有。"在这个层面，文化等于"知识"。费孝通提到文化与文字（即知识）的区别："在现代化进程中，我们已开始抛离乡土社会，文字是现代化的工具。"① 在这位老爷爷看来，"文化"意味着有知识，受过学校教育。不过，在费孝通看来，文化并不等同于文字，也不同于知识。所谓文化，费孝通认为："人靠了他的抽象能力和象征体系，不但累积了自己的经验，而且可以累积别人的经验。上边所谓那套传下来的办法，就是社会共同的经验的累积，也就是我们常说的文化。文化是依赖象征体系和个人的记忆而维持着的社会共同经验。"②

"文化"的英文是"culture"，最早用来指"照料农作物使其生长"，后来被古罗马学者用来指对人灵魂的培养和养成，通过培养和养育人类灵魂，使人能够达到最高级的状态标准。普芬朵夫认为文化并非单纯指哲学，而是人类唯一可以达到完美状态的凭借；文化泛指人类借以战胜野蛮，达到文明状态所使用的任何手段和方式。③ 威廉姆斯认为文化内涵有三方面：（1）文化是艺术和相关的艺术活动，即一般理解中的高雅文化，如音乐、文学、绘画、雕刻、戏剧等；（2）文化是一种习得性的、具有符号性特征的某种特殊生活方

---

① 费孝通.再论文字下乡[M]//乡土中国.北京：北京出版社，2004：18.

② 费孝通.再论文字下乡[M]//乡土中国.北京：北京出版社，2004：22.

③ VELKLEY R L. The tension in the beautiful: On culture and civilization in Rousseau and German philosophy [M]//*Being after Rousseau: Philosophy and Culture in Question*. Chicago: University of Chicago Press，2002: 11-30.

式；（3）文化是一种发展的过程。①西方人类学将文化定义为人类的所有生活方式(ways of life)，包括语言、艺术、信仰、机构，并能够一代代传承下去。这种认知强调文化充斥于人们世俗生活的方方面面，人类社会的产物，并且是一种习得性的行为。②吉尔兹认为，文化的概念具有历史性，以各种符号的形式承载文化的意义，并能代代传承；在人类的交际、思考、发展对生活的知识和态度的过程中，文化作为一个系统通过各种符号形式表达出来，吉尔兹更强调文化的意义。他认同马克斯·韦伯的观点，即"人类就是悬挂在由他自己所编织的文化意义之网上的动物"。③因此，对于文化的研究分析不是用实验性科学去寻求规律，而是阐释文化并追寻其意义与价值。④（本书在第七章第四节也有关于"文化"的研究，这里不再赘述，作者注）

其次，遗产研究学者介入遗产实践有助于扭转人们对于遗产概念的认知。当时，水亭门历史文化街区作为衢州古城留下来的仅有的两块比较集中的传统居民区，是保护下来，还是像城区其他区块一样按照旧城改造模式推倒进行现代房地产开发，衢州市政府一时难以决断。这主要还是因为地方官员、居民都受到西方AHD影响，关注的是纪念碑性质的、宏大的、物质性的建筑遗产。如果拿这个标准来衡量，水亭门这个传统居民区没有类似的遗产，因此保护下来是没有什么价值的。在对衢州水亭门进行调查的过程中，笔者发现当地居民以及政府官员把遗产更多地理解为古董、艺术绘画作品、

---

① WILLIAMS R. Keywords: A Vocabulary of Culture and Society [M]. London: Fontana, 1983: 90-91.

② 鲍尔德温，等.文化研究导论 [M].陶东风，和磊，王瑾等，译.北京：高等教育出版社，2004：4.

③ GEERTZ C. The Interpretation of Cultures: Selected Essays [M]. New York: Basic Books, 1977: 89.

④ GEERTZ C. The Interpretation of Cultures: Selected Essays [M]. New York: Basic Books, 1977: 29.

书籍等，注重物质而非精神层面；他们更看重纪念碑性质的，有名气的建筑，比如名人的故居、寺庙等，而不是和普通大众生活相关的东西，比如普通百姓的民居。因此，很多人认为只有那些名人故居才有保护的价值，而普通百姓的民居以及日常生活则没有。在采访中，一位衢州居民这样评价自己位于柴家巷的房子，他说：

> 有两个原因：这房子有什么理由不搬走？你说它历史悠久，但是这仅仅是建于民国，历史不长。你说国家要保护，有什么值得保护的？也不建在明清，而是在民国。没有什么价值。又不是金子或者什么做的，这个老房子有太多白蚁，如果不修很快就要倒了。我想告诉政府，住在这里我都很担心，白蚁到处都是。（基于2011年5月3日在水亭门历史街区的实地调查）

这种关于遗产的认定和AHD中对于遗产的认知类似。劳拉简·史密斯所批评的AHD，即传统的遗产保护路径，是以物质为基础（material-based）的，这种话语强调保护遗产的物质性层面，后来发展成为世界性的遗产概念，《世界遗产名录》亦属于此。这种遗产认知最初产生于西方欧洲世界，目的是为了保护纪念碑性、有代表性的物质遗产。[①]在AHD中的遗产认知影响下，衢州当地的遗产相关部门一直致力于打造本地地标性建筑、标志性文化品牌，比如说衢州的"两子"文化（孔子和围棋），因为衢州是南孔所在地，并且衢州的烂柯山被认为是中国围棋的发源地。这样的对于标志性文化的认同，是对西方遗产概念下的标志性、纪念碑性遗产的认知。然而，当地居民却说"孔子空了、烂柯山烂了"。因为孔子所代表的儒家文化只囿于孔庙高堂之内，没有深入人们的生活实际当中；烂柯山的

---

① POULIOS I. Discussing strategy in heritage conservation: Living heritage approach as an example of strategic innovation [J]. *Journal of Cultural Heritage Management and Sustainable Development*, 2014,4(1): 16-34.

棋子文化并没有带来预期中的旅游效益，成为游客熟知的旅游产品。从这个角度说，这两种衢州的标志性文化代表着当地上层、文化人士对于衢州"阳春白雪"文化的认知，而属于"下里巴人"的大众文化和日常生活文化并不包括在文化的内涵之中，更不属于遗产。对于曾经大片存在的旧式房子，无论是当地官员，还是普通居民，都觉得这并不是文化，没有什么值得保留的价值。这些普通民居、老百姓的口述记忆以及普通人的生活经历，都没有什么价值。正因为有这样一种对遗产的理解，直到现在依然有人会觉得水亭门街区没有保护的价值，就是应该进行房地产开发，去建设一些现代的建筑，开发住宅小区。

如果带着AHD视角来看水亭门街区的遗产，的确没有什么特别宏大的、纪念碑式的建筑值得保护。这里没有名人故居，也没有像杭州西湖雷峰塔、灵隐寺那样纪念碑式的建筑，建筑的历史年限也不够久远。因此无法选择任何一个建筑作为水亭门历史街区的纪念碑式的、代表性建筑。已经改造的衢州北门历史街区已经证明是一个败笔。这个街区的一条老街的房子被保留，租给了商贩作为店铺，然而，并没有达到市政府所预期的效果。其中一个重要的原因是，这条街区的改造并没有对这一片区域的历史文化做深入的挖掘，以此为基础进行改造；而基本上是根据现代人对于过去历史的想象进行的改造，没有体现出衢州的地方性特征。因此，如果还是按照改造北门街区的思路来重建水亭门，同样不会达到预期的效果。

由此，吴宗杰及其所带领的团队意识到，要遵循AHD来研究水亭门街区的文化遗产，似乎走不通；按照现实中北门街区的改造思路来研究文化遗产，亦不可行。因此，水亭门的文化遗产实践需要跳出西方AHD的框架，基于衢州本地的历史文化传统，深入挖掘当地的历史文化资源，形成有地方特色的遗产话语，或许是一条出路。因此，在接下来的2年中，这个团队在水亭门街区走街串巷，通过民族志的田野调查，对于当地居民，尤其是七八十岁的老人进行走访，寻找他们有关过去历史的口述史记忆；同时，查阅大量的地方文献，包括地方志、私人笔记等史料，了解当地更加久远的过去；团队还广泛同当地的文化精英接触，了解他们对于衢州本地历史文化的见解和看法。在此基础上，形成了水亭门文化遗产调查报告。[1]报告首先明确提出，要跳出西方遗产话语实践的范式，以我国地方的历史文化传统为基础，重建本土文化遗产的意义和价值，即建构我国本土文化遗产话语：

> 在都市化进程中，我国诸多的古街区正面临快速消失的处境，这种消失既表现为日积月累的渐进性侵蚀，也有城市规划中整块拆除。不管是哪种情况，都与我们对古街区文化遗产意义的认知有关。我们较多地关注物质文化遗产，如建筑、文物等，而忽视其背后无形文化遗产价值。由此，一旦建筑本身的原真性和历史性得不到确认，就会简单地以为不具有保护价值。殊不知，遗迹、遗址乃至上面的一草一木都可能有重要的文化价值。为此需要一种能打破物质与非物质文化的界线，形成能反映中国传统理念的古街区遗产认定方式，特别是能从那些看似普通的街区里把握到背后无形遗产的当下意义。而要做到这一点，我们不能只停留在现行西方文化标准下建立起来的文化遗产的认识框架，而要回到中国古代的坊巷文脉里，考察各种地方志是如何认识、记载和彰显街区文化遗产的。[2]

中国的文化遗产保护不应该照搬联合国遗产认知和保护的框架，而应在批判性吸收的同时，重视中国本土传统，包括普通百姓对遗

---

① 吴宗杰，等. 坊巷遗韵：衢州水亭门历史街区 [M]. 北京：商务印书馆，2017.
② 吴宗杰. 重建坊巷文化肌理：衢州水亭门街区文化遗产研究 [J]. 文化艺术研究，2012(2)：19-27.

产的理解和阐释。"遗产"第一次作为词语使用出现在汉代的《后汉书》中："丹出典州郡，入为三公，而家无遗产，子孙困匮。"[①]这里的遗产指看得到的财产，比如房子、钱或土地。《说文解字》解释"遗"为：遗，亡也。段玉裁注道："《广韵》：失也，赠也，加也。按：皆遗亡引伸之义也。"[②]《说文解字》解释"产"为：生也。[③]也就是说，并不是遗留下来的东西就是保持原样，而是在原来基础上要"生"，要有变化。因此，遗产有两层含义：一方面是祖先留下来的；一方面是指在原有的基础上有新的发展和创新。从这个角度来说，遗产的概念不是静止而是变化的。一些学者提出，中国本土对应的遗产概念应是"文物"，从最早的古物、古董的内涵逐渐演变到现在的"遗产"概念。这点上，李克曼认为，中国的古董收藏有两大局限性：首先，中国的古董收藏在中国文化史中出现的时间比较晚，最早出现在晚唐，到宋朝时期才逐渐兴盛；其次，古董收藏仅限于狭义范畴的物品，特别是书法、绘画和青铜器。[④]

在笔者参加的"运河作为世界文化遗产与船民"的调研中，我们设置了这样两个问题：你知道运河是遗产吗？如果知道，你是从什么途径得知的？有许多船民对这两道题目这样回答：我们知道运河是遗产。我们早就知道，从小学课本里就知道运河是遗产。然而，当我们进一步问：你知道运河是世界文化遗产吗？很多人都回答不知道，或者不清楚。这其实和遗产研究者与普通百姓对于遗产的理解不同有关。在回答"你认为什么是遗产"的时候，许多船民说：遗产就是老祖宗留给我们的东西，历史留下来的东西就是遗

① 范晔. 后汉书 [M]. 北京：中华书局，1965：942.

② 段玉裁. 说文解字注 [M]. 上海：上海古籍出版社，1981：151.

③ 段玉裁. 说文解字注 [M]. 上海：上海古籍出版社，1981：502.

④ RYCKMANS P. The Chinese attitude towards the past [J/OL]. China Heritage Quarterly, 2008(14)[2019-03-17].http://www.chinaheritagequarterly.org/articles.php?searchterm=014_chineseAttitude. inc&issue=014.

产。这些船民大多都具有小学或初中文化，他们对遗产的认知，体现出普通大众对于遗产的最朴素的看法，就是"老祖宗留下来的"、有悠久历史的东西。这也是布鲁曼提出的"遗产不可知论（heritage agnosticism）"，为我们提供了认识文化遗产的另外一种途径，即能够跳出 AHD 框架、联合国遗产话语影响的遗产认知途径，包括：符合大众要求的历史的真实性和原真性，外行人对于历史的感觉以及他们眼中的历史，专业性遗产机构和个人对于遗产的偏好，这四种途径会挑战遗产的既有认知，从而带来遗产认知的多样性。[1] 这些对于遗产的不同认知，即对遗产话语的不同表述方式有助于丰富遗产话语的多样性，有助于遗产话语的表述创新、实践创新。话语体系建设要重视学术话语表述创新，要赋予哲学社会科学话语更广阔的背景、更深远的语境、更富有特色的语言、更广泛的受众，推动话语体系的大众化、普及化。[2] 相比较之下，遗产学者以及遗产实践的参与者由于受到西方遗产研究与实践话语的影响，认为"遗产"就是那些已经通过官方的遗产认定体系，被认定、授予是遗产的才具有遗产的合法身份，只有被认定的才是遗产。如果京杭大运河没有被官方认定为遗产，就不是遗产，亦不会在遗产保护的框架之内。[3]

第三，遗产专家学者可以成为政府相关部门和遗产地所在社区居民之间沟通的桥梁，一方面可以帮助政府普及遗产教育、提升社会公众遗产素养，从而提升社会公众参与遗产保护和利用的社会实践的意识和程度；另一方面，社会公众对于遗产的认知和阐述方式，与政府相关部门的遗产实践者、遗产专家学者或西方遗产话语体系

① BRUMANN C. Heritage agnosticism:A third path for the study of cultural heritage [J].*Social Anthropology*, 2014, 22(2): 173-188.
② 王伟光. 加快推进中国特色哲学社会科学话语体系建设　巩固马克思主义思想舆论阵地——在第四届全国哲学社会科学话语体系建设理论研讨会上的讲话 [J]. 国家行政学院学报，2017(3)：4-9.
③ 以上关于"文化"、"遗产"概念的讨论已经发表，详见：张崇. 文化与遗产内涵及其对我国文化遗产保护实践的启示 [J]. 浙江科技学院学报，2019，31(4)：323-328.

对遗产的认知和理解不完全相同，有时甚至有他们独特的理解方式和表述方式。^① 遗产学者可以将这些特殊的理解方式和表述方式纳入遗产研究之中，进而影响遗产保护具体实施部门和人员的遗产认知和保护利用。这说明，对于同样的遗产和遗产地，政府和社会公众的出发点、立场并非完全一致，而是各有侧重。这完全可以形成一种对话机制，而遗产专家学者无疑可以起到对话媒介的作用。

第三节　社会公众在政府主导的遗产实践中的话语表述

在社会学领域，话语概念的出现是基于哲学家所关心的问题由"我们是如何认识对象的"转向了"我们是如何表述对象的"^②。社会公众在遗产保护和利用的社会实践中呈现的多样化特征，以及社会公众在遗产保护和利用中的作用逐渐受到了政府的重视，但是其功能和作用的发挥、参与遗产保护和利用的程度等，仍然需要政府的重视、引导和支持，只有其话语权受到政府的重视，才能够真正成为遗产保护和利用的主体。

我国遗产保护和利用的模式主要为"政府主导、社会参与"。从20世纪90年代开始，我国政府意识到社会参与对于文化遗产实践的重要性，鼓励把文化遗产视作地方发展的重要资源，明确公众参与遗产保护的权利与义务。21世纪初，国家多次出台法律法规，强调社会参与遗产保护和共享保护成果，社会可以参与遗产保护对象认

---

① 如 Oakes 研究丽江雷山镇的苗族文化街的遗产实践时发现，当地居民对于政府改变城市景观的空间治理并不感兴趣，反而对于由此产生的鲜活的生活空间以及空间内日常生活实践更加看重，而这些和遗产本身没有什么关系。对于当地居民来说，苗族的文化传统更加重要；但是在当地的官员看来，这些苗族的传统和城镇的现代性并没有太大的关系。OAKES T. Villagizing the city:Turning rural ethnic heritage into urban modernity in southwest China [J]. *International Journal of Heritage Studies*, 2016, 22(10): 751-765.

② 田海龙. 话语研究的语言学范式：从批判话语分析到批判话语研究 [J]. 山东外语教学，2016(6)：3-9.

定，价值研究阐述，宣传，日常管理，监督和保护状况的检测、合理利用。① 如2002年报送全国人大教科文卫委员会的《中华人民共和国民族民间传统文化保护法（建议稿）》第3条规定：国家对民族民间文化保护实行"保护为主、抢救第一、合理利用、适度开发、政府主导、社会参与"的方针。2005年，《国务院办公厅关于加强我国非物质文化遗产保护工作的意见》再次明确"社会参与"作为非遗保护的原则之一。《中国文物古迹保护准则》（2015版）第8条规定："文物古迹的保护是一项社会事业，需要全社会的共同参与。全社会应当共享文物古迹保护的成果。"《中国文物古迹保护准则》阐释说："文物古迹保护是一项公共事业，是社会每一成员的责任和义务。社会各方应自觉支持、积极参与保护文物古迹。保护成果是全社会的共同成果，由社会共享。"2018年10月，国家出台《关于加强文物保护利用改革的若干意见》，第9条提出：要健全社会参与机制，坚持政府主导、多元投入、调动社会力量参与文物保护利用的积极性。但是，社会大众如何参与、从哪些方面参与，并没有相应操作指南。社会参与虽然是遗产实践的重要组成部分，但是在具体遗产实践中可有可无；在具体遗产实践中，社会参与程度和范围有限。② 公众参与积极性不高，大都依赖当地政府进行遗产实践；社会参与被排除在一些遗产实践之外，社会公众无法享受遗产资源作为旅游开发带来的成果。③ 我国社会公众参与遗产实践主要在遗产利用方面，尤其是将遗产作为资源进行旅游产业开发以及遗产消费，在

---

① 吕舟.《中国文物古迹保护准则》的修订与中国文化遗产保护的发展 [J]. 中国文化遗产，2015(2)：1-8.

② 王运良.共有·共保·共享——关于社会参与文物保护的思考（上）[J]. 中国文物科学研究，2010(2)：1-8.

③ 如武夷山世界文化遗产实践中，当地政府通过拆迁方式获得遗产所有权，但没有兑现给村民补偿金以及就业方面优先考虑的承诺，引起村民和武夷山景区管委会之间的矛盾.刘黎明.社区民众参与遗产地管理的现状、原因及对策分析 [J]. 乐山师范学院学报，2012(7)：61-64.

遗产治理方面的参与相对较少，在遗产决策层面的参与程度最小[①]；同时，社会参与缺乏有效渠道和相应政策引导和法律法规保障。[②]国内关于社会参与遗产保护利用的研究多以具体遗产实践为案例，或分析、总结遗产保护利用不同阶段的社会参与经验和教训；或探讨如何在法律制度建设上促进和保障社会参与遗产实践。

首先，许多研究以遗产实践案例为研究对象，指出民间组织、社会团体、地方文化人士、遗产专家学者等全社会共同参与遗产保护的必要性，探索、研究和呈现我国遗产保护中的社会参与模式与具体实现路径。[③]如袁奇峰、蔡天抒研究广东民间文化保育组织作为政府和公众参与之间的第三方组织如何建构社会参与遗产实践网络，以及这个网络在推动历史文化保育实践中的影响力与局限性。[④]喻涛以北京旧城保护为案例，分析总结以政府为主导，非政府组织（non-governmental organization, NGO）以及社区居民共同参与遗产保护规划和设计的经验。[⑤]王美诗以南京博物院非物质文化遗产策展为例，呈现如何结合联合国教科文组织建构的非遗话语体系和我国传统文化语境对非遗项目的理解，打破由遗产专家为主导的策展传统，建设邀请非遗传承人和社会共同参与的新策展形式，使博物馆成为社会参与、非遗传承人的活态文化共同发挥作用和深度互动的文化传

① SU M M, WALL G. Community participation in tourism at a world heritage site: Mutianyu Great Wall, Beijing, China [J]. *International Journal of Tourism Research*, 2014, 16(2): 146-156.

② 袁奇峰，蔡天抒. 以社会参与完善历史文化遗产保护体系——来自广东的实践 [J]. 城市规划，2018(1)：92-100.

③ 就如何促进社会公众参与遗产保护的具体对策的研究有很多，比如：张先清. 生态保育、社区参与与产业开发 [J]. 东南学术，2015(2)：15-20. 沈旭炜. 文化遗产保护社会参与模式研究 [J]. 浙江外国语学院学报，2017(6)：103-109. 段友文，郑月. "后申遗时代"非物质文化遗产保护的社会参与 [J]. 文化遗产，2015(5)：1-10. 李萍. 地方政府在遗产化保护工作中的文化自觉研究：以国家级非遗"女子太阳山祭祀"为个案 [J]. 广西师范学院学报（哲学社会科学版），2015(6)：7-11. 以上研究多从具体案例入手，探讨促进社会公众参与遗产保护的具体实现路径。

④ 袁奇峰，蔡天抒. 以社会参与完善历史文化遗产保护体系——来自广东的实践 [J]. 城市规划，2018(1)：92-100.

⑤ 喻涛. NGO 组织参与北京旧城保护的案例评析 [J]. 北京规划建设，2014(5)：89-94.

承空间。①丁枫、阮仪三对扬州双东社区和浙江兰溪诸葛村的两个城乡公众参与文化遗产保护进行对比研究。前者是位于城市中的自上而下的社会参与模式；后者是自下而上的社会参与模式。研究发现：（1）公众参与需要沟通和教育。公众需要了解一些专业知识，因此对于政府作为遗产保护和利用的实践主体来说，需要开展遗产教育和普及的工作，其中遗产专家学者的作用十分重要。（2）要有能够在政府和公众之间沟通的人物。这个人物应是公众组织的代表，具有公信力；因此，公众要成体系、有规模地参与遗产保护和利用的社会实践，就需要有一定的组织。（3）公众参与要能为公众带来切身利益。②

其次，研究发现制定法律制度可以保障并促进社会参与。遗产行政管理体制、运行机制和规范标准的制定有助于我国遗产保护工作的推进③，但是具体到社会参与方面的研究相对较少，如马洪雨提出要构建保障公众知情权、受教育权、参与权和监督权的法律制度，以确保公众参与非物质文化遗产保护。④袁奇峰、蔡天抒研究广东民间文化保育组织作为政府和公众参与的第三方组织如何建构社会参与遗产保护和利用的实践网络，并介绍广东地方已有的法律法规经验，如广东省已出台的社会参与遗产实践相关法律条例，对包括遗产教育、培训、基础研究方面已有明确规定。⑤

第三，国际社会参与遗产保护和利用实践的研究角度与国内不同，前者更多地关注政府主导下社会参与遗产实践的能动性，认为

① 王美诗.话语视角下的非遗活态展览——以南京博物院非物质文化遗产馆为例 [J].文化遗产，2016(3)：81-86.
② 丁枫，阮仪三.我国公众参与与城乡遗产保护问题初探 [J].上海城市规划，2016(5)：46-49.
③ 陆建松.中国文化遗产保护管理的政策思考 [J].东南文化，2010(4)：22-29.
④ 马洪雨.非物质文化遗产保护公众参与的法律制度构建 [J].甘肃政法学院学报，2007(1)：153-157.
⑤ 袁奇峰，蔡天抒.以社会参与完善历史文化遗产保护体系——来自广东的实践 [J].城市规划，2018(1)：92-100.

虽然社区不是遗产实践主体，但并不代表其被动接受政府主导，而是有选择性地发表意见，参与遗产保护利用的不同阶段，表现在：（1）居民并不完全被动接受政府为主体的遗产实践及专家的意见和知识。如奥克斯通过研究屯堡文化，发现村民会在一定程度上接受专家意见和知识，同时会加上村民自己对屯堡文化遗产的理解并进一步强化自身的观点，在与专家和游客的交流中传播对遗产和屯堡文化的认知。[①]（2）社区居民参与遗产实践的阶段、程度多样化。如苏和沃尔研究北京慕田峪村村民如何主动参与长城旅游开发并从中受益，如何得到当地政府和景区管理机构在政策和管理上的支持。[②]Chan研究杭州梅家坞茶文化村社区参与时发现，政府从宏观角度对梅家坞发展进行总体规划，但具体如何发展、怎样建设、如何进行旅游产业开发等，大多依靠村民自身的主动性和自发性。[③]韦尔蒂尼等以江苏省双湾乡的城市历史景观保护为例，认为社区参与虽然已经实施，但由于遗产经济话语占主导，社区参与缺乏有执行力的正式机制，加上社区组织松散，能否达到理想效果，还需长期观察。[④]

在我国"政府主导、社会参与"的社会遗产实践话语中，社会公众作为一个相对沉默的群体，通常是被遗产的社会实践话语所言说的对象，是被政府作为遗产保护和利用的话语实践所表述的"他者"，这主要体现在社会公众是政府进行遗产教育的对象。这暗含社

① OAKES T. Heritage as improvement: cultural display and contested governance in rural China[J]. *Modern China*, 2012, 39(4): 380-407.

② SU M M, WALL G. Community participation in tourism at a world heritage site: Mutianyu Great Wall, Beijing, China [J]. *International Journal of Tourism Research*, 2014, 16(2): 146-156.

③ CHAN S C. Cultural governance and place-making in China [J]. *The China Quarterly*, 2011(26): 372-390.

④ VERDINI G, FRASSOLDATI F, NOLF C. Reframing China's heritage conservation discourse:learning by testing civic engagement tools in a historic rural village [J]. *International Journal of Heritage Studies*, 2017, 23(4): 317-334.

会公众缺乏遗产保护和利用的专业性知识和技能，只能被教育。比如在西湖保护中，"杭州始终坚持'还湖于民'的理念，通过实施'西湖西进''免费开放西湖''景中村'整治等，使普通百姓和中外游客成为西湖保护的参与者、受益者；始终坚持问情于民、问需于民、问计于民、问绩于民，切实落实人民群众的知情权、参与权、选择权、监督权，真正做到保护为人民、保护靠人民、保护成果由人民共享、保护成效让人民检验"①。这其中暗含着人民参与遗产保护和利用的主要途径是作为观光游览的游客和作为遗产教育的对象。比如杭州市政府准备西湖申遗时提出：

> 还湖于民：西湖是杭州的西湖、中国的西湖、世界的西湖。自 2002 年开始，杭州实行"西湖免费开放"，迄今已免费开放的公园景点共 130 余处，西湖成为中国第一家也是迄今为止唯一一家不收门票的 5A 级景区。今后，我们将继续坚持"还湖于民"目标不改变，坚持"免费开放西湖"不改变，让广大市民和中外游客更好地亲近西湖、感受西湖，使西湖成为世界人民的大公园。门票不涨价：对因文物保护需限制客流量的灵隐、岳庙、六和塔、虎跑等景点，我们承诺门票不涨价。博物馆不收费：自 2003 年开始，杭州在全国率先对博物馆、纪念馆、科技馆等公益性场馆实行免费开放，并出台优惠政策，开展青少年学生"第二课堂"活动，让青少年学生走进博物馆、纪念馆，向青少年学生提供丰富的社会实践活动。②

可见，社会参与西湖作为文化景观遗产的保护和利用的方式主要包括：作为西湖的游客，观赏、浏览、游玩西湖，以及通过参观

---

① 杭州市人大常委会主任、杭州市西湖申遗工作领导小组组长王国平就西湖申遗答记者问 [N]. 杭州日报，2011-06-25(01).

② 杭州市人大常委会主任、杭州市西湖申遗工作领导小组组长王国平就西湖申遗答记者问 [N]. 杭州日报，2011-06-25(01).

博物馆、纪念馆等获得有关西湖的相关知识，接受遗产知识的教育，即"还湖于民""门票不涨价""博物馆不收费"。

遗产的保护和利用是一个全球性话题，也是一个全球性的难题。我国的文化遗产实践普遍以国家政府为遗产实践主体，凡是进入"遗产名录"的遗产项目的所有权、管理权和使用权均属于各级政府，其他相关利益方在政府的主导下，可以采取各种方式"参与"遗产的保护和利用。这种"政府主导、社会参与"的遗产实践模式，往往会遭到诟病。西方遗产学界往往把我国这种"政府主导"的遗产保护模式与公众参与"对立"起来，譬如有研究以中国的藏戏为例，提出这种"政府主导"的遗产保护模式旨在"试图控制文化，以实现中央政府对文化遗产利用的政治、经济和文化消亡的目标"①。显然，这是一种僵化的"意识形态决定论"观点。毋庸置疑，西方在文化遗产的所有权、管理权和使用权上呈现出多样化趋势，公众可以主动参与到文化遗产保护和利用中去，成为文化遗产所有者、管理者或者使用者，甚至还可以主导文化遗产的保护和利用。在这个意义之下的比较研究，似乎可以看出中国文化遗产保护的公众参与程度相对较低。然而，社会公众其实是一个多样化的群体，在遗产实践的话语体系中，发挥着多样化的作用，并非完全是被言说、被表述的对象，而是通过多种方式，从多角度参与到遗产的社会实践话语体系内。本书第六章将以社会公众参与我国遗产保护和利用的话语实践为主题进行相关的讨论。

总之，在遗产实践话语建构的过程中，政府是行动力强的、有组织能力的行动派和遗产保护和利用的主体，遗产专家学者是配合、支持、协助政府作为遗产的社会实践的对象；而广大的社会公众主要还是被动参与，甚至是对立的、缺乏主动性和积极性参与遗产实

---

① LIXINSKI L. Selecting heritage: The interplay of art, politics and identity [J]. *The European Journal of International Law*, 2011, 22(1): 81-100.

践的群体。不过也要看到，还有一些社会公众作为志愿者，以及部分热心公众积极主动参与遗产保护和利用，虽然这部分社会公众所占比例很小。在这样的话语建构中，社会公众依然是沉默的主体。这些在遗产实践话语建构中的语言使用者，在遗产保护和利用的社会实践中作为不同的描述对象，在具体的遗产保护和利用的社会现实中也具有不同的话语权，发挥着不同的作用。

第六章　社会参与在政府主导的遗产实践中的能动性

福柯早期的"话语研究"关注的是话语的类型、知识形成，从而构建社会主体，关注话语类型（即话语如何形成）作为建构知识的重要原则，运用谱系学研究，关注知识和权力的关系。[①] 后期的福柯则显得十分理性，对于权力的内涵的阐释与理解发生了变化。同时，福柯不再把主体仅仅看作权力的最终作用对象，而是把主体看作权力发出的最初起点。主体对于权力不是被动地接受，而是具有主动选择的能动性（具体请见第二章第三节）。[②]

本书在第五章提到，遗产所在地社区居民是我国政府主导的遗产保护和利用的话语的表述对象，处于被描述、被言说的地位，其在遗产保护和利用的社会实践中的主动性和积极性不够，遗产素养有待提高，是接受遗产话语教育的对象。我国遗产保护和利用的话语实践以各级政府为主导，也是社会公众在我国遗产保护和利用的社会现实中做出的主动性选择；与此同时，从社会公众角度来看，公众参与我国遗产实践呈现出多样性，亦具有主动性和积极性。因此，本章主要从社会公众作为我国遗产实践话语表述的对象入手，对社会公众参与我国遗产话语实践的能动性进行讨论研究。

党的十九大报告指出，中国特色社会主义新时代的主要矛盾是

---

① FAIRCLOUGH N. Discourse and social change [M]. Cambridge: Polity, 1992: 39.
② 罗骞. 所有的力量关系都是权力关系：论福柯的权力概念 [J]. 中国人民大学学报（社会科学版），2015(2)：63-70.

人民日益增长的美好生活需要和不平衡、不充分的发展之间的矛盾。要满足人们日益增加的精神需求，提倡社会公众参与文化遗产实践是一个重要的途径和方式。文化遗产能够为大众提供丰富的精神食粮，因此，要努力促进社会公众参与遗产保护和利用的社会实践，注重提升他们的话语权，激发他们的积极性和主动性。

第一节　遗产实践下的社区与社区参与①

社区参与遗产保护有利于其发挥主体性作用，有利于文化遗产保护可持续地、有效地开展下去；社区的长期参与，可以比政府支持的保护措施更具有持久性，也可以给社区带来更大的收益，促进丰富文化多样性和人类的创造性。②西方社区研究并没有给社区下一个比较全面的定义。③总体说来，我们理解的社区概念需要注意三点：第一，社区概念的兴起，是由于现代工业和城市化的发展，人们从熟人的关系网络构成的乡村，逐步集中到大城市，熟人社区逐渐解体，现代社会（society）逐渐形成，人与人之间的关系逐渐冷漠，因此早期的社区研究具有一种怀旧（nostalgia）情结，是对熟人社会的依恋，以及在现代社会中构建人与人之间温情脉脉的联系的诉求。④如卡尔霍恩所描述："社区会激发人的'在一起（togetherness）'的价值观，人与人之间温暖的和安全的关系，也表示某种特定模式的社

① 本节一部分内容已经发表，详见：张崇.遗产实践中的社区参与述评[J].遗产与保护研究，2019(2)：34-40.
② 杨利慧.以社区为中心——联合国教科文组织非遗保护政策中社区的地位及其界定[J].西北民族研究，2016(4)：63-73.
③ NASAR J. L, JULIAN D. A. The psychological sense of community in the neighborhood [J]. *Journal of The American Planning Association*, 1995, 61(2): 178-185.
④ MACFARLANE A. History, anthropology and the study of communities [J]. *Social History*, 1977, 2(5): 631-652.

会关系和生活方式在不断变化。"① 第二，社区（community）的概念不同于社会（society）的概念。托尼斯将社区和社会的概念相比较："社区是老式的，社会是新生的，两者都是实实在在存在的。另一种角度来说，每个人都向往乡村生活，表达了人们对于社区强有力和富有活力的感觉的向往。社区意味着真实性、大家一起生活，具有持久性，社会是短暂的、流于表面的。因此社区是生活应该有的样子，而社会则是机械性的拼凑、人为的产物。"② 第三，要成为社区必须符合两个标准：一是要在同一个地理区域范围之内；二是要有人与人之间的社交关系网络。在这基础上，人们对社区就会有归属感："这种互相凝聚的情感作为社区特殊的意志，我们称之为互相理解或者同意。这是一种特殊的社会力量和情谊，会让人们凝聚成一个紧密的整体。"③ 也有学者认为，社区所指的地理范围和人际关系网络两方面并非缺一不可，而且社区内的人际关系和网络能够超越地理区域的限制，不依靠地理区域也能够形成精神上的社区。④ 这种精神可称为"社区意识（sense of community）"或者"归属感（sense of belonging）"。比如即使物质性的社区空间已经消失，但是无形的、看不见的社区精神以及社区居民的人际关系网络依然存在，如为了重建陕西西安的城墙及其周边的景观环境，当地政府将城墙周边的原来居住于此的居民搬迁到了新的住宅小区。然而，这些居民依然每天到他们原来居住的社区周围，和熟悉的邻居聚在一起打麻将、聊天。这也说明，人们所居住的物理性质的社区可能很容易就发生改

---

① CALHOUN C. J. History, anthropology and the study of communities: Some problems in MacFarlane's proposal [J]. *Social history*, 1978, 3(3): 363-373.

② TONNIES F. *Community and Civil Society* [M]. HARRIS J. (ed.) HARRIS J, HOLLIS M. trans. Cambridge: Cambridge University Press, 2001: 19.

③ TONNIES F. *Community and Civil Society* [M]. HARRIS J. (ed.) HARRIS J, HOLLIS M. trans. Cambridge: Cambridge University Press, 2001: 33.

④ COHEN A. P. *The Symbolic Construction of Community* [M]. London & New York: Routledge, 1985: 98.

变，但是社区中居民之间的相处方式和生活方式，以及居民之间建立起的社区关系网络却不容易发生变化。当然，这其中仍然会有一些区分，比如即使地理意义上的社区发生变化，但依然保留旧有的生活方式，依赖旧有社区关系网络的大都是一些年纪比较大的社区居民，而对于年轻人来说，他们会很快适应新的生活环境。①

如今，由于互联网技术的发展，虚拟社区空间的建立，形成了社区的新类型，也就是虚拟社区。这也为在遗产实践中被边缘化的群体提供了话语平台和参与遗产实践的机会。由于现代数字技术的发展，"社区"的概念与互联网的关联度增加，在线社交网络与遗产保护、虚拟遗产、数字遗产的议题也已出现。由于档案馆中数字技术的使用、虚拟博物馆和艺术馆的出现，以及遗产机构中的数字化收藏，使得人们可以在虚拟社区中参与遗产的保护和实践，在虚拟社区中通过互联网进行互动（有时这种互动的角色或者人物是虚拟的，或者代表一种虚拟的不真实的立场），这些网上的社交网络有可能发展成为线下的参与社区内的遗产保护和利用的社会实践。这种新型的遗产社区的概念，是由人的主观的经历以及相应的组织、联盟所发展而成，因此安德森提到的"想象的社区（imagined communities）"更加契合社区的含义，即所谓的社区有时候是人们精神上、心理上的产物，是一种精神的连接。从这个程度来看，互联网上也的确存在着社区。这种互联网上的虚拟社区和生活中存在的社区并不对立，甚至可以互补。互联网为社区存在提供了一个新的空间和场所，使得社区在精神上、心理上得以以新的方式表现、塑造。如在美国的遗产保护中，人们认为这种对社区的归属感可以治

① BRUCKERMANN C. Trading on tradition: Tourism, ritual, and capitalism in a Chinese village [J]. *Modern China*, 2016, 42(2): 188-224.
OAKES T. Villagizing the city: Turning rural ethnic heritage into urban modernity in southwest China [J]. *International Journal of Heritage Studies*, 2016, 22(10): 751-765.

愈许多由于城镇化给人带来的痛苦和疾病。① 因此，对于这样的虚拟社区应该更注重社区内人员的心理层面，而非社区所占据的地理空间。②尤其在现实生活中，在线下的遗产实践，很多都是政府、遗产专家学者所主导的，而被遗产实践所排斥的普通大众难以发出自己的声音或者展现自己的话语权，互联网提供的虚拟社区空间正好可以为这批人提供虚拟的社区空间作为平台，使他们在遗产实践中发出声音，提出自己的话语。不过，在具体的遗产保护和利用的实践中，人们怀疑虚拟的社区空间的真实性，更加相信线下的真实的遗产实践声音。因此，目前很难对于人们利用互联网提供的虚拟社区空间参与遗产实践下定论，但是这种由于新的科学技术发展带来的遗产实践与社区的新情况，应该引起人们足够的重视。

社区，尤其是具有悠久历史和文化传统的社区，作为社区居民持久的生活空间，逐渐在遗产保护和利用领域引起人们的重视，从某种程度上看，社区的概念和历史环境（historic environment）的概念应该是等同的，尤其是历史环境中存在的场所空间，考古遗存，历史建筑，居民的故事、情感、经历和想法等，会使人们对于历史环境产生一种联系紧密的感觉。从这点来看，社区可以等同于2003年《世界非物质文化遗产保护公约》中提到的"文化空间（cultural space）"："文化空间内无形的文化遗产，在社区内一代又一代传承下来，并被社区居民不断创新、创造，以呼应不断变化的历史环境、人与自然和历史的互动，从而为人们提供文化认同感、文化传承的空间以及促进人们尊重文化的多样性和人类的创造性。"

对于什么是社区，联合国教科文组织的《世界遗产公约》中也

---

① NASAR J L, JULIAN D A. The psychological sense of community in the neighborhood [J]. *Journal of the American Planning Association*, 1995, 61(2): 178-185.

② WATERTON E. The advent of digital technologies and the idea of community [J]. *Museum Management and Curatorship*, 2010, 25(1): 5-11.

并没有明确的定义。①2006年，联合国教科文组织在日本东京的一次专家会议上，对社区进行了界定："社区是由人类构成的网络，在其共享的历史联系中生发出的认同感或归属感，源于该群体对非物质文化遗产的实践、传承。"②然而，这一界定并未成为联合国教科文组织正式的官方定义，史密斯提出，这是因为人们一提到社区，基本上都有一种常识性的理解："一提到社区，人们的感觉是温暖的，有良好的情感的对象，在一些公共政策以及文化政策中，提到社区就会让人想到是做有益的事情，总之，在社区里面，做有益的事情，对社区有归属感，人的感觉是非常美好的"③。鲍曼写道："社区是一个温暖、舒适、让人舒服的场所。就像在滂沱大雨中我们可以躲雨的屋顶，又像寒冷天气中我们可以取暖的火炉。社区外面，是各种暗藏的危险，我们必须时刻小心；在社区里，我们可以完全放松，我们是安全的。"④

　　联合国教科文组织并未对社区进行严格的界定，是因为社区和群体是流动的，而且社区和群体的概念在不同的政治语境中，有不同的表现方式和理解方式。在遗产实践领域的社区研究中，一些学者认为社区虽然有相对的稳定性，但是也是不断变化的，这表现在社区成员共同的利益、共同的事业以及集体经历在不断发生变化；同时，即使是同一个社区，社区居民之间也呈现多样性。⑤社区并不是固定的和均质的，即在一个社区或者群体之内，对于遗产的认同

①　KHAZNADAR C. Ten years after Pandora's box [C]//*The First ICH-Researchers Forum: The Implementation of UNESCO's 2003 Convection*. Osaka: IRCI, 2012:18-20.

②　朱刚. 从"社会"到"社区"：走向开放的非物质文化遗产主体界定 [J]. 非物质文化遗产，2017(5)：49.

③　SMITH L. Intangible heritage: A challenge to the authorised heritage discourse? [J]. *Revista d'Etnologia de Catalunya*, 2015(5): 137.

④　BAUMAN Z. *Community: Seeking Safety in an Insecure World* [M]. Cambridge: Polity Press, 2001: 1-2.

⑤　WATERTON E, SMITH L. The recognition and the misrecognition of community heritage [J]. *International Journal of Heritage Studies*, 2010, 16(1&2): 4-15.

和保护都可以有不同的意见。^① 对政府来说，遗产所在地的社区参与（community engagement）一直是遗产实践所不能回避的问题，社区内居民以及其他非政府组织的参与作用不容忽视。^② 虽然一些研究认为，社区参与遗产保护实践对于遗产保护和管理来说并非完全必要^③；但是，在政府管辖权所允许的范围内，社区参与是文化资源管理中不可缺少的部分。

什么是社区参与？社区可以参与遗产实践过程中的哪些方面？社区参与遗产实践有多种方式，比如看相关电视节目接受遗产教育和提高遗产素养；作为旅游者到遗产地参观，将遗产作为旅游资源加以利用是对遗产的消费，既能获得遗产教育也能休闲；参加或者组织社区遗产活动，社区居民可以以工作人员或者非工作人员身份参加社区内遗产实践的相关工作，如参加社区内考古遗址的挖掘、参与遗产博物馆和相关的档案整理工作、参与遗产实践中政策发展和资源管理等环节。可见，社区参与的程度有浅有深、程度不一，社区参与的方式、参与遗产实践的阶段也不尽相同，有的是在遗产本体价值保护的初期参与，有些是在遗产利用，尤其是遗产作为旅游资源开发利用方面的参与。总之，社区参与是多样化的，社区参与中有多种不同的声音，也有不同的利益诉求，社区内部成员对于文化遗产保护和利用也是各取所需，各有不同。^④

这里需要指出的是，国际学者对于遗产实践中的社区参与和公

① 杨利慧.以社区为中心——联合国教科文组织非遗保护政策中社区的地位及其界定 [J]. 西北民族研究，2016(4)：63-73.

② DAVIDSON J, LOCKWOOD M. Partnerships as instruments of good regional governance: innovation for sustainability in Tasmania [J]. *Regional Studies*, 2008, 42(5): 641-656.
WEISS L M. Informal settlements and urban heritage landscapes in South Africa [J]. *Journal of Social Archaeology*, 2014, 14(1): 3-25.
SMITH L, WATERTON E. Heritage, *Communities and Archaeology* [M]. London: Gerald Duckworth and Co., 2009.

③ GENTRY K. History, heritage and localism [J]. *Policy Studies*, 2013, 34(5-6): 508-522.

④ KERSEL M. M. When communities collide: Competing claims for archaeological objects in the market place [J]. *Archaeologies*, 2011, 7(3): 518-537.

众参与（civic engagement）有不同的认知。前者侧重的是遗产地所在社区的居民、非政府组织、社区内的个体或者群体；后者侧重的是一些非政府组织，较少涉及个人，这些非政府组织不一定位于遗产地所在的社区，有可能是由一些文化精英组成的专业性遗产组织。比如Cheng和Li研究马来西亚的槟城古迹信托会这一遗产保护的非政府组织，该组织实际是由城市规划师、建筑师、环保主义者、历史学家组成的，可以说是一群文化精英。这个非政府组织在很多文化遗产保护的认知上和政府不一致，完全独立于政府，在遗产话语上有话语权。①

　　维基百科对社区参与、公众参与和社会参与（social engagement）三者进行了比较：公众参与主要指参与以公民社会组织为单位的政治性活动、成为其成员或者是志愿者组织；社会参与指的是参与一些集体性活动；社区参与则指为了社区长远的集体利益和未来发展，社区内的组织和个人建立长期的、不间断的联系。看来，公众参与和社会参与的目的性比较强，一旦实现既定目标，公众参与和社会参与可即刻撤出，但是社区参与的持久性更强，这是因为社区内部的组织或个人的联系性和凝聚力更加紧密。② 英文表达中有"社区中的公众参与（civic engagement in the community）"一说，可见社区参与可以包括公众参与。社会参与主要是指个人以个体的身份参与社会群体的活动（包括一些社会角色和社会关系）；社会参与注重的是活动和社会网络，注重的是社会群体关系；社会参与注重参与过程中个体之间的互动交流，尊重的是个人的意愿而非强制，不涉及家族责任或者金钱等因素，比如去教堂做礼拜就是传统的社会参

---

① CHENG E W, LI A H F. Resistance, engagement, and heritage conservation by voluntary sector: the case of Penang in Malaysia [J]. *Modern Asian Studies*, 2014, 48(3): 617-644.

② Community engagement [EB/OL]. [2019-03-18]. https://en.wikipedia.org/wiki/community_ engagement.

与。①综上所述，本书认为我国的"政府主导、社会参与"中的"社会参与"，与社区参与、公众参与的内涵有很多重合之处，就目前相关研究而言，"社会参与""社区参与"和"公众参与"三者可以通用。

社区参与一般有两种模式，一种是自上而下的模式（top-down model 或 institution-led model），是指由政府机构或者公共组织来引导的社区参与，此种模式下，在社区参与的大方向把握上、领导者的选择上以及权力的施行上都相对简单。政府制定了相关的法律法规，各种官方或者半官方的遗产组织和较好的管理实践成为社区参与的重要支撑。但是，这种模式的社区参与在成功的效果、与当地社区的关联度上以及遗产实践的可持续性、长期发展上有其局限性。②沃克通过研究英国威尔士卡莱纳冯工业区景观保护中遗产专家作为民间社团参与保护的角色问题，认为社团参与遗产保护一直是遗产保护领域无法回避的要素，研究发现社团参与的形式主要是咨询性参与，流于表面，而不是介入遗产保护的实际操作，社团与遗产保护其他主体不是平等合作的关系。文化遗产的保护和利用的社会实践不可能把社区内的每一种声音、每一个个体都纳入遗产实践话语体系中。对于一些自上而下模式的社区参与来说，在既定目标达成之后，社区参与的组织也就解散了。国际上大多社区参与都是这种自上而下的模式，由大的博物馆、官方组织或者半官方组织来进行组织，而不是自下而上的由志愿者管理的组织和更大的由政府资助的遗产组织之间的真正的合作。③

相比之下，自下而上的社区参与模式（bottom-up/grassroots model 或者 community-driven model）在文化遗产保护的可持续性上，在与社

---

① PROHASKA T R, ANDERSON L, BINSTOCK B, ROBERT H. Public health for an aging society[J]. *JHU Press*, 2012: 249-252.

② 丁枫，阮仪三. 我国公众参与与城乡遗产保护问题初探 [J]. 上海城市规划，2016(5)：46-49.

③ WALKER D. Towards a beneficial world heritage: Community involvement in the Blaenavon industrial landscape [J]. *Museum International*, 2011, 63(1-2): 25-33.

区居民关系的紧密程度上以及参与实践效果等方面具有很大的优势，尤其是与博物馆、美术馆以及当地的社区团体和合作，效果明显。但是自下而上的社区参与在前期的组织和发展上以及在相关的政策实施上都比较复杂，这就展现了这种模式的局限性。如珀金以澳大利亚本土的本迪戈的一个社区主导下的社区参与为例进行分析，当地社区与社区内的美术馆、博物馆以及20个遗产群体共同参与遗产实践，珀金认为，要使这样的社区参与达到理想的效果，对文化遗产实践项目经理的角色和功能要求相当高，他要具有多种专业技能和技巧，既要确保自下而上的社区参与的原真性，又要保证遗产项目能够顺利开展，这样的社区参与模式使当地的美术馆、艺术馆等组织能够与社区联系更加紧密，从而更加有利于社区内遗产的可持续发展。[1]戴维森与洛克伍德研究澳大利亚塔斯马尼亚州的文化遗产保护，发现政府、商业领域、非政府组织以及社区共同参与文化遗产保护，对于促进本地经济发展、提升环境、提高社会居民收入方面作用明显。[2]塔斯等学者研究土耳其布尔萨一处村庄的保护，提出了社会公众的参与性遗产治理模式（participatory model），认为公众在遗产保护、建筑、城乡规划等层面广泛参与，有利于促进城乡的人文自然景观可持续发展，其中当地政府的作用十分重要，而社区内居民以及其他非政府组织的参与的作用也不容忽视。[3]利特尔以世界文化遗产地危地马拉的安提瓜为研究对象，运用福柯的知识／权力关系研究当地政府官员、街头小贩根据自身对城市规章制度和旅游实践的理解，利用所掌握的相关知识，参与城市街道的空间治理

---

[1]　PERKIN C. Beyond the rhetoric: negotiating the politics and realising the potential of community—driven heritage engagement [J]. *International Journal of Heritage Studies*, 2010,16(1-2):107-122.

[2]　DAVIDSON J, LOCKWOOD M. Partnerships as instruments of good regional governance: innovation for sustainability in Tasmania [J]. *Regional Studies*, 2008, 42(5): 641-656.

[3]　TAS M, TAS N, CAHANTIMUR A. A participatory governance model for the sustainable development of Cumalikizik, a heritage site in Turkey [J]. *Environment & Urbanization*, 2009, 21(1): 161-184.

的遗产保护方式。安提瓜成为世界遗产地后，当地政府官员制定的相关政策也随之发生了改变，比如吸烟的规定，街道如何利用的规定等，这些规定也影响了当地街头小贩们的生存环境：新的城市规定会忽视街头小贩，甚至将他们排斥在外；但是遗产旅游产业的发展，又需要小贩们的存在。因此，作为经济产业一分子，这些官员、小贩都在新的语境下根据自己掌握的知识和对现有规章制度的了解，从空间治理的角度，产生了新的策略。因此，利特尔认为，这也是全球化、国际遗产话语与地方的文化接触后带来的一个积极的影响：与以往批判遗产研究说的消极影响不一样，国际文化遗产话语与当地的话语和生活之间是一种辩证的关系。①

社区参与遗产实践有哪些作用？第一，社区参与有助于人们了解其所在社区乃至国家的历史文化的多样性。如在澳大利亚，社区参与的主要领域是文化遗产管理和考古学。很久以前，在传统的考古学实践中，社区参与的水平随着考古学家和遗产组织的许可度的扩大而提高，社区逐渐意识到过去历史留下的物质遗存的价值及复杂的身份认同和历史，遗产机构和社区从合作中获得了收益，把地方性知识和集体记忆与考古学和遗产专家的专业知识结合在了一起。这样的合作伙伴关系有助于理解澳大利亚历史和文化的多样性。②

第二，社区参与有助于促进社会中不同群体之间的沟通和交流，加强这些群体的对话，消融矛盾，促进社会融合。对于物质文化的重新发现和对于文化遗址和景观地的解读和阐释，有助于社区居民身份认同和归属感的形成③；而且考古遗产可以促进社会的可持续发

① LITTLE W E. Urban economies and spatial governmentalities in the World Heritage city of Antigua, Guatemala[J]. *Economic Anthropology*, 2015, 2(1): 42-62.
② PERKIN C. Beyond the rhetoric: negotiating the politics and realising the potential of community—driven heritage engagement [J]. *International Journal of Heritage Studies*, 2010, 16(1-2): 107-122.
③ MILLER P, NIKOLAS R. Governing economic life [J]. *Economy and Society*, 1990,19(1): 1-31.

展，能够从物质上证明社区与考古进程融合的过程。[①] 由于人们对于遗产客体的阐释角度和方式不同，在遗产实践过程中亦有可能出现不和谐的观点。同时，因为社区内人们的身份认同以及社区居民与遗址之间的紧密程度多样化，遗产的认知和遗产的保护和利用实践本身难免会有权力和权力关系涉及其中。所以，遗产实践过程中的冲突或者张力不可避免。[②] 不过，布林等通过研究北爱尔兰一处文化遗址和景观地的社区参与，发现社区参与考古遗产的实践在一定程度上赋予了社区居民话语权，促进了不同政治背景、文化政治习俗的群体之间的对话和理解。这在2015年北爱尔兰发生转型危机背景下，为社区居民提供了一个很好的参与遗产实践的机会，从物质性的遗址点中获得了对于过去历史的重新认知和解读，挑战了人们对于本地区既有的关于过去历史的认知，为当下人们对于历史的重新认知和身份认同建构提供了一个重新商讨的空间。[③]

第三，公众对于遗产的认知还是非常开放的，不仅仅局限于物质性遗产，对于非物质性遗产的认可度也非常高。AHD关于遗产的观点认为，一处遗产物质存在是否值得保护，就要看它与国家、个人的关联性是否大，它的不可替代性和独特性在哪里，相比较之下，公众则认为，遗产对于他们的身份认同和他们的经历是至关重要的。但是，公众之所以被隔离于遗产研究之外，或者是因为公众并没有直接参与到遗产地的活动中，或者是由于他们与传统的遗产政策制定者的距离非常遥远。尤其是公众对于遗产的理解可能不同于专家、官方的遗产实践者们。比如麦克唐纳研究澳大利亚公众对于遗产的

① MARSHALL Y. What is community archaeology? [J]. *World Archaeology*, 2012, 34(2): 211–219.

② SMITH L, WATERTON E. *Heritage, Communities and Archaeology* [M]. London: Gerald Duckworth and Co., 2009.

③ BREEN C, REID G, HOPE M. Heritage, identity and community engagement at Dunluce Castle, Northern Ireland [J]. *International Journal of Heritage Studies*, 2015, 21(9): 919-937.

理解，他发现公众更倾向于把遗产与他们的信仰、价值观和共享的人生经验相结合，这一点上，公众对于遗产的认知与一些遗产研究学者认为"所有的遗产都是无形的，文化意义才是遗产的最本质"①的认知是相同的。②

第四，国外的社区参与遗产实践，大都是自上而下的模式。从普遍性来说，西方国家社区参与遗产实践的态度并不全是积极主动的。如果遗产和公众自身的特殊利益、文化历史有直接的关系，他们参与遗产实践的动机性就会非常强。对于公众来说，遗产的认知包括物质遗产对象，也包括地方、场所以及人们各种各样的经历。因此，对于遗产管理者来说，要知道如何对公众进行遗产教育，并且鼓励公众能够建立和遗产之间的个人联系，比如通过经历的分享、故事讲述以及一些庆祝活动等。实际上，大多数社区参与遗产实践的研究都是站在遗产管理者或政府的角度，研究如何加强公众参与遗产保护，是一种自上而下的视角。

第五，虽然遗产叫作"公共遗产（public heritage）"，但是在整个遗产管理的过程中，公众并没有发挥作用，公众大都是在整个遗产实践的末端，作为教育或者是信息的标准而存在的。可见，在西方的遗产实践当中，公众在遗产保护和利用的社会实践中的角色也跟国内的差不多。由于普通的社区居民缺乏遗产实践的专门知识，同时也缺少相关的渠道，在遗产实践中对于历史的理解、对于遗产的纪念碑价值和科学价值观的阐释，都是考古学家或者其他的遗产专家话语，公众是被排除在外的。

第六，大多数国际学者的研究角度，还是从由政府机构主导的自上而下的角度来看待社区参与文化遗产实践。如沃特顿以英国诺

---

① BREEN C, REID G, HOPE M. Heritage, identity and community engagement at Dunluce Castle, Northern Ireland [J]. *International Journal of Heritage Studies*, 2015, 21(9): 1-19.

② MCDONALD H. Understanding the antecedents to public interest and engagement with heritage [J]. *European Journal of Marketing*, 2011, 45(5): 780-804.

森伯兰郡的一个社区的遗产管理为研究案例，提出社区参与不是要使公众对于遗产的认知、评价标准凌驾于专家的遗产认知上，而是号召遗产的管理者和政策制定者能够发展出更加人性化的遗产实践方式，能够把社区普通人的有关遗产认知的想法纳入遗产的实践中去。将公众的认知考虑进去，并不会影响遗产管理；相反，会丰富对于遗产的理解和阐释，这不仅对遗产实践者，对于遗产地所在的社区居民也有十分重大的价值，能够让他们有机会、也有话语权言说他们自己的历史和过去。因为遗产是当代社会的一部分，而不是某种僵死的只属于过去历史的东西，遗产的管理过程需要考虑到遗产所在地民众的声音，如他们希望哪些遗产被保护，遗产的哪些价值观应被保留，遗产管理者在遗产实践中应将社区居民、群体的有关想法考虑进去，从而使社会公众能够作为积极的遗产保护的贡献者而存在。[①]

第二节　我国社会参与遗产实践的现状

我国"政府主导、社会参与"的遗产社会实践已取得了很大的成果，目前我国获得的世界文化遗产总数为55项，位列世界第一；其他列入国家级、省级、市级以及区县级的文物遗产保护名录的遗产数量也非常庞大。然而，目前中国文化遗产实践面临两大问题：一是受到西方遗产实践话语的影响，在文化遗产本体价值认定、保护的过程中，偏重文化遗产物质层面的原真性和完整性；即使一些非物质文化遗产的保护和认定，注重的仍然是其生产工艺、流程及最后生产出来的产品。相比较之下，文化遗产的文化意义，即突出

---

① WATERTON E. Whose sense of place? Reconciling archaeological perspectives with community values: cultural landscapes in England [J]. *International Journal of Heritage Studies*, 2005, 11(4): 309-325.

普遍价值，被认为从属于物质性文化遗产，处于次要地位；二是一旦被认定为文化遗产，国家或地方政府就会成为文化遗产的所有者和实践主体，文化遗产与普通大众的日常生活脱离，成为高高在上的东西，脱离了与社区居民、大众生活的联系。以上两大问题导致我国遗产实践的现状有以下两个特点：第一，遗产的活化利用程度不够。遗产的活化利用主要是作为旅游资源，以遗产展览、展示、表演的方式成为游客所凝视的对象，遗产的作用主要在于休闲和娱乐，成为与游客、社区相对的"他者"，是被消费的对象。第二，由于遗产实践与大众日常生活相脱离，遗产实践成为政府的事情，与普通大众关系不大。遗产因所有权和实践主体的原因无法成为大众共享共有的东西，但是遗产在文化价值和意义上是可以为全民共享并满足人们日益增长的精神文化和心理需要的，这一点并没有引起人们足够的重视和实践。

在我国"政府主导、社会参与"的遗产社会实践中，社会公众虽然不是遗产实践的主体，但是这并不代表社区居民只是被动接受政府引导的文化遗产实践，被动成为遗产教育的对象和遗产话语描述的群体，相反，居民可有选择性地发表自己的意见和参与文化遗产保护和利用的过程。这表现在：第一，居民并不是完全被动地接受政府为主体的遗产实践及专家的意见和知识。如奥克斯在研究屯堡文化时就发现，面对政府为主导的遗产实践，居民将自己所拥有的遗产所有权转让给政府，也是在自身的利益要求得到满足的情况下而做出的主动性选择。[①] 第二，社区居民参与遗产实践的阶段、程度都是不一样的。有的是参与遗产保护的开始阶段，有的是参与遗产利用阶段。比如安徽宏村西递的遗产旅游开发中，地方政府将宏村的旅游产业发展外包卖给了北京的公司，村民表示反对，他们用

---

① OAKES T. Villagizing the city: Turning rural ethnic heritage into urban modernity in southwest China [J]. *International Journal of Heritage Studies*, 2016, 22(10): 751-765.

自己的马车把村口路封住，不让游客进入，后来成立了村民自己组织的乡村文化遗产旅游开发公司，才解决了当地旅游发展中政府与社会参与之间的问题。可见村民有自己的想法，不愿意完全追随所谓专家的知识和意见。[1]韦尔蒂尼等以江苏省双湾乡的城市历史景观保护为例，认为联合国教科文组织有关城市历史景观（historic urban landscape, HUL）概念的提出，为亚洲国家和地区的遗产实践吸收并借鉴国际遗产话语提供了一个重要的角度和转型契机。城市历史景观的概念为中国历史遗址的转型，特别是为农村地区的发展，提供了可持续发展的巨大机遇，遗产保护的焦点从关注遗产的物质性转移到关注遗产所在社区的可持续发展性，有利于跨过东西方遗产话语的差异。但是社区参与虽然已经实施，由于遗产的经济话语占有主导地位，社区参与缺乏正式的有执行力的机制参与城市历史景观的保护；而且由于社区是一个松散的组织，社区参与是否能够达到理想效果，还需要长期的观察。[2]然而，中国之大，不同的地方情况不同，不能一概而论。总体而言，我国社区参与遗产实践，主要是在遗产的利用阶段，包括遗产旅游产业开发以及遗产消费，在遗产治理方面的参与相对较少，而在遗产决策层面参与程度最小。

从我国遗产实践中社区参与的现状来看，我国的社区参与在参与程度、参与遗产实践阶段等方面都具有多样性。这其实也和国际上社区参与遗产实践的现状基本相似，即社区参与的程度因地区而异、因具体的遗产实践情况而异。比如一位在杭州市运河（河道）研究院工作的人员介绍运河遗产保护中的公众参与时就说："有一些志愿者组织、非政府组织要参与遗产管理。政府如何引导个人、非政

① OAKES T. Villagizing the city: Turning rural ethnic heritage into urban modernity in southwest China [J]. *International Journal of Heritage Studies*, 2016, 22(10): 751-765.

② VERDINI G, FRASSOLDATI F, NOLF C. Reframing China's heritage conservation discourse: Learning by testing civic engagement tools in a historic rural village [J]. *International Journal of Heritage Studies*, 2017, 23(4): 317-334.

府组织的这种行为？我觉得志愿者也是政府指导的组织，虽然不是正规的，但是是受到政府指导的。有一些并不正规的组织，但是很热心的，愿意奔走相告，中国的热心人还是有的，有些人还是蛮有奉献精神的。自私的人是一小部分，大部分是随大流的，还有一小部分讲奉献，讲大社会。"（基于对C于2017年9月的访谈）

以上这一观点在公众参与遗产实践的研究中也得到了验证，如丁枫、阮仪三对扬州双东社区和浙江兰溪诸葛村的两个城乡公众参与文化遗产保护进行了研究。研究通过对比这两种不同的社区参与模式发现，这两种社区参与模式既有一些共同点也有很大差异。首先，公众参与需要有一个沟通和教育的过程。公众需要了解一些专业的知识，因此这也是一个遗产教育的过程，在这个过程中，遗产专家起着十分重要的作用。其次，公众参与要有一个能够在政府和公众之间沟通的人物。这个人物应是公众组织的代表，具有公信力；因此，公众参与必须是有组织的。第三，公众参与要能为公众带来切身的利益。公众参与文化保护也存在着一些问题：第一，公众普遍缺乏紧密的组织，以组织的形式参与文化遗产保护。如果是自上而下由政府鼓励的组织形式，其存在并不长久；如果是自下而上的组织形式，则需要紧密有力的联系纽带。第二，由于我国现在的文化遗产保护现状，特别是建筑遗产保护中以居住建筑为主体的历史街区、传统村落的保护，大都是国家政府通过拆迁从居民那里获得建筑所有权，之后再统一进行遗产保护和修复的。因此，一旦居民与建筑遗产不存在所有关系了，其公众参与的积极性就不会那么高涨。①

最严重的情况是完全把社区参与排除在遗产实践范围之外。如

---

① 丁枫，阮仪三. 我国公众参与与城乡遗产保护问题初探 [J]. 上海城市规划，2016(5)：46-49.

刘黎明①研究武夷山世界文化遗产实践时发现，当地政府通过拆迁方式获得了遗产的所有权，而给村民补偿金以及在就业方面给予优先考虑的承诺并没有兑现，引起了村民和武夷山景区管委会之间的矛盾。在武夷山景区旅游开发中，村民并未享受到优先招工权，而且村民的生产生活方式受到了严重的影响，社区参与完全被排斥在外，村民的利益没有得到保障。村民和当地政府之间缺乏有效的沟通渠道，导致矛盾冲突的产生。

目前，我国公众参与文化遗产实践的基础比较薄弱，这其实也不是只有我们中国面临的问题，许多西方国家在文化遗产保护方面也面临着同样的状况。通过以上国际学界对于社区参与的研究，可以看到，社区参与遗产实践在西方国家也并非必需的、绝对的。其参与程度也是因国家而异，因遗产所在地及具体的遗产实践而异。因此，在对国内外的文化遗产实践社区参与进行比较性研究时，不能用国外一些好的社区参与的案例来评判国内的社区参与。我国社区参与遗产保护和实践的现状如下。

第一，在遗产实践中，社区参与的程度很低，有时候不是因为老百姓缺乏参与的机会，而是老百姓本身对于文化遗产保护的意识就不强。以良渚遗址保护为例，由于良渚遗址群面积很大，密度也很大，在20世纪八九十年代的时候，遗址区内老百姓在房子的墙里、水田里、水渠里，随便挖一挖就能挖到玉器。老百姓也不觉得玉器有多值钱、多重要，随便拿玉器、玉管、玉镯给小孩子去换糖吃。改革开放以后，有的老百姓拿一个玉管能换两三千块钱，可以买一台手扶拖拉机。那时候国家已经出台相关法律法规，不允许人们滥挖、交易遗产，但是有人不顾法律法规，偷挖偷盗，铤而走险。社区居民有的对文化遗产一无所知，有的一知半解，有的则是有所了

① 刘黎明.社区民众参与遗产地管理的现状、原因及对策分析[J].乐山师范学院学报，2012(7)：61-64.

解。因此社区居民参与遗产建构的可能性也存在多样化的差异，社区居民有关遗产的知识参差不齐，多样性和差异性明显。不能一概而论。

第二，遗产实践社区居民有一种依赖政府的惯习（habitus）。一位参与过大运河（杭州段）桥西历史文化街区旧房改造的官员说：

> 中国人(参与遗产实践)这种观念意识达不到西方的民众的标准，国家依赖已经成为习惯，或者是文化，是一种文化的基因啊，你比如说像桥西，原来可以说是杭州的一个棚户区的地方，生活差，百姓生活人均面积低，迫切想要改造。政府也给他们非常多的实惠，可以继续在原址居住，也可以搬到外面。居民每一个人分到十几二十个平方。老房子政府修好后他们搬回来。后来房子漏雨了，空调效果不好，煤气不好，就叫了，说你政府不好。而不是想到我以前住的老房子是怎样，政府怎么给我修的。他会认为政府改造是应该做的，是老百姓的父母官，他们的安置房和普通的楼房比，空调不好，煤气不好。他们不和他们原来比，和那些选择搬迁出去的比。（基于对C于2017年9月的访谈）

第三，缺少相关的通道和话语权。社区参与遗产保护之所以在我国没有普及或普遍出现，除了社区居民缺乏遗产专业知识、专业素养等原因外，和我国的遗产保护主体和所有者都为政府有很大关系。大多数遗产地的保护和利用都是首先政府出面，收购老百姓的民居等，老百姓出让对于遗产的所有权，也就和遗产在法律上脱离了关系，自然也就没有太大的积极性和主动性去参与遗产管理过程。有时即使参与，在遗产实践的管理决策上话语权不多，利益也不明显。这导致了在这种自上而下的社区参与模式中，居民的积极性不高。

第四，政府一直在尝试鼓励社区参与遗产实践，比如通过志愿者、社区搞一些活动和宣传等，倡导社区居民关注和参与遗产实践。然而，这些自上而下的鼓励社区参与的形式往往持久性不够，涉及的居民范围不广，遗产教育的程度不够深入。

第三节　促进社会参与遗产实践话语建构的能动性

公众参与文化遗产保护事业，一直是我国文化遗产保护实践强调的重要内容。我国的遗产相关法律法规（如《中国文物古迹保护准则》，详见本书第五章第三节内容）积极倡导社会参与遗产保护和利用。结合本章之前讨论的国内外社会参与遗产实践的内涵、模式、现状等内容，我们需要思考如下问题：社会公众如何参与？从哪方面参与？谁来参与？[①]

面对以上问题，国外的一些公众参与文化遗产保护经验可以提供一些启发。比如英国公众以民间团体的形式参与历史文化遗产保护。其中有5大民间团体——古建筑保护协会、古迹协会、乔治小组、不列颠考古委员会和维多利亚协会——其成员主要为相关遗产保护研究专家学者，他们介入法律保护程序，但凡涉及遗产类建筑的拆除、重修或改建以及地方规划等，当局都必须征得他们的意见，作为处理这些问题的依据。由于介入法定程序，英国政府每年需要给这5大文化遗产保护民间团体相当多的资助；同时，这些专业性的民间团体在遗产保护专业、知识咨询、公众遗产教育、知识普及方面发挥重要作用。一些文化遗产所有者也组成了协会，如英国遗产保护协会，其中的会员每年都会缴纳会费，作为历史建筑保护和维修费用。这些协会大多有志愿者为之工作，比如市民历史保护信托

---

①　本节一部分内容已经发表，详见：张崇，刘朝晖.遗产保护的"举国体制"与社会参与：从观念更新到行动逻辑[J].遗产与保护研究，2018(12)：35-39.

组织在全国大约有33万志愿者。①

日本在文化遗产保护上也是实行"举国体制"。不过在日本，文化遗产的所有者和管理者可以分开，遗产的保护和利用也会指定相应的主体负主要责任。正是因为文化遗产的所有者不一定是国家，文化遗产的所有者为了宣传其所拥有文化遗产的价值和重要性，同时也为了保护他们各自的合法权益，往往会组成财团或社团，积极进行信息交流和组织如遗产宣传和教育等活动。除此之外，一些非物质文化遗产保护协会也非常活跃，比如"狮子舞保护协会""丰桥鬼祭保存会"等民间性的文化遗产保护组织，普通的国民也可以参与这样的组织，真正做到了遗产的"活化"。②

意大利的遗产保护主要由政府相关部门制定遗产保护规章制度，并负责保护文物古迹，由私人和企业经营管理和利用这些古迹，在保护好的基础上发挥其作用。公众参与有效地促进了由政府主导的文化遗产保护。③政府与公众参与在文化遗产保护中形成了良好的互动，政府在重视吸引公众参与遗产社会教育、加强公众参与遗产保护法律建设、保障公众参与遗产保护渠道等方面的作用尤其突出。④

可见，上述国家的公众参与文化遗产保护至少有五个前提：一是文化遗产可以私有，即文化遗产保护的主体、管理者和使用者可分离，国家/政府不是唯一主体。文化遗产所有者为了自身的合法权益，往往会联合起来组成团体。二是专业人才主导，比如英国的民间社团大都由具有遗产专业知识和技能的人士构成，因此在遗产价值认定、遗产法律政策制定等方面具有话语权。三是普通大众的参

---

① 焦怡雪.英国历史文化遗产保护中的民间团体[J].规划师，2002(5)：79-82.
② 周星，周超.日本文化遗产保护的举国体制[J].文化遗产，2008(1)：133-143.
③ 阎宏斌.意大利的文物保护——中意合作文物保护培训班意大利考察报告[J].文物世界，2005(6)：57-59.
④ 张国超.意大利公众参与文化遗产保护的经验与启示[J].中国文物科学研究，2013(1)：43-46.

与，比如英国普通大众可以作为志愿者参与各个民间团体组织的活动；日本民众可以参加非物质文化遗产表演等活动，培养公众遗产意识。四是民间团体的作用显著，在遗产保护中上联政府，下通普通民众。民间社团通过成立基金会或者个人捐赠（无条件或者附带条件），可以组织更大规模的志愿者或普通民众参加的遗产宣传和教育等活动，提高公众的遗产意识。五是国家与民间团体、公众参与形成了良好的互动。国家在顶层设计层面对于文化遗产保护形成制度性框架设计，而民间团体和公众则在框架内发挥自身特色。

国外的这些遗产保护实践经验可以为我国的社会参与文化遗产实践提供一些经验。如焦怡雪从我国历史文化名城保护角度出发，提出政府要面对如此多的保护对象，在人力物力上难免顾此失彼，因此，在政府部门之外寻求其他社会力量的介入，来有效推进保护工作是我们面临的重要课题，我们可借鉴一些国家比如美国的非政府组织参与历史环境保护的观念和体系，为我国当下服务。[①]反观我国文化遗产保护中的公众参与现状，主要有如下特点：（1）遗产社团组织缺乏。即使是一些有组织性的社团，由于经济支持不稳定，也难以形成有效的合力，在文化遗产保护中发挥有利作用。一些普通大众确实以参加非物质文化遗产表演等活动的方式参与遗产保护，但是人数相对较少。（2）社会公众对于文化遗产的价值认识不够，缺乏遗产保护和利用的专业知识，因此在文化遗产价值认定和专业保护领域缺少话语权。其中具有遗产专业知识的专家学者，除非被政府邀请参与文化遗产保护实践，否则也没有多少机会参与文化遗产保护，而且具有遗产专业知识的专家学者没有组成相应的社团组织。（3）在我国的遗产保护中，政府处于遗产保护的主体性地位，遗产的所有权属于国家，社会公众和民间团体缺少话语权。这导致

---

① 焦怡雪. 美国历史环境保护中的非政府组织 [J]. 国外城市规划，2013(1)：59-63.

社会公众和民间团体大都觉得遗产保护是国家的事情，是集体的事情，同老百姓没有关系，直接导致他们的参与程度不高。

沈旭炜就京杭大运河（杭州段）的社会参与文化遗产保护进行了调查，发现实际的文化保护工作几乎全由地方政府包办，政府扮演着绝对主导的角色，而社会参与文化遗产保护的基础相对较差。这其中的原因有两个。一是我国的文化遗产保护制度就是一套自上而下的行政管理制度，有利于政府作为主体进行遗产保护和利用的社会实践。二是社会大众虽然有一定的文化遗产保护相关知识，但是缺乏系统训练，缺乏专业知识和技能，因此无法参与专业性保护；同时，志愿者组织独立运作发展的权限和能力有限，一部分有影响力的志愿者组织还是由政府部门牵头建立的或者直接由其下属事业单位管理。不过，沈旭炜经过调查发现，社会大众对于参与遗产保护的积极性比较高，这说明，公众有能够积极参与遗产保护的可能性和积极性。因此，开展以政府为主导，社会广泛参与的遗产保护活动是大有可为的。在国家政策层面，我国各级政府已认识到社会参与对文化遗产保护的重要性，如《中华人民共和国民族民间传统文化保护法》第3条：国家对民族民间文化保护实行"保护为主、抢救第一、合理利用、适度开发、政府主导、社会参与"的方针。2005年《国务院办公厅关于加强我国非物质文化遗产保护工作的建议》指出非遗保护工作的原则是"政府主导、社会参与、明确职责、形成合力；长远规划、分步实施、点面结合、讲求实效"。然而，即使如此，在实际的文化遗产保护和实践中，社会参与遗产保护的程度并不高。①

如何促进社会参与遗产实践话语建构？事实上，我国开展文化遗产保护近四十年来，国内学界多有学者就这一问题进行探讨，并

---

① 杨颉慧. 社会公众参与文化遗产保护的困境及路径 [J]. 殷都学刊，2014(3)：116-118.

提出在政府主导下建设多方面合力，发挥政府、学者、民众各自的作用，促进文化遗产保护。[①] 其中最基本的核心在于需要政府建立文化遗产保护的现代治理理念，使政府在遗产保护中不是"全能王"的角色，而是倡导多中心组织架构和协商合作机制，从而完善文化遗产保护社会参与模式，使社会公众参与文化遗产保护不再停留在政策规定上面。[②] 然而，这样的过程并非一蹴而就，需要在遗产教育和遗产政策上"双管齐下"，前者着力于社会对遗产概念和价值观的改变，后者旨在通过遗产保护实践，实现遗产利用的合理化和有效性。在吸纳社会公众力量、民间团体参与文化遗产的保护和利用的同时，政府要在宏观层面确保公众参与在文化遗产保护中发挥正向作用。政府也要对可能出现的问题进行预测，制定相关的政策法规作为解决问题的依据。在具体的遗产保护实践中，我们可以基于中国式遗产话语的"官/民结构"，从"公众参与"的视角，践行以下规则：

第一，培育一批社会团体或民间组织，赋予其文化遗产保护和利用的话语权，探索遗产保护和利用的所有权、管理权和使用权的多元化机制。譬如邀请公众、社会团体参与遗产申报、遗产价值认定的环节，共同制定相对共享的利益分配制度，将公众或社会团体作为遗产保护和利用的利益享有者。比如，汤晓青认为，在探索中国遗产实践中政府主导、社会广泛参与的遗产工作模式和官民之间的互动时，应与地方民俗文化精英保持良好的互动，重视他们在文化保护中的特殊角色以及对地方文化建设的重要影响，推进遗产保护工作和文化建设事业发展。[③]

---

① 段友文，郑月．"后申遗时代"非物质文化遗产保护的社会参与 [J]．文化遗产，2015(5)：1-10.
② 沈旭炜．文化遗产保护社会参与模式研究 [J]．浙江外国语学院学报，2017(6)：103-109.
③ 汤晓青．非物质文化遗产保护与传承中地方民俗精英的地位与作用 [J]．文化遗产研究（第四辑），2014(1)：3-14.

第二，鼓励和吸引社会资本参与到遗产保护和利用中来。一方面，社会资本可以弥补我国政府在文化遗产保护投入不足的问题，另一方面，社会资本的参与可以有效引导公众参与。但在具体实践中必须确保社会资本的"营利性"。社会资本的参与不是"纯公益"的，不仅是荣誉，也是一个长效性的、可持续性的遗产保护机制，把公益性和营利性结合起来。社会资本的参与可以起到舆论引导和宣传作用，形成"遗产保护，人人有责"的意识，走出"遗产保护，政府有责"的窘境。

第三，对文化遗产的申报、管理和市场化利用上，进一步探索和细化规则。譬如实行"预申报"制度，对于那些尚在申报过程中，或者还没纳入更高一级的遗产名录体系的文化遗产，规定"预申报"期间不能采取任何方式改变其原有形态和功能；又譬如实行分级制度，确定哪一类、哪一级遗产必须要保持原状，不能有任何改变，也不允许公众参与保护；哪些遗产公众可以参与保护，以及公众可参与的文化遗产该如何保护和利用。

第四，建立遗产利用的底线和红线制度。在具体利用方式上要明晰界限，确定哪些可以改变，哪些必须要保持原样。在政策上、体制上予以区分，对于可以在利用中适当改变的遗产，确定有哪些遗产本体价值不能够改变，哪些可以改变。不同的文化遗产，保护和利用的方式和手段各有不同，不能一刀切。公众参与，尤其是有组织的志愿者参与遗产实践或者社会资本参与遗产的利用，要有相关的配套政策等管理和约束。最根本的是遗产实践所有权和主体的问题。因为现在我国遗产实践的所有权和实践主体都是政府，遗产地所在的核心社区（core community）居民反而不太关心遗产的保护和利用，觉得和自身关系不大。以运河（杭州段）小河直街历史街区的保护为例，一些居民因为自己的房子属于古建筑遗产，所以连马桶坏了都要找政府帮忙修理。因此，如果想要明确遗产保护中政府和遗产所在地社区居民各自的职能和界限，就要有相关的条文政策来规定。

第五，适当让渡一些文化遗产的所有权或使用权。现代社会的遗产保护在城市更新、社区发展中发挥着越来越重要的作用，遗产保护不仅能够提升城市环境，也可以通过促进本地商业、休闲和旅游业发展，为促进当地经济发展带来动力，政府遗产管理或治理方式和相应的商业操作，会给遗址保护区域带来可见的物质性变化。适当让渡一些文化遗产的所有权或使用权，有助于当地社区和遗产保护和利用的可持续发展。因此，要在顶层设计上区分好遗产保护和利用的"公益性"和"营利性"的界限，对于遗产的利用要有一定的鼓励、引导和监督、评测政策和具体手段，对于遗产"公益性"和"营利性"不同方面的管理要施以不同的治理手段。目前已有一些城市已经在遗产的保护和治理上采取了实际行动，比如2005年1月1日，杭州市政府正式施行《杭州市历史文化街区和历史建筑保护办法》，鼓励国内外组织及个人购买或租赁历史建筑。根据办法规定，在不影响历史建筑保护的前提下，购买或租用者可以充分发挥它的使用功能。[①]

第六，要充分利用社区内的遗产地、博物馆、美术馆，以及社区内有关遗产保护的活动、事件等，加强社区居民的遗产素养培养和遗产知识教育。事实证明，遗产所在地的社区居民是可以通过遗产教育提升自身的遗产素养，从而能够身体力行地去参与遗产的保护和利用的。如在2009年1月8日，瓶窑镇西安寺陈法懋在参观良渚博物院后，将家藏的一件出土石钺上交到良渚博物院。他说："放在家里太可惜了，上交国家可以让更多的人观赏。"他捐献的石钺，宽14.6厘米，两侧肩高不等，一侧高15厘米，另一侧高16.3厘米，中

---

① 张乐，余靖静．杭州：蒋经国故居出租引发争议 [N]．新华每日电讯，2005-01-02(02)．
俞吉吉．茅以升故居变餐厅引热议 [N]．浙江日报，2016-02-18(06)．

部高17.8厘米，厚0.7厘米，孔径3厘米。石钺石质细腻，制作规整，为研究良渚文化遗址分布情况提供了重要依据。2009年1月20日，良渚博物院为陈法懋送去荣誉证书和奖金，以资奖励。陈法懋之所以有这样高的遗产素养，就是因为他参观博物馆后，受到了深刻的遗产教育，从而积极主动地把这件石钺捐献了出来。当他深刻意识到这样做的价值和意义的时候，他会变被动为主动。因此社会参与遗产保护和利用的社会实践是可以培养，可以通过遗产教育等方式实现的。在这方面，良渚博物院对于参观者的遗产教育比较成功。这也与博物院的设计理念有很大关系。王国平提出，良渚博物院被定位为"平民化的博物馆"，或者说得更准确一些，是一座具有"专业化"元素的平民化博物馆。良渚博物院做到雅俗共赏，做到"专家叫好，百姓叫座"。良渚博物院新馆的服务对象可分三个层面：一是大、中、小学生；二是中外游客；三是专业人士。博物院内部陈设方案在不同群体的需求之间找到一个最佳平衡点和最大"公约数"。这种把服务对象细分的方式，也颇值得推荐。尤其是青少年，作为未来遗产保护的主力军，培养他们的遗产保护意识有助于遗产保护的可持续性。①

政府是文化遗产保护的所有者，也是文化遗产保护和利用的主体，大众很少有机会参与到文化遗产保护和利用中来。文化遗产价值认定和遗产申报能够依靠政府的组织动员能力和资源调配能力实现；然而，在进入官方的遗产保护名录，成为被官方所认定的遗产之后，在遗产作为旅游资源被开发利用的阶段，旅游市场则起主导作用。因此，要缩小国家/政府与普通大众对于遗产的解读和认知误差，促成二者对于文化遗产认定的一致性，鼓励大众加入到文化

① WANG W, ZHANG Y, HAN J, et al. Developing teenagers' role consciousness as "World Heritage Guardians" [J]. *Journal of Cultural Heritage Management and Sustainable Development*, 2017, 7(2): 179-192.

遗产保护和利用中来，尤其是鼓励文化遗产所处社区参与文化遗产的保护和利用，从而使文化遗产的利用不仅仅是为了旅游产业开发，也是为了当地百姓谋福利，不仅仅是为当地社区百姓带来物质利益，也有利于文化遗产文化意义的活化和传承。

我国文化遗产保护和利用中，政府作为实践主体对于遗产保护具有积极意义。不过，在具体的实施操作层面，政府在遗产保护和利用中的主体性作用在不同的地方也有不同的表现形式，即在国家政府制定的文化遗产保护政策大框架下，不同地域、不同层级的地方政府，以及不同职能部门之间的协同合作程度不同，产生了不同的效益和结果。同时，我国的公众参与既是在国家/政府引导下的参与，也是社会公众主观能动性的实践过程。一方面，社会公众认同并依赖国家/政府在文化遗产保护中的主体性地位，愿意配合并参与相关的文化遗产保护实践；另一方面，我们可以借鉴国外公众参与文化遗产保护的经验，进一步厘清遗产管理权、经营权和所有权"有限让渡"的可能性和可行性，进而探索建立一套新的参与机制，促进公众主动地参与文化遗产保护。

从遗产的文化意义上来看，只要文化意义能够传递，那么遗产的真实性和完整性可以有所改变。基于此，史密斯甚至提出了"所有的文化遗产都是非物质性的"的观点。她认为，只要保护了文化遗产的社会价值和文化价值的延续性，在利用方式和功能上做合适的改变，未必不是一种文化遗产价值的更新。[1]要让收藏在禁宫里的文物、陈列在广阔大地上的遗产、书写在古籍里的文字都活起来。这实际就是提出了如何把文化遗产作为中国传统历史文化的重要载体，在当下的社会现实中重新利用的问题。我国素有"以故为新"的传统，我国的文化遗产种类繁多，其保护利用方式必然各不

---

① SMITH L. Intangible heritage: A challenge to the authorised heritage discourse?[J]. *Revista d'Etnologia de Catalunya*, 2015(5): 133-142.

相同，吸引公众参与到文化遗产的利用中来，将有利于以文化遗产为载体的中国传统文化进一步活化和有机更新。公众参与文化遗产保护，有利于转变其对于文化遗产保护与利用的认知。因此，如果想在此点上多下功夫，让文化遗产活起来，就要让更多的公众接受遗产、参与遗产保护工作，进而传播遗产，从而促进中国传统文化在当下人们生活实践中的转型，实践党的十九大报告中提出的"文化自信""文化的繁荣兴盛"以及中华民族的伟大复兴。

第七章　遗产的社会实践作为一种治理方式：发展话语与文化话语的融合

　　自从20世纪90年代开始，我国政府鼓励把文化视作地方发展的重要资源。然而，由于发展话语占主导地位，遗产作为文化的重要载体，被视为当地发展的一种障碍。20世纪90年代"旧城改造"运动就是很明显的例子，很多历史文化名城在城市更新中，历史街区建筑被成片地拆除，历史文化名城的景观遭到了严重的破坏。这种"建设性破坏"现象的背后，是因为地方政府没有找到处理遗产保护和地方发展话语二者关系的正确途径，没有形成对于遗产保护和地方建设关系的正确认识。

　　另外一种情况是过度地把遗产作为促进地方发展的工具，把文化理解为一种可以供商业无限利用的资源进行旅游产业开发，反而造成了对于遗产的破坏，如泰山岱顶等地滥建索道、定海被毁、"三孔水洗"等事件。最根本的原因是当地政府只是把世界文化遗产视为旅游资源的附庸，打着开拓旅游市场和发展地方经济的旗号进行开发。实际上，在21世纪初国务院就有这样的规定："风景名胜资源属国家所有，必须依法加以保护。各地区各部门不得以任何名义和方式出让或变相出让风景名胜资源及其景区土地。"虽然国家有这样的规定，但是落实到各个地方政府时结果却并非完全一致。因此，谢凝高早在21世纪初就多次提出，文化遗产不能完全等同于旅游资源。^①他认为，20世纪90年代以来，遗产地的人工化、商业化和城市化现象已经非常严重，旅游集团的掠夺性开发、法人的破坏性建设以及权力部门将遗产的所有权出让，成为遗产遭受破坏的主要原因。这背后的深层次原因是地方政府在文化政策上将公益性的国家遗产错误地定位为产业性、行业性的"旅游资源"，把旅游功能作为遗产唯一的利用方式，使遗产地成为旅游业发展的附属物，结果损害了世界遗产。在这样的情况下，遗产必须由国家直接管理，遗产保护的立法也是当务之急。谢凝高针对山东曲阜发生的"水洗三孔"事件，提出其背后的主要原因是地方政府只是把"三孔"视作旅游商品和旅游资源，从而轻易将世界遗产的管理权易手，并因此提出，要保护好我国的世界文化遗产，必须要由国家政府直接管理。

出现以上问题的原因，就是一些地方政府没有正确处理好遗产保护和利用中发展话语和文化话语的关系。2002年，党的十六大正式提出积极发展文化事业和文化产业，同时深化文化体制改革。其中，文化事业主要是公共的文化机构，包括义务教育，国家文化遗产的保护，图书馆、博物馆以及文化工作站的建设；文化产业主要是面向商业文化领域，鼓励私人资本进入，发展高等教育和职业教育、体育娱乐产业、音像制作、展览、表演产业和旅游业。^②2005年12月22日，国务院发布《国务院关于加强文化遗产保护工作的通知》，决定从2006年起，每年6月的第2个星期六为中国的"文化遗产日"。这说明国家对于文化遗产保护的重视。如今，十多年过去了，文化产业被地方政府视为强有力的资源，可以实现若干目标，比如解决贫困问题、工业化问题、提高财政收入，以及吸引投资等。对于我国地方政府的经济政策而言，文化发展成为了重要的热门

① 谢凝高.保护文化遗产难在哪里[N].人民日报，2001-02-13(12).
② WANG J. Culture as leisure and culture as capital [J]. *Positions*, 2001, 9(1): 69-104.

词汇。^①

正是在这样的背景下，文化遗产话语的进入使得地方政府意识到遗产作为文化经济发展的重要资源，其保护和利用完全可以与地方的经济发展结合起来，形成地方发展的合力，实现经济发展的目标。所以，遗产话语研究之所以在中国能以如此之快的速度展开，与中国的发展状况有着密不可分的关系。然而，如果不能够正确认识文化话语与经济话语和发展的关系，正确运用相应的文化政策，所达到的效果只能和预期设想背道而驰。本章第一节主要分析在我国的遗产保护和利用的社会实践中，如何从经济话语导向转为文化话语主导；第二节主要揭示我国遗产保护和利用的社会实践如何使发展话语和遗产保护话语融合；第三节以良渚古城遗址保护为案例，展示其如何破解发展话语和遗产保护话语的悖论。

第一节　从经济话语导向到文化话语主导

文化被认为是经济可持续发展的关键因素。文化经济(culture industry)的出现，表明在经济知识中出现了文化转向，经济产品的价值由于其中蕴含的文化象征或者文化特性而有显著的增加。^② 早在20世纪70年代，西方就开始利用文化资源促进城市的更新，制定文化政策的目标即是缓解城市的贫困、城市活力衰退等问题。基恩认为："国家政府发展基础的公众服务，比如电子通信、医疗卫生、教育，为文化发展提供了必要的基础，同时国家鼓励带附加值和知识为基础的产业发展，这才是文化发展成为可持续发展的重要模式。"^③ 发展

---

① OAKES T. Cultural strategies of development: Implications for village governance in China [J]. *The Pacific Review*, 2006, 19(1): 13-37.

② OAKES T. Cultural strategies of development: Implications for village governance in China [J]. *The Pacific Review*, 2006, 19(1): 13-37.

③ KEANE M. Bringing culture back in'[G] // HOWELL J. (ed.). *Governance in China*. Lanham, MD: Rowman & Littlefield, 2004: 82.

的文化策略，对于国家来说，是一个良好国家治理体系的关键因素。这种以促进城市发展为目的的文化政策，主要是从经济学角度出发，把文化视作经济发展的直接利用资本，包括：结合文化设施建设进行城市更新，结合文化活动的举办进行城市更新，以及结合文化产业发展进行城市更新。这种文化政策主导下的城市更新在改变城市形象、发展文化旅游、吸引投资和人才方面发挥着积极的作用，主要体现在：一方面，改变了城市的面貌和景观；另一方面，对于经济发展尤其是旅游经济发展有推动作用。

文化作为可以挖掘和市场化的资源，成为人们追逐经济利益的工具。文化的价值可以转变成为经济资本，成为文化发展的商业模型。[①]遗产作为文化的重要载体，其原真性与完整性或被曲解，或被误读，脱离了文化遗产所处的历史文化传统。如布鲁克曼研究中国一个乡村的旅游时发现，当地运用有关文化的历史知识和传统实践，利用地方的政治经济政策，将整个村子转变成文化产品，村民和政府官员都将文化视为可开发的资源，然而旅游公司只是选择了一些文化实践来创造这个村子里的历史叙事，而忽略了当地村民对于文化的理解，否定了当地村民对于旅游收益和未来旅游治理的能力。[②]

因此，虽然遗产可以成为文化产业、旅游发展的重要的资源，但是由于其作为文化载体、身份认同等内在属性，不能够完全等同于商业商品。比如，黄鹤在研究中发现，西方一些城市尽管使用文化政策进行城市更新，但是收效不大。他提出，要确保利用文化资源促进城市发展，城市治理者应该避免完全以经济利益为导向，对

① GOODMAN D. King Coal and Secretary Hu: Shanxi's third modernisation[M]// HENDRISCHKE H. (ed.). *The Political Economy of China's Provinces: Comparative and Competitive Advantage*. London & New York: Routledge, 1999.
GOODMAN D. Structuring local identity: Nation, province and county in Shanxi during the 1990s [J]. *China Quarterly*, 2002, 172: 837-862.

② BRUCKERMANN C. Trading on tradition: Tourism, ritual, and capitalism in a Chinese village [J]. *Modern China*, 2016, 42(2): 188-224.

于文化资源涸泽而渔式的开发；应该考虑到本地的文化特色和当地民众的文化需求。[1] 祁文斌针对中国的遗产保护和过度利用的现象，也指出："无节制的利用，一味地追逐经济效益必然导致遗产的人文破坏，乃至毁灭……世界遗产等自然或文化景观不是简单的商品，更不是聚宝盆。所谓文化搭台，经济唱戏，对遗产保护而言无异于舍本求末、涸泽而渔。"[2]

实际上，被列入《世界遗产名录》的遗产的保护，都面临来自遗产保护、经济发展和社会公平三方面的需求，这些需求有时相互冲突，充满矛盾。比如，在对遗产价值的认知上，就有来自国际层面、国家层面和地方层面不同的认知。[3] 因此，要平衡好这些需求之间的关系，需要对文化遗产、遗产所处的自然环境和当下社会之间的动态互动进行有效的监控和管理，遗产研究、遗产管理和政府治理三者之间要有效配合，才有可能处理好遗产保护、经济发展和社会公平三者的需求和潜在冲突。地方政府在贯彻国家文化遗产政策和地方落实过程中具有能动性作用。要研究如何把传统和世俗生活的文化景观物质化，使之变成物质性的存在，从而形成当地地方的身份和文化而实施地方治理。国家政府如何在经济上对地方放权，促进地方的经济和文化发展、地方身份和地方场所的形成，也是值得深入思考的问题。

制定文化政策是政府进行文化治理的重要方面。通过推动文化旅游产业促进地方的经济发展和现代化，是制定文化政策的主要目的。目前我国政府文化政策的制定偏向于宏观，但是在文化政策具体实施的过程中，关系到与微观，即与各个地方的具体情况相结合

[1] 黄鹤.文化政策主导下的城市更新——西方城市运用文化资源促进城市发展的相关经验和启示[J].国外城市规划，2006，21(1)：34-39.

[2] 祁文斌.世界遗产的"中国化"悖论[N].中华建筑报，2007-08-02(08).

[3] FLETCHER R, JOHNSON I, BRUCE E. et al. Living with heritage: Site monitoring and heritage values in Greater Angkor and the Angkor World Heritage Site, Cambodia [J]. *World Archaeology*, 2007, 39(3): 385-405.

的问题。国家层面的文化政策真正落实到地方的时候，涉及地方官员对于文化政策的理解、吸收和实际运用。而且，在微观层面执行过程中的难点就是如何在国家制定的遗产保护相关政策的总体框架之下，与当地的实际更好地结合，以更符合当地的实际情况。这个过程中可能会出现一些冲突和矛盾，这就需要地方政府考虑如何和上一级政府沟通，要有沟通、汇报、请示，把困难告诉上级，求得他们的理解、谅解或者许可。如果没有违背既有的宏观政策，可以直接按照政策操作；如果与现有的政策不符合，那么就需要地方政府出台一些文件，根据地方的实际情况，对国家的宏观政策进行解释或者与之协商。这个结合对于地方政府来说，并不容易把握。在国家、省、地方的不同层次，政府充分调动可以利用的遗产资源，将其作为地方区域文化的象征，促进当地的旅游产业发展和国家身份的形成。有些机构纯粹是执行上面的决策，速度快，效率高，但又可能与下级机构由于沟通协调不到位而有矛盾，或者不符合实际情况。因此，在实际的微观操作中，政府的尺度把握非常重要。文化政策带来了不同的社会利益相关群体之间的互动，关系到政府与个体、市中心与乡村郊区、当地居民与旅游者。这就存在利益相关者之间利益分配的问题。

以政府为主体的遗产实践，作为一种治理方式，最终的目的是人民的福祉，所以必然以人民的利益为重。地方政府在贯彻国家文化遗产政策和地方落实过程中具有能动性作用。这种能动性作用不是僵化地去执行国家相关的文化政策，而是真正根据地方的具体情况，在国家相关文化政策框架内有针对性地进行阐释、发挥和实践。国家在遗产保护的大战略上制定宏观规划，但是真正在实践中对于宏观战略有影响的，还是地方政府的执行程度。国家政府在经济上对地方的放权，促进了地方的经济和文化发展、地方身份和地方场所的形成。地方政府通过对文化遗产保护和利用的管理，调动基层社区以及社区居民的能动性，从而形成当地的身份和文化认同进行地方治理，同时能够保证国家的文化政策能够得到贯彻和执行。比如杭州市政府在发展梅家坞时制订的宏观规划战略是将梅家坞打造成江南茶文化村，但在梅家坞发展规划的具体实施上政府并没有多少干预，反而是梅家坞所在的村镇在梅家坞茶文化村建设，包括修路、公共基础设施的兴建、村里建筑统一成仿古的风格等许多具体实施上发挥了重要作用。而且，村民发展梅家坞茶文化村旅游的策略，也促使了政府相关政策形成和制定。杭州市政府在具体规划战略的实施上适度放权，主要依靠梅家坞村民自身的主动性和自发性完成。杭州市政府在文化治理过程中，能够调动各方面的资源共同编织了体现遗产话语和发展话语融合的权力的社会实践网络。① 当具体到遗产所在地区的每一个个体的时候，关系到政府与个体、市中心与乡村郊区、当地居民与旅游者的互动时，国家治理强调的多层次不同人群、来自不同的利益群体以及有不同宗教信仰的人群的互动，都是在国家相关文化政策底线所允许的范围内的互动。

　　如今，随着"遗产热"的出现，越来越多的地方政府已经意识到，传统历史街区是重要的文化资源，是推动地方社区发展的重要因素。"在保护中发展，在发展中保护"的理念也逐渐为更多地方政府所接受。② 在这样的过程中，运用地方的特色文化和遗产地的商业化发展，促进当地社会发展，带动旅游产业收入增加，这被认为是一种文化和遗产的活化利用的有效方式。文化政策的发展使地方政府在满足公众基本需求方面的能力得到了很大的改善，同时也成为基层百姓、社区居民、创业者和政府官员之间新的权力关系制

① CHAN S C. Cultural governance and place-making in Taiwan and China [J]. *The China Quarterly*, 2011, 206(206): 372-390.

② CHAN S C. Cultural governance and place-making in Taiwan and China [J]. *The China Quarterly*, 2011, 206(206): 372-390.

衡的领域。^① 不过，文化和文化遗产是我国地方政府重要的发展资源，但是绝不能够把文化和文化遗产仅仅理解为文化产品，只看到其物质性的一面和可以作为旅游资源进行开发利用的一面，更应该注意到文化和文化遗产与其所在的核心社区以及居民的日常生活世界紧密相连，这种联系有时看不见，也摸不着，更多地体现在凝聚社区人心、为社区居民提供一种精神和心灵层面的归属感（sense of belonging）、安全感（sense of security），有助于社区传统和历史文脉的延续等方面，是一种社区精神（community spirit）。因此，要从更加深入的角度理解文化，而不是用单纯的工具理性思维，把文化仅仅理解为促进经济发展或者保护物质性遗产的工具。只有理解了文化的意义，才能够更好地治理地方社会，满足当下人们的物质生活需求和精神心理需要，实现物质与精神文明的"双赢"。

第二节　遗产保护话语与经济话语的融合

在我国的城镇化建设过程中，特别是对于那些要在传统老城基础上建设新城的城市来说，遗产保护和利用与经济发展曾被认为是一对矛盾。因为要进行文化遗产保护，就意味着要保留传统的城市建筑和格局，就不能进行经济发展，不能拆老城、建新城，尤其是不能进行房地产开发。这种把遗产保护和经济发展视为矛盾体的视角，在世界其他国家也曾出现。究其原因，其实是遗产保护话语和经济话语之间的冲突问题。从遗产保护话语与经济话语的学理上看，最初的遗产保护，只是保护遗产本身，并没有把遗产看作是当地社会发展的复杂综合体的一部分。在此种遗产保护的视角下，人们只注重保护遗产本身的价值，比如遗产建筑本身以及承载的历史、遗

---

① OAKES T. Cultural strategies of development: implications for village governance in China [J]. *The Pacific Review*, 2006, 19(1): 13-37.

产场所的价值，忽视了遗产的历史、相关的历史事件、历史人物对于一个文化群体的文化或者象征价值、认同价值、美学价值（比如美丽、神圣或者有艺术感）。然而，梅森认为，经济话语和遗产保护话语相比，有不同的基本立场。对于经济学家而言，他们会首先将遗产保护作为市场中的一种现象，一系列的产品和服务，用一定的数字、价格来衡量。但是遗产保护话语则认为遗产是无价的，因此不能用经济的分析来衡量。遗产保护话语和经济话语一旦对立，视对方为水火，遗产保护的活化和利用与经济发展势必要成为一对矛盾体。因此，将遗产保护话语和经济话语相对立是万万不可取的。梅森提出，经济学思维并不等同于商业思维。提到经济学，人们应该思考的是遗产保护对于社会的好处应该体现在哪些方面，以及为何遗产保护有益于整个社会。经济学（economics）与文化（culture）之间有密切的关系，而且建立了道德经济和数字经济之间的桥梁，因此应注重经济学话语、方法和文化以及文化遗产领域之间如何密切接触的研究，比如经济学概念如何与遗产保护中的专业技术型话语结合，如何衡量具体遗产保护实践中的金钱的价值，如何平衡经济话语与遗产保护话语，等等。[①]

从遗产保护专业人士的角度看，许多遗产政策的制定、管理的细节都由经济话语所决定，因此经济话语对于遗产保护具有威胁性，二者不相容。然而，无论是在全球化语境中还是从我国的社会现实来看，讲求经济发展、社区发展的可持续性，市场必然占主导地位，在遗产保护的规划、管理和政策制定框架中，为了遗产实践本身的可持续性，不考虑相应的经济价值，是站不住脚的。但是，如果遗产被过度活化利用、过度商业化，也不可取。总而言之，遗产保护的社会实践有必要进行适当的经济考量，重点是如何在遗产保护实

---

① MASON R. Be interested and beware: Joining economic valuation and heritage conservation[J]. *International Journal of Heritage Studies*, 2008, 14(4): 303-318.

践中进行适当的经济发展，考虑到适当的经济价值，关键是怎么平衡、落实遗产保护实践中的经济话语和保护遗产本体价值的话语。

从现在的社会现实看，遗产保护与经济发展不应该成为矛盾，遗产保护中的经济思维可以使遗产保护程度更加深入；而且，要促使遗产保护融入更加宽泛的社会进程，经济话语可以提供非常好的契机。把遗产保护与经济发展联系起来，才能更加有效地促进遗产的可持续保护和地方社会的可持续发展。遗产保护是实现其他社会功能的手段，如对于地方的归属感(sense of place)、可持续发展、文化多样性、旅游产业发展等。遗产保护不只聚焦遗产保护实践本身，而应该与更加宽泛的社会发展进程联系起来，作为社会转型的一大重要因素。从经济话语来看，世界各国日益重视把遗产话语与经济理念、价值观、目标联系起来，遗产保护与人们的日常生活实践联系更加紧密，成为地方经济发展和社区复兴的重要因素。①

而且，遗产所在地正是因为有了遗产的存在，才有可能发展起来。因此，要正视遗产作为重要的文化资源可以促进遗产所在社区的发展这一社会现实。梅森认为，遗产所在地的价值包括遗产的本体价值、经济价值、社会价值和环境价值。其中，本体价值是遗产所在地之所以成为遗产被保护起来的最根本的原因，而遗产地所具有的经济价值、社会价值和环境价值是可以利用的遗产价值。首先，遗产地价值在于其文化价值，即其承载的历史，以及相关的历史事件、人物，因此遗产地具有文化或者象征的价值，代表某一个文化群体的认同，或许遗产地还具有美学价值。以上这些文化价值相互交织，互相重叠，是遗产地本身值得保护的核心原因。遗产的文化价值是不可以利用的价值，这种价值在市场上不存在，无法用价格来衡量，比如建筑的美学价值，是无法在市场上进行交易的。遗产

---

① MASON R. Be interested and beware: Joining economic valuation and heritage conservation[J]. *International Journal of Heritage Studies*, 2008, 14(4): 303-318.

地在当代的价值，比如经济价值、社会价值、环境价值，是遗产可以利用的价值，具体指在市场上客户可以交换、交易的明码标价的价值，比如在房地产交易市场中房屋建筑的价值。社会价值是指遗产地为社会大众所使用的方式，这种社会价值不包括其遗产价值，比如遗产所在地作为音乐会的举行场所，或者野餐的场所。环境价值指的是场所的自然景观，或者在整个生态系统中的价值，比如，遗产所在地是一条山间小溪的一部分，或者是一处森林的边缘。总之，这些当代的价值在遗产保护和发展中具有突出的地位，这些价值通常（但不一定必须）和遗产的历史、文化价值具有直接的联系。

梅森在研究中指出对于某一遗产地的价值，有两个鲜明的观点，一是遗产地的历史价值或文化价值，二是遗产地的历史价值和当代价值同时存在，有时二者是互为竞争的关系。设想一处城市社区面临重新开发的威胁，或者是一处考古遗址点面临着成为农业或者城市用地的危险，在这类情况下，历史价值和当代价值会互相交错。两者间错综复杂的关系体现在两个方面：首先体现在遗产经济学上的价值，用具体的数字、价格来体现，经济学关注遗产地的真正和潜在的价值，文化价值关注的是遗产地是否具有意义；其次，遗产地的经济价值源于市场中个体化的、可通过交易而带来的利益和利润，文化价值则体现在集体或个体中，经济价值是遗产地价值的一个方面，不应该与遗产地其他的价值相隔离。

遗产保护既对公众有益，对于私人个体也是有益的，也就是说，遗产保护既有可以利用的市场价值或经济学价值，也有超越市场价值的文化价值或历史价值。其中文化价值或历史价值不能够进行商业开发利用，比如遗产所象征的民族自豪感、社区归属感等价值，是无形的遗产价值，是无法用经济学价值或价格来衡量的。对于遗产文化价值的叙述，以及对于遗产文化价值"无价"的认定，与遗产的经济学价值互为抵触。因此，经济学家的方法是无法被应用到遗产本体的文化价值或历史价值的保护中的。在遗产保护的话语实践中，遗产保护专家强调要保护的是遗产的无价的文化价值，比如遗产所承载的历史记忆、修复的物质遗产、遗产文化等。由于遗产保护的专业人士或者一些社会大众不愿意承认遗产具有经济价值，认为如果从经济学视角来看待遗产就是对遗产的不尊重或亵渎，因此要保护遗产就不能谈经济利益，这种思想也造成了遗产保护的专业人士只是注重保护遗产本体价值本身，而忽视或者不屑于介入遗产保护之后的活化利用问题。因此，遗产的活化利用大多由不懂遗产保护的外行人来做，最后拍板遗产保护和利用的政策制定者是政治家、官员、投资商、遗产所有者以及其他非遗产专业人员，这样反而造成了遗产活化利用中的许多误区，比如缺乏专业性知识的遗产利用方式造成了对遗产本体的破坏，遗产文化价值或历史价值被商业化利用后，伤害了遗产所在地居民对于遗产的情感（affective emotion）。[1]

遗产的文化价值对于遗产保护提倡者来说至关重要，但是并非对每一个人都是最重要的。遗产地的经济和文化价值联系紧密，经济动机和价值是大多社会公众，尤其是遗产所在社区居民愿意进行遗产保护的原因，比如旅游业发展提升了文化价值，而且在提升文化价值的过程中将文化价值转换为经济价值。正因为如此，梅森提出，遗产保护中的政治支持和财政支持都是连带的。遗产保护在大多数的经济、商业和经济发展话语中是一个被边缘化的领域。一小部分经济学家把文化活动作为一种文化现象，他们被称为文化经济学者，然而，遗产保护被认为是一种营销失败。在遗产保护中，我们必须要考虑到遗产的经济价值，而不能单纯从文化价值的角度来看文化遗产，尽管我们愿意基于无法量化的文化价值相信其会为社

---

① MASON R. Be interested and beware: joining economic valuation and heritage conservation [J]. *International Journal of Heritage Studies*, 2008, 14(4): 303-318.

会带来福祉，而且文化价值在学术界和遗产保护的社会学领域至关重要。我们需要做出明智的、富有活力的、透明的决定，来考虑遗产在社会中的使用，在经济和商业领域的利用。①

第三节 破解遗产保护与发展难题：以良渚古城遗址的社会实践为例

上节所讨论的内容主要是遗产保护和经济发展的学理性问题，反观我国遗产保护的历史进程，可以看到，对于遗产本体的文化价值或历史价值的保护，与遗产所在地的经济学价值之间的认知，直接影响到地方政府所采取的治理策略和实践。

如今，回过头来看我国的一些城市将遗产保护和经济发展对立起来，有其深刻的历史原因。"文化大革命"时期的"破四旧"等运动虽然已经结束，但是"知识界和政府官员习惯受政治意识形态的影响，对人类历史上创造的任何文化现象，不是科学地探究其合理性和规律性，而只习惯于简单地以进步或落后、有益或有害、好或坏等政治概念和二元对立的方法论给予判决"②。这就导致虽然早在20世纪80年代就已经提出要保护文化遗产，但是由于人们理论准备严重不足，因此在具体实践上并没有形成"文化自觉"，在经济发展话语下破坏文化遗产的行为数不胜数。③ 20世纪八九十年代全国兴起的"旧城改造"运动背后的思维方式，就是认为传统的城镇景观是城镇化进程的阻碍，因此要拆老城，建新城。可见，即使历史文化名城制度确立，人们的思维方式和城市建设模式的认知依然停留在"旧城改造"运动上。例如衢州虽然于1994年被评为国家历史文化名城，

---

① MASON R. Be interested and beware: joining economic valuation and heritage conservation [J]. *International Journal of Heritage Studies*, 2008, 14(4): 303-318.
② 刘锡诚. 非物质文化遗产的文化性质问题 [J]. 西北民族研究，2005(1)：131.
③ 单霁翔. 城市文化遗产保护与文化城市建设 [J]. 城市规划，2007(5)：9-23.

但是拆老城的脚步即使在21世纪的前十多年仍然没有停止。2005年，陈立旭提出："我们正处在一个'危险期'之中。"[1] 高路认为："新中国成立以来，我国城市中传承着城市文脉的历史古建筑和遗迹受到三次严重破坏，第一次是解放初期到大炼钢铁时期，第二次是'文化大革命'时期，第三次是改革开放之后，借'改造旧城，消灭危房'等动人口号，使某些城市的历史建筑、城市风貌遭受了灭绝性的毁坏。"[2] 单霁翔认为："目前，我国正处在一个经济迅猛发展，现代化、城市化日新月异的时期，城市各类房屋和基础设施的建设正以空前的规模和速度展开。在这个时期，一方面，经济建设与文化遗产保护之间的矛盾异常突出。另一方面，社会上存在着忽视文化遗产保护的倾向。一些城市决策者，或出于片面地追求现代化速度，或迫切地积累任职的政绩，或只盯住眼前的经济利益，将成片的历史城区交由房地产开发商进行改造。他们对自己城市中的文化遗产价值和保存状况大多一无所知，甚至无暇加以了解。大规模的旧城改造、过度商业化的运作、大拆大建的开发方式，往往造成传统空间、生活肌理及其历史文脉的割裂，导致城市记忆的消失。"[3]

现如今，在国家政策层面以及地方政府官员的认知层面，已经认识到遗产的保护和利用与经济发展之间并不存在矛盾，二者可以和谐共同发展。这也说明，当对遗产、对我国的历史文化传统的认知视角发生改变时，人们已经开始意识到城市建设可以以一种不同于"旧城改造"的模式铺展开来。然而，真正落实在遗产实践上，还是有一些问题。如笔者采访的浙江青田油竹下村就面临这样的问题：一方面希望能够保护侨乡传统村落景观；一方面又缺乏相应的资金。除此之外，当地还需要发展经济。于是当地镇政府希望通过

---

[1] 陈立旭. 历史文化遗产处于危险期 [N/OL]. 学习时报，2005-07-20[2019-03-15] .http://sientechina.china.com.cn/chinese/zhuanti/xxsb/586064.htm.

[2] 高路. 城市"形象工程"遭遇8大"盲目症"[N]. 中国文化报，2005-10-11(03).

[3] 单霁翔. 城市文化遗产保护与文化城市建设[J]. 城市规划，2007(5)：16.

政府做地、企业做房的方式解决资金问题，同时为当地政府带来财政收入。然而当地的地理特点就是"九山半水半分田"，土地资源很稀缺，于是政府希望卖一部分传统文化村落景观的地，只保留原有村落的一半景观。这个矛盾的根源在于，虽然政府需要在遗产实践中发挥主体性作用，但是较少考虑到如何发挥主体性作用，如何与遗产专家、研究学者和当地社区居民之间进行互动。为何在人们已经认识到经济发展话语与遗产保护话语可以并行不悖之时，依然会有在具体实践中的困惑？或许梅森的研究可以给我们提供一些启示，他从遗产保护领域的视角讨论经济话语和遗产保护话语的差别，检视有关经济的讨论在遗产保护中实施的原因和步骤；然而他发现，在具体的遗产保护中，运用何种策略把遗产保护与经济发展联系起来，如何把经济话语作为遗产保护实践的重要组成部分，一方面讲究策略，一方面需要经验的积累，并没有形成一个确定的可以重复性操作的程序或者指南。① 因此，这就需要各级政府作为遗产保护和利用的实践主体，根据遗产地的具体情况，综合遗产专家学者和遗产所在地社区居民的建议，做出对各个利益相关群体有益的决策和措施。在这方面，杭州市余杭区良渚遗址的保护实践无疑提供了非常好的"良渚模式"②：即政府发挥主体性作用，遗产专家利用专业知识开展对遗产本体的保护，规划专家对于遗址保护规划以及城镇规划的设计，以及当地社区居民的参与之间的良性互动，即坚持规划、保护、建设、管理、经营、研究"六位一体"，从单纯遗产本体的管理到遗产所在地的地方空间治理，从而破解了遗产保护与发展的实践悖论。

　　良渚遗址保护实践独特的保护模式既有效保护了良渚遗址本身，

---

① MASON R. Be interested and beware: Joining economic valuation and heritage conservation [J]. *International Journal of Heritage Studies*, 2008, 14(4): 303-318.

② 赵夏. 良渚遗址保护利用的特点分析 [J]. 国际文化管理，2016(4)：163-173.

也从地方整体治理的角度确保了良渚遗址所在地方的发展。可以说，遗产保护实践的"良渚模式"完全融入地方发展的社会进程，取得了遗产保护和地方发展的双赢，这一效果也是联合国教科文组织一直以来提倡的遗产保护的可持续发展要达到的最终目标。

从广义上说，文化遗产包括可移动的、不可移动的，有形的、无形的遗产，这些遗产具有重要的历史、艺术、科学、社会、经济和文化价值。文化遗产的动产包括纪念碑、建筑、历史整体（如历史街区）、艺术品、手工艺品、档案、文艺作品、民俗文化遗产、考古遗存，以及非物质遗产，包括口述历史传统、口头语言和民歌。文化遗产对于遗产所在国家和社区具有重要价值，对于国家和社区自豪感、内部的凝聚力具有重要作用。遗产是环境保护、社会经济发展、当地社区的可持续发展等的重要推手，是经济、商业、环境和国家地区发展的重要动力。文化遗产与可持续发展的关系体现在三方面：遗产的经济价值，即遗产的商业性特征使之可产生巨大的经济价值；文化遗产所承载的历史和社会文化是遗产的社会价值；同时遗产所处的环境也会影响遗产的保护和利用，比如可能会造成物质遗产的自然性腐蚀、风化等。作为遗产保护和利用的实践主体，各级政府中相关的遗产实践者们所具有的文化素养、遗产知识以及历史价值观对于遗产保护和利用的实践具有决定性作用。[①] 因此，在遗产保护的初始阶段，就应该有一个长远的、全面的、整体的规划和视野，以确保遗产本体保护和遗产所在地方的可持续发展。

什么是可持续发展？在麦卡恩看来，可持续发展没有全球标准的定义，因此也缺乏可以统一遵循的可持续发展实践措施和步骤，这意味着很难设定可持续发展的经济、环境和社会三个维度，而且，

---

① LANDORF C. A framework for sustainable heritage management: A study of UK industrial heritage sites [J]. *International Journal of Heritage Studies*, 2009, 15(6): 494-510.

很难决定哪个维度为最优先。① 同时，这三个维度也很难整合在一起成为一个整体。由于影响解决社会问题的资源很分散，这就造成解决问题的资源很难集中在一起，也就是说，任何变化都是循序渐进的，需要涉及各方面因素。② 可持续发展有两大重要的目标：第一，要有长期性的、前瞻性的、全面性的发展规划；第二，多方利益相关者的参与和授权。③

可持续发展中的社会的维度包括三个方面：首先，由于社会问题层出不穷，变化万千，因此，整体性的规划过程就提供了必要的方法论框架，有助于领导者定义社会问题，建立合法的利益相关者。因为要把决策对于未来的影响以及多方的环境影响因素都考虑进去，因此长期性的和全面的规划过程需要适应环境的动态变化。第二，分散的资源也会影响到社会问题，利益相关主体的参与会提供一个机制，以便获得对于社会问题的全面理解，并且能够协商出一个集体性的目标。利益相关主体的授权对于长期的可持续发展的变化也是至关重要的。第三，缺乏有效的、清晰的管理主体以及合理的协调机制，协同合作的各方在理论上就需要提供必要的协同机构和协同机制以利于各种干预的实施。④

从良渚遗产保护的经验来看，政府作为遗产实践的主体，确保了遗产保护在社会效益、经济发展和环境保护三个维度的整体性、系统性，并且整合社会各个方面的资源，协调各个因素，实现了当地社会的可持续发展。在20世纪90年代，遗产保护和地方发展被地

---

① MCCANN J. E. Design guidelines for social problem-solving [J]. *The Journal of Applied Behavioral Science*, 1983, 19(2): 177-192.

② LANDORF C. A framework for sustainable heritage management: A study of UK industrial heritage sites [J]. *International Journal of Heritage Studies*, 2009, 15(6): 494-510.

③ LANDORF C. A framework for sustainable heritage management: A study of UK industrial heritage sites [J]. *International Journal of Heritage Studies*, 2009, 15(6): 494-510.

④ MCCANN J E. Design guidelines for social problem-solving [J]. T*he Journal of Applied Behavioral Science*, 1983, 19(2): 177-192.

方政府视为一对矛盾体。这个观点十分明显地体现在历史文化名城的保护和发展中。当时普遍的做法是"拆老城、建新城"，而要保护历史文化名城，就意味着老城不能拆，也就是无法建设新城。在这样的思维定式下，遗产保护和地方发展成为了矛盾体。遗产保护变成了一种被动的、被迫的保护。20世纪80年代末到90年代，良渚遗址的保护与当地的发展之间面临着比较突出的矛盾。当地人甚至批评政府为了遗址的保护而不顾遗址所在地的人们的现实生活。良渚遗址所在的瓶窑和良渚地处杭州北部，是余杭区的中心腹地，地理位置优越、交通发达、人口密集、基础设施完备，是海内外投资商的投资热点地区。由于良渚遗址的保护非常严格，当地政府关闭了采石场，禁止人们开山取石；为了保护良渚遗址，有不少项目不能引进，不少企业不能扩大，不少基础设施不能改善，甚至连找上门的项目都不敢接受，导致当地居民只能从事传统的农业生产，造成当地的经济发展水平与周边地区的差距越来越大，人们的物质生活水平也不高，确实在一定程度上制约了经济和社会事业的发展，干部群众反应强烈。还有当地农民的建房问题，由于地处良渚遗址区内，不能轻易通过建房申请审批。比如安溪上溪村农民张祖根，于1997年下半年申请在原旧房址上翻盖新房，直到1999年初才批复不准盖，鉴于当时他家盖新房娶媳妇的特殊情况，镇里就另安排他一块地基建房。这种情况在安溪一带较为普遍。因此，保护与建设、保护与群众利益的矛盾在当时是一个客观存在的现实，是围绕余杭区、良渚镇和瓶窑镇两级政府的一个难题，也是经济发达、人口稠密地区大遗址保护开发尚未取得突破的一个原因。

不过，随着人们遗产素养的提高，公众意识到遗产完全可以作为地方发展的重要资源加以利用，遗产不但不会成为地方发展的阻碍，相反，还可以促进地方财政收入增加。于是，越来越多的遗产保护由原来的消极保护变为积极保护。从2000年到2002年，由于盗挖遗址文物的犯罪活动屡禁不止，良渚文化遗址的安全受到极大威胁。同时，采石场的无序开采不但威胁着良渚遗址的安全，也破坏了良渚遗址的周边环境和生态。自1996年以来，共发生盗挖案件53起，形成127个盗洞。其中，仅1998年，反山遗址内就发生盗挖案件19起。日益增多的盗挖活动，不仅使地下文物大量流失，而且严重破坏了与文物伴生的种种文化信息，给今后深入研究良渚文化遗址带来了不可弥补的损失。采石场的无序开挖严重威胁良渚文化遗址的安全。2000年，从瓶窑到安溪共有23家采石场在开山取石，大的年产数百万吨，小的也有几十万吨。瑶山遗址是良渚文化遗址中一处规格很大的遗址。国家文物局曾经建议在紧挨遗址的凤凰山顶建一观景台来开发旅游项目，但该制高点在动议提出不到两年的时间内就被炸去一半。大规模炸山取石不仅破坏了遗址和生态，也造成了严重的环境污染。另外，城乡建设和工业建设不断加快，各种用地取土的剧烈增加，不仅破坏、蚕食遗址本体，而且加速了遗址群景观的蜕变。对此，杭州市政府想办法"开前门堵后门"，时任杭州市市长王国平说：

> 如果光是堵后门，不开前门，不让老百姓有一个出路的话，他始终要跟你对着干，而且会想出各种各样的办法来，他就会想尽各种办法来对付你，那这个问题就难办了。合理利用的意思，就是要把后门一定要堵住，石头经济一定要停下来，盗挖要严惩不贷；但是也要给百姓一个出路，让他怎么去发展经济，改善社会，让百姓也能够富起来，给他们一条出路。这其中的度要把握好，这是开发的前提和目的，利用的目的是为了保护地更好，能够千秋万代永放光芒。（基于2004年3月时任中国浙江省委常委、杭州市委书记、杭州市人大常委会主任王国平在良渚遗址调研时的讲话）

当地政府把"保护为了人民、保护依靠人民、保护成果由人民共享、保护成效让人民检验"作为大遗址保护的根本出发点和落脚点，在大遗址保护中改善居民的生产生活条件，帮助居民扩大就业、增加收入，让居民真正成为大遗址保护的最大受益者，实现大遗址保护与提高居民生活品质的"双赢"。

首先，在做好遗产本体价值的保护的前提下[①]，为了赢得当地社区居民对于大遗址保护的支持，余杭区建立了大遗址保护的补偿机制，从新城区土地出让毛收入中拿出10%，反哺良渚遗址保护，多年来累计投入数十亿元。当地政府每年还安排近1000万元资金，以奖代补，鼓励各村社开展遗址保护。[②]建立文物保护补偿经费，弥补了基层组织在文物保护中失去的发展机会成本及经济成本，提高了基层政府组织及民众在保护文物中的主动性。目前，此项制度为全国首创，为全国大遗址保护提供了一个解决文物保护与经济发展矛盾的思路，弥补了全国在文物保护政策中文物保护补偿方面的空白。

第二，发展旅游经济、文化产业和没有污染的产业，有利于解决当地农民致富和劳动力分流问题，有利于发掘和弘扬良渚文化。从提升良渚遗址的旅游价值入手，合理利用良渚遗址。2003年，良渚博物院新馆建成，除了运用传统的文物展示、场景营造等陈列方式外，还采用了多媒体、4D影院等现代科技手段，室内展示与室外体验相结合，成为良渚文化和良渚遗址对外宣传展示的重要窗口和平台。

第三，解决遗址保护区内农户的建房难题。按照《良渚遗址保

---

① 遗址区核心区范围内，政府真正做到了以保护为前提，社区发展让位给遗址保护的工作。2007年11月29日，浙江省文物局与杭州市政府联合宣布，发现了良渚古城遗址。12月5日，浙江省杭州市余杭区委、区政府决定，对于新发现的良渚古城内以及城墙遗址上的新报建设项目，一律不予审批；对已经批准未建的项目做好说服清退工作。岳德亮. 新报建设项目一律不批　浙江余杭力保良渚古城 [N]. 人民日报，2007-12-06（11）.

② 余杭守好宝地有甜头 [N]. 人民日报，2018-05-04(01).

护总体规划》和《杭州良渚遗址保护管理条例》的相关要求，对遗址保护区内的农户建房行为要实行严格的控制和管理制度，避免对遗址本体及其历史环境造成破坏。制定完善遗址区农居点建设规划，在一般保护区安排一定的农居点。对重点保护区内覆压重要遗址本体的农户实行逐步搬迁，在一般保护区或遗址保护区外围进行安置；对重点保护区外部覆压重要遗址本体的农户实行整治为主、搬迁为辅的方法，严格执行原面积、原高度的标准进行整治，并对建筑式样进行引导。

充分尊重遗址区百姓的意见，在重点保护区内对遵守规划、愿意搬迁的农户给予一定的资金补助；在一般保护区内对不愿搬迁的农户，引导其发展民宿经济，让遗址区百姓享受申遗的成果。区政府对遗址区内外新农居点选址、农户的拆迁安置、整治资金补助与奖励等出台专门的政策，指导良渚遗址区块更好地开展拆迁安置工作。

良渚遗址所在地杭州市余杭区的政府采取了"积极保护"的遗产社会实践。所谓积极保护，就是以保护为目的，以利用为手段，通过适度合理的利用来实现真正的保护，在保护和利用之间找到一个最佳平衡点和最大"公约数"，形成保护与利用的良性循环，实现生态效益、社会效益、经济效益的最大化、最优化。

首先，良渚遗址保护的主体即余杭区政府在制定良渚遗址的战略性规划时，不光考虑到保护遗址本体价值，更是把遗址保护与当地社区的可持续性发展联系起来，把良渚遗址保护规划纳入余杭区、杭州市乃至浙江省地方发展的总体规划框架之内。

第二，良渚遗址保护，不光是地方政府发挥主体性作用，还应在地方政府的统筹规划下，吸纳社会各个方面的资源，鼓励和培育公众参与遗址保护和地方发展的民众基础，培育具有遗产素养的地方居民。在对资源的可持续的利用上面，多样化的利益相关主体有意识地参与到政策制定的过程中来，也是实现可持续发展的一个重要的一方面。从遗产角度来看，遗产的可持续发展需要各个利益相关主体的共同的参与，因此，利益相关主体需要提高商谈的能力，需要考虑到专家的作用在解锁合作时间中的有效性，考虑到加强合作中文化因素所占的比重。①

第三，组建有效的权责明确的遗产管理主体，即良渚管委会，负责协调管理良渚遗址保护、管理等各方面与遗址保护和地方发展相关方面。设立的良渚管委会在解决良渚古城遗址保护相关问题上，发挥了积极的统筹协调、管理治理的作用。社会问题的解决需要一个清晰的、确定的权威，这样来自任何方面的对于社会问题的干预都需要新的机构安排才能够解决。从可持续发展方面看，比如气候变化和环境恶化需要全新的公共、私人和第三方机构参与治理、管理和合作，但是缺乏一个清晰的、确定的权威机构进行协调统筹和安排。与此同时，对于遗产所在地资源的使用，既要考虑到当下人们的需求，又要考虑到资源的可持续性，即为子孙后代留下可以使用的资源，也就是遗产使用的代内公平和代际公平的问题。②

确立良渚管委会作为良渚遗址保护实践的主体的地位，既有具体的政策的支持，又有长期的、全面的战略性规划做保障。所谓战略性规划是从长远的目标出发，要求对于各种环境形势影响的全面考虑，以目标为导向，能够考虑到各种互相矛盾的目标的多样性。战略性规划过程建立了可持续发展必要的可信性和评估体系。最后，战略性规划所采用的因果循环的模式，有助于促进以未来发展目标为导向的代内和代际的公平。良渚遗址的文化价值和经济学价值都实现了可持续发展。良渚管委会有效地把遗产所在地范围内的资源

---

① LANDORF C. A framework for sustainable heritage management: A study of UK industrial heritage sites [J]. *International Journal of Heritage Studies*, 2009, 15(6): 494-510.

② LANDORF C. A framework for sustainable heritage management: A study of UK industrial heritage sites [J]. *International Journal of Heritage Studies*, 2009, 15(6): 494-510. 代内公平 (intragenerational equity) 是指处于同一代的人们对来自资源开发以及享受清洁和健康的环境这两方面的利益都有同样的权利。

做了比较好的统筹和协调，因此，能够有效地保护遗产，实现遗产保护三个维度的目标，有效地解决经济、环境和社会三个维度的遗产保护与可持续发展问题。①相比较之下，京杭大运河作为世界文化遗产，涉及河道管理、环境保护、水运交通安全管理、遗产保护、公共航运、旅游等部门，但是却缺乏一个确定的清晰的管理主体。因此一旦出现问题，只能由杭州市政府出面，请各个部门进行协调和磋商。这是因为运河作为线性遗产，跨越北京、天津、河北、山东、江苏和浙江六个省和直辖市，不像良渚遗址只是属于余杭区范围内的遗产。因此，良渚管理区管委会这样的机构设置，有效地保证了良渚遗址保护和地方发展的可持续性。

第四节 遗产实践是我国政府进行文化治理的一种方式

当下我国的文化遗产实践，是以文化遗产为主要话语，进行当地社区文化治理的社会实践。文化遗产作为一种社会话语实践（social discursive practice），亦是一种社会治理，尤其是文化治理的方式。如在西湖、京杭大运河还没有成为世界文化遗产之前，在中国的"遗产热"还没有像现在这样如火如荼之前，西湖、京杭大运河的治理，是基于杭州市政府治理者朴素的文化素养和城市治理的宏观眼光而进行的。而当城市治理者能够意识到文化遗产话语与当地的城市治理能够有非常好的结合，能够助力城市治理，为当地社会发展和人民带来经济利益和社会效益的时候，他们毫不犹豫地将文化遗产实践纳入城市治理的框架。这有利于地方政府运用遗产这一话语，将城市景观纳入治理范围，从而影响到生活在城市景观中人们的生活方式、思想观念和社会风俗，从而达到治理地方社会的目的。

---

① LANDORF C. A framework for sustainable heritage management: A study of UK industrial heritage sites [J]. *International Journal of Heritage Studies*, 2009, 15(6): 494-510.

　　在中国传统历史的理解中，"文化"就是一种治理方式。古汉语中"文"与"化"是分开用的，《说文解字》中解释"文"为：错画也。①许慎在《说文解字·序》中说："黄帝之史仓颉见鸟兽蹄迒之迹，知分理之可相别异也，初造书契。"②"仓颉之初作书，盖依类象形，故谓之文。其后形声相益，即谓之字。文者，物象之本；字者，言孳乳而寝多也。"许慎在《说文解字·序》中说："黄帝之史仓颉见鸟兽蹄迒之迹，知分理之可相别异也，初造书契。"③可见，中国传统中的"文"更趋向于文字，表示"用文字记录"。在中国传统文化中，"文"是"礼"的一部分。《礼·礼器》："王之立礼也，有本有文。忠信，礼之本也。义理，礼之文也。"④可见文字是用来记录礼所表达的义理，礼则是用行动来实践义理的价值和意义。"化"在《说文解字》中解释为：教行也。段玉裁注为："教行于上，则化成与下。贾生曰：此五学者既成于上，则百姓黎民化辑于下矣。《老子》曰：我无为而民自化。"⑤可见，"化"作为动作既有教化他者，也有自我教化、自我修身教养之意。"文化"最早作为一个词语出现在汉代刘向的《说苑·指武》中："凡武之兴，为不服也，文化不改，然后加诛。"⑥这里的"文"是"武"的反义词，"化"作为动词，"文化"的意思是用文明的、非武力的手段去教化。"文化"就是一种教化（cultivation），修养他人和自身的重要的手段。"文化"也意味着一种治理和提高的方式。"文化"意味着不是要借助武力手段，而是不断地学习，通过学习来提高治理的艺术。

　　奥克斯指出，英语中的文化（culture）是在20世纪早期出现的

① 段玉裁.说文解字注[M].上海：上海古籍出版社，1981：762.
② 段玉裁.说文解字注[M].上海：上海古籍出版社，1981：763.
③ 段玉裁.说文解字注[M].上海：上海古籍出版社，1981：754.
④ 杨天宇.礼记译注[M].上海：上海古籍出版社，2004：284.
⑤ 段玉裁.说文解字注[M].上海：上海古籍出版社，1981：691.
⑥ 向宗鲁.说苑校证[M].北京：中华书局，1987：380.

新词，表示"能读能写、会识字（literacy）"，更抽象的意义就是一种教养（cultivation）。^① 从这个角度说，文化的含义与中国历史传统中的儒家思想家荀子提出的"礼"的内涵非常接近，^② 荀子在《礼论》中认为，刍豢、稻粱、酒醴、餰鬻、鱼肉、菽藿、酒浆蕴含饮食之礼；黼黻、文织、资粗、衰经、菲、菅屦等是通过衣服穿着体现着礼；疏房、檖、越席、床笫、几筵、属茨、倚庐、席薪、枕块等是通过人们居住的住所空间体现出来的礼。^③ 可见，无论是中国传统的"礼"还是现在西方概念的"文化"，都认为文化充斥于人们的生活之中。一切皆为文化，需要人们去学习和传承。因此，只有与人们的日常生活相联结，重新看待文化在生活中的存在价值，才能够真正理解和传承文化的精神和意义。同样，在荀子看来，要使人懂礼、守礼，"养"是重要的途径："刍豢稻粱，五味调香，所以养口也；椒兰芬苾，所以养鼻也；雕琢、刻镂，黼黻、文章，所以养目也；钟鼓、管磬，琴瑟、竽笙，所以养耳也；疏房、檖、越席、床笫、几筵，所以养体也。故礼者，养也。"^④ 这种礼的"养"，就是在人们的日常生活中，在吃穿住用行等方面不断地学习、实践、习得，以成为有礼之人。

文化是动态的，所有文化总是在被重新塑造或者重新建构。^⑤ 或者说，文化的形式或者物质状态可能会变，而人们对于文化意义的阐释、对文化内涵的理解也在不断发生变化。比如"跳大神"这

① OAKES T. Heritage as improvement: Cultural display and contested governance in rural China [J]. *Modern China*, 2012, 39(4): 380-407.
② 本文认为我国传统历史中关于"礼"的内涵与西方的"文化"的内涵非常接近。然而，将"礼"作为中华文化精神的重要体现，只是学界的观点之一。实际上，学界在"中华文化是什么"的讨论上并没有形成定论。刘锡诚.非物质文化遗产的文化性质问题[J].西北民族研究，2005(1)：131.
③ 王先谦.荀子集解[M].北京：中华书局，1988：346-347.
④ 王先谦.荀子集解[M].北京：中华书局，1988：346-347.
⑤ OAKES T.，吴晓萍.屯堡文化的价值——与宋茨林先生商酌[J].安顺学院学报，2009(2)：36-37，74.

样的活动从过去发展到现在，也是一种活的、动态的文化，到现在还在继续演变。"跳大神"的仪式或许没有变，但是当代人看待"跳大神"的意义的方式却变了：在古代，"跳大神"是人和神之间的交流方式。刘锡诚认为："鬼神崇拜、灵魂信仰（对自然力的崇拜和对人格化的神灵的崇拜）、巫术迷信等文化现象，是人类处在野蛮时期低级阶段上发生的一些文化现象，既是历史发展的必然，又是历史发展的局限，是任何族群都无法跨越的思想形态。"①而在"文化大革命"时期，人们习惯于从政治意识形态视角出发，"把民间文化，特别是其中属于民间信仰（如神鬼信仰、巫术迷信等蒙昧意识）范围的种种文化现象统统归为封建迷信，将其消极的影响看得很重，视之为人类理性思维和当前意识形态的对立物"②。在这种视角下，"跳大神"是一种封建迷信；而在当代非物质文化遗产的话语下，根据联合国教科文组织2003年10月17日在法国巴黎通过的《保护非物质文化遗产公约》对于"非物质文化遗产"的界定：

> "非物质文化遗产"指被各群体、团体、有时为个人视为其文化遗产的各种实践、表演、表现形式、知识和技能及其有关的工具、实物、工艺品和文化场所。各个群体和团体随着其所处环境、与自然界的相互关系和历史条件的变化，使这种代代相传的非物质遗产得到创新，同时使他们自己具有一种认同感和历史感，从而促进了文化多样性和人类的创造力。在本公约中，只考虑符合现有国际人权文件，各群体、团体和个人之间相互尊重的需要和顺应可持续发展的非物质文化遗产。

（a）口头传说和表述，包括作为非物质文化遗产媒介

---

① 刘锡诚.非物质文化遗产的文化性质问题 [J].西北民族研究，2005(1)：131.
② OAKES T.，吴晓萍.屯堡文化的价值——与宋茨林先生商酌 [J].安顺学院学报，2009(2)：36-37，74.

的语言；

（b）表演艺术；

（c）社会风俗、礼仪、节庆；

（d）有关自然界和宇宙的知识和实践；

（e）传统的手工艺技能。

从以上非物质文化遗产的定义来看，"跳大神"可以被认为是我国的"传统民间文化"[①]，可以成为非物质文化遗产，进而可以作为一种表演，成为游客观赏的对象，这也是非物质文化遗产在当代社会活化利用的一种方式。但是也要看到，文化意义总是多元地存在，对于不同人群有不同的意义和价值。如奥克斯研究发现，一些百姓坚持做一些"迷信"活动，政府的容忍态度似乎成了百姓能够按照自己意志来做迷信活动的凭借。政府为何可以容忍？从旅游产业角度说，香客们的迷信活动也是一种社区参与的遗产实践；对于香客们来说，他们可能还寄托了自己的信仰和情感；香客们本身的活动也刺激了游客对于旅游目的地的兴趣。[②]

在当下社会，文化作为一种动态的、不断发展的事物，成为经济发展、旅游产业开发的资源。但是不能单纯把经济发展、旅游产业开发看成是破坏文化。旅游产业开发一方面是对文化资源的合理利用，另一方面，旅游发展并不是要压制文化，而是能够创造文化；但是，究竟怎样创造文化，创造什么样的文化，是需要人们思考的。在最近的三十几年中，旅游产业、经济发展成为文化再建构的重要推手。但是这种建构不是凭空产生的，首先是文化本身确实存在，其次是多方力量共同作用的结果。"一旦旅游和经济发展是建立在文化的基础上，文化就必然发生较大较快的变化"，这种变化叫作"文

---

① 刘锡诚. 非物质文化遗产的文化性质问题 [J]. 西北民族研究，2005(1)：131.

② OAKES T., Heritage as improvement: Cultural display and contested governance in rural China [J]. *Modern China*, 2012, 39(4): 380-407.

化重塑"或"重建"①。

在我国，文化在维护社会秩序、促进社会治理和社区发展方面发挥了重要的工具性作用，这在中国的文化传统中由来已久。如王笛研究晚清民国时期成都地方社会的文化治理，展现了地方精英如何利用街头文化（street culture）去维护社会的有序和稳定。②旧时，朝廷也曾运用宗族文化来加强对于地方的治理，如汉学家科大卫（David Faure）认为，宗族是朝廷和地方社会之间的重要的机构组织，宗族通过宗祠的建立、宗谱的编写、宗族仪式活动加强了朝廷对于地方社会的精神控制。③哈佛大学学者宋怡明（Michael Szonyi）认为："自从明朝开始，帝国朝廷就利用这种以男系亲属为纽带的宗族组织，主要以宗族的文化精英为主，辅之以民族差别、经济商业化以及地方精英的组织和治理，使地方社会在土地以及人口的注册上为中央朝廷所牢牢掌控。"④可见，利用文化对地方进行治理是我国历史传统中就有的一种治理方式。

文化遗产实践作为政府文化治理方式，政府代表人民，为人民谋福利，为人民带来利益。政府与社会大众并非对立，而是一个整体。在中国地方官员的眼里，文化不是人类学理解的所有的生活方式，而是一种治理手段。⑤杭州西湖文化景观保护和京杭大运河（杭州段）文化遗产实践中的"还湖于民"与"还河于民"，体现了当地政府作为文化遗产实践主体能够均衡利益，其根本利益和着眼点在

① OAKES T., 吴晓萍. 屯堡文化的价值——与宋茨林先生商酌 [J]. 安顺学院学报, 2009(2): 36-37, 74.

② WANG D. *Street Culture in Chengdu: Public Space, Urban Commoners, and Local Politics, 1870—1930*[M]. Stanford, CA: Stanford Univ. Press, 2003.

③ FAURE D. *Emperor and Ancestor: State and Lineage in South China* [M]. Stanford, CA: Stanford University Press, 2007.

④ SZONYI M. *Practicing Kinship: Lineage and Descent in Late Imperial China* [M]. Stanford: Stanford University Press, 2002: 8.

⑤ OAKES T. Heritage as improvement: Cultural display and contested governance in rural China [J]. *Modern China*, 2012, 39(4): 380-407.

于社会发展，在于为当地百姓和社会带来实际利益，体现出中国的文化精神。

在我国"政府主导、社会参与"的遗产实践模式下，政府在实践中摸索、探索符合中国历史文化传统的和当下社会需求的遗产保护利用模式，把遗产实践纳入政府治理体系，这是我国政府的一大远见，也是中国遗产实践和文化治理的特色，即不只把文化遗产实践看作是某一领域的专业、某一部门的职能，而是把遗产实践放在整个社会（城镇或乡村）治理的框架下，将遗产作为地方治理，尤其是文化治理的重要内容，这形成了遗产话语实践的中国声音。

在我国的国家治理体系下的文化遗产实践中，政府的主体性作用表现在政府有权调动遗产相关专家学者以及全社会的力量进入遗产保护实践当中，一方面根据遗产专家学者的专业性知识采取保护遗产本体的行动，一方面对社会公众进行遗产保护教育，鼓励吸引社会公众参与遗产保护实践。实际上，这种政府在遗产保护实践中起主体性作用的模式，被世界上许多国家广泛采用。在我国，政府作为人民的代表，是文化遗产话语的关键实践者，协调社会各方面的资源，与此同时，还将文化遗产保护和利用纳入地方空间的治理体系。政府起到的是宏观规划、协调和促进的作用，平衡利益相关群体（stakeholders）各方面的利益，政府的各个部门实际上代表了各个方面的利益和诉求，而成立相关的综合保护委员会，就是要协调各个部门，进而协调各个群体之间的关系。

大众在文化遗产实践中具有主观能动性，并不是完全被动接受。对于大多数普通居民来说，政府通过拆迁补偿的方式，首先拿到了文化遗产的所有权，这实际上也是一种文化遗产实践的先行投资；而居民也在共享文化遗产上得到了实惠。这也可以解释为何在中国的文化遗产实践中，鲜少有像国外遗产研究中居民不满政府的遗产保护而出现游行的现象。文化遗产实践的区域往往都是一些破旧的老城区，生活设施条件非常落后，因此，进行文化遗产保护和改造，就意味着居住在这里的人们有条件和机会改善自身的物质生活。因此，人们在总体上肯定是欢迎文化遗产实践和保护的。

同时，也要看到，社区居民的主观能动性并非是一致的、统一的，而是多样化的。比如在京杭大运河（杭州段）的遗产保护实践中，有居民就觉得文化遗产保护完全是政府的事情，回迁到桥西历史街区之后，房子的马桶漏水也找政府；但是也有社区居民通过志愿者组织热心参与到文化遗产保护实践中。在这点上，面对社区居民的多样化，需要加强的是遗产教育，鼓励社区居民主动学习。有的人意识到了文化遗产实践的重要性，但是自己本身的能力和精力有限，他们愿意把文化遗产的所有权和主体权力交到政府手中。比如衢州水亭门街区的周氏故居的主人，作为周氏后人，周氏故居的主人远在厦门，不可能时刻照料祖先留下来的遗产，但是她又深知这份遗产的重要性和意义，因此当她得知政府能够接手，进行遗产的保护和利用的时候，是非常欢迎和拥护的。再比如笔者在浙江省丽水市青田县油竹镇下村调查时也发现，当地的朱氏宗族自己有财力、物力、人力进行宗族文化遗产的复兴与重建，同时他们非常渴望能够得到政府的官方认可。青田县方山乡龙现村的吴乾奎故居是重要的华侨文化遗产，吴乾奎的后人意识到这份遗产对于他个人、对于国家的重要性，主动拿出100万元，与政府共同对这栋古建筑进行修缮和保护。我们在杭州余杭区运河街道博陆村进行实际调查的时候，当地老人一听到运河文化带建设，都希望能够借着这样的东风，恢复博陆村作为曾经的运河重镇的文化景观，使现在的村落有一个更加好的发展。这都说明，对于以国家政府为主导的文化遗产实践，普通百姓有他们自己各自的诉求以及相应的主动性选择。

党的十八大以来，以习近平同志为核心的党中央，站在历史与时代结合的高度，重视中华优秀传统文化的历史传承和创新发展，并将其作为治国理政的重要思想文化资源，使之成为加深民族集体记忆、培育中华民族共同体认同感、彰显文化自信、坚定中国道路的精神纽带和道德源泉。① 文化遗产保护不再是文物保护部门的单打独斗，政府主导、部门协作、社会参与文化遗产保护格局正在形成，文化遗产保护实践呈现出前所未有的良好态势；保护文化遗产已经上升为国家战略，成为全民共参与共享的成果和行动。② 本书提出我国当下的遗产保护和利用的实践作为政府进行文化治理的方式，各级政府将文化遗产作为可以利用的资源，以遗产本体价值保护为前提，对于遗产的经济价值、环境价值、文化价值等方面进行旅游产业开发、遗产展示、学者研究等，既有利于遗产本体价值的保护，也可以促进国家和地方达到经济效益和社会效益的双赢目标；同时，政府通过文化遗产话语塑造社区主体，治理地方社会，从而加强社区居民对于国家文化的认同。

以各级政府为主体，围绕遗产保护和利用的话语实践，达到遗产保护和经济发展的双赢，主要研究政府相关的工作人员、专家学者和社会大众之间的和谐互动。一是各级政府官员对文化和文化遗产有一定的认知；二是政府的人员组织、资源调动能力强，能够组织、动员遗产专家学者、受教育的人士，对文化进行宣传传播和知识的普及；三是普通社会大众，通过政府的宣传，遗产学者的普及教育，也逐渐在文化素养上有了提高，认识到文化能够为其自身以及所居住的社区空间带来提升，因此会发自心内地愿意去迎合政府相关的文化政策，去主动力所能及地参与文化遗产实践。在遗产实践话语为主导的地方治理中，无论是政府，还是社区居民、专家等

---

① 关铭闻. 浚通中华文化的源头活水——党的十八大以来中华优秀传统文化传承发展述评 [N]. 光明日报，2017-02-23(01).

② 李韵. 激活文化遗产的时代"芯"——十八大以来我国推进文化遗产保护传承述评 [N/OL]. 光明日报，2017-09-13.[2019-03-15]. http://m.cnr.cn/news/20170913/t20170913_523947843. html.

都具有主观能动性，其目的是地方社会的和谐发展、物质生活水平的提高和精神生活的极大丰富。这才是文化治理政策能够顺利执行，遗产保护和地方社会发展取得双赢的真正原因。

我国政府以遗产保护和利用的社会实践作为文化治理的方式，既能够有效保护遗产作为中华历史文化载体的文化价值、历史价值，也能够使遗产所在地的社区居民的福祉得到实现，从而实现社会治理的和谐。这既体现了我国共产党人的复兴中华文化和中华民族的历史使命，也是在延续我国自古就有的文人志士胸怀天下百姓的文化传统，如范仲淹曾提到："先天下之忧而忧，后天下之乐而乐。"张载曾说："为天地立心，为生民立道，为去圣继绝学，为万世开太平。"在遗产运动在全球范围内愈演愈烈的大背景下，在我国朝着实现中华民族伟大复兴的宏伟目标前进的过程中，遗产保护和利用的话语实践，为我国政府践行历史使命提供了重要的契机和动力。正如习近平总书记在中国共产党第十九次全国代表大会上做报告时提到："不忘初心，方得始终。中国共产党人的初心和使命，就是为中国人民谋幸福，为中华民族谋复兴。这个初心和使命是激励中国共产党人不断前进的根本动力。全党同志一定要永远与人民同呼吸、共命运、心连心，永远把人民对美好生活的向往作为奋斗目标，以永不懈怠的精神状态和一往无前的奋斗姿态，继续朝着实现中华民族伟大复兴的宏伟目标奋勇前进。"①

---

① 习近平. 决胜全面建成小康社会　夺取新时代中国特色社会主义伟大胜利 [M]. 北京：人民出版社，2017：1.

第八章　提升我国在国际遗产实践领域中的话语权

话语权是话语研究的重要课题。法国思想家福柯的话语／权力理论为"话语权"问题研究提供了三点重要启示：（1）话语是一种社会实践。（2）话语对现实具有建构功能。（3）话语体现了权力关系。其中知识作为权力的工具，决定了哪些人拥有了知识便拥有了话语权，哪些人缺少知识就成为被言说、被表述的对象。[①] 话语权是一种基于一定社会语境的机构行为。[②] 所谓机构，并非是特定的组织，而是一套相对持久的，赋予个人以权力、地位和各种资源的社会关系。此种社会关系处处存在，比如家庭、工厂、政府等都可以被看作是一种机构，正是这种机构赋予说话人以权威和话语权。[③] 话语权体现的是话语和权力的关系，这种权力不仅是狭义的政治权力，而且是广义的由话语体现的在日常交际中人与人的社会关系。[④] 遗产实践作为一种话语，在国际社会体现的是国家之间的关系，或者说，是西方社会与非西方社会的关系；在一国之内，遗产保护和利用的话语权体现在遗产保护和利用过程中利益相关群体之间的关系之中。

我国各级政府在遗产建构中起主体性作用的遗产实践方式，与我

---

① 王嘨.国际话语权与中国国际形象的塑造[J].国际关系学院学报，2010(6)：58-65.
② 田海龙，张迈曾.话语权力的不平等关系：语用学与社会学研究[J].外语学刊，2006(2)：7-13.
③ BOURDIEU P. *Language and Symbolic Power* [M]. London: Polity Press, 1991：8.
④ 田海龙，张迈曾.话语权力的不平等关系：语用学与社会学研究[J].外语学刊，2006(2)：7-13.

国的社会文化语境关系密切，而且存在比较大的优势，符合我国遗产实践的现状和整个国家的体制机制。在西方遗产话语权占优势的情况下，我们有必要深入我国遗产实践中的具体细节，梳理和总结政府在遗产实践和遗产话语建构中的主体性优势作用，与国际遗产实践话语进行平等对话。本章主要从话语权角度，分析研究如何借助我国的遗产实践机构话语提升我国的文化自信，提升中国话语权。

第一节　提升我国在国际遗产实践中的话语权所面临的挑战

在谈到我国国际话语权与国际形象的塑造时，王啸认为，我国要提升国际话语权面临的主要挑战有二：一是我国经济实力快速增长与国际话语权提升相对缓慢之间的矛盾，二是大量西方话语与创建"中国话语"不足的矛盾。其中，我国经济实力快速增长与国际话语权提升相对缓慢之间的矛盾的原因包括：首先，意识形态是制约我国国际话语权提升的主要因素。第二，国家利益冲突加剧，尤其是我国的崛起引起了西方世界的恐慌和猜疑。第三，我国的话语权意识薄弱。大量西方话语与创建"中国话语"不足的矛盾的原因在于，无论是在学术界还是在社会现实中，到处充斥着大量来自西方世界的知识体系、表述结构、语言表达范式，我国传统的、本土的历史文化中的思维方式、言说方式等还没有被系统地挖掘、整理和使用，因此在与西方世界进行平等对话交流的时候仍不得不使用、借鉴西方话语。[①]王啸有关中国话语的研究，在很大程度上亦适用于我国遗产保护和利用的社会实践领域。作为拥有5000多年历史的文明古国，我国拥有丰富的文化遗产资源。截至2019年7月6日，我国

---

① 王啸. 国际话语权与中国国际形象的塑造 [J]. 国际关系学院学报, 2010(6)：58-65.

拥有的世界文化遗产的数量跃居世界首位；除此之外，列入我国国家级、省级、市级、区县级的文化遗产名录的遗产数不胜数，还不包括那些没有被列入遗产名录的古建筑、民间文化等。然而，在这些遗产的认定方式、表述架构、评价体系、保护利用方式等许多方面，都充斥着大量的西方话语，遵循联合国教科文组织为代表的西方话语体系，在如何用我国本土的遗产话语去认定、言说、表述遗产方面，还没有成熟和发展起来。因此，要提升我国在国际遗产保护利用的话语实践中的话语权，任重而道远。

首先，意识形态是制约我国提升在国际遗产保护和利用实践中的国际话语权的一项重要原因。我国的遗产保护和利用的社会实践主要采用的模式为"政府主导、社会参与"，即政府发挥遗产实践的主体作用、社会参与为辅助的模式。在这样的情况下，上至世界文化遗产，下至省、自治区、直辖市，甚至市和县区级文化遗产等，凡是进入"遗产名录"的遗产项目，都是各级政府相关部门拥有所有权、管理权或使用权，其他相关利益方在政府的主导下，可以采取各种方式"参与"遗产的保护和利用。这种"政府主导，社会参与"的模式，往往被西方遗产学界"妖魔化"，他们把我国这种政府主导的遗产保护模式与公众参与"对立"起来，这是因为在许多国际遗产实践研究中，政府所起到的主导性作用通常是被研究学者批评的对象，在这些学者的研究中，政府主导的遗产保护和利用的社会实践，经常被认为不切合广大社会公众的实际需求，而只是为了实现政府提高财政收入的目的。

有研究认为我国政府主导的遗产保护模式旨在控制文化，以实现政府借助遗产实践对政治、经济和文化的发展进行干预的目标，这是纯粹从意识形态决定论来看我国的遗产实践。[①]实际上，政府作

---

① LIXINSKI L. Selecting heritage: The interplay of art, politics and identity [J]. *The European Journal of International Law*, 2011, 22(1): 81-100.

为遗产保护和利用中的主体，并不是由意识形态所决定的。受到国际上以 AHD 为主导的遗产话语的影响，政府作为遗产实践的主体，是许多国家的遗产实践模式。政府在遗产保护和利用的社会实践中处于主体性地位的情况，并非只在我国存在。在世界许多国家，遗产保护和利用的社会实践的主体都是政府相关部门，社会公众参与遗产保护和利用的方式也大都采取自上而下的社区参与模式，由大的博物馆、官方组织或者半官方组织来进行组织，而不是自下而上的由志愿者管理，也不是由政府资助的遗产组织之间的真正的合作。

政府的遗产管理或治理方式和相应的商业操作给遗址保护区域带来可见的物质性变化，有助于提升城市环境，促进本地商业、休闲和旅游业发展，为促进当地经济发展带来动力，在城市更新、社区发展中发挥着越来越重要的作用。[①] 遗产的保护和利用的社会实践是全球性话题，也是全球性的难题。为了能够保持当地经济的可持续性发展，尤其是遗产景观的治理要符合当地特殊的社会文化环境，促进社区可持续发展，[②] 政府作为遗产实践主体十分必要。[③] 比如德国在 2001 年以前，90% 的文化发展资金都来自于政府的投入，其中就包括文化遗产地保护所需要的资金投入。[④] 在西方遗产保护实践中，公众参与不仅是比较广泛存在的模式，而且也是行之有效的保护和利用方式。比如在意大利、希腊和泰国，其遗产保护和利用的社会

---

① CERVELLO-ROYO R, RUBEN G, BALDOMERO S. An urban regeneration model in heritage areas in search of sustainable urban development and internal cohesion [J]. *Journal of Cultural Heritage Management and Sustainable Development*, 2012, 2(1): 44-61.

② SCOTT A. Beyond the conventional: meeting the challenges of landscape governance within the European landscape convention? [J]. *Journal of Environmental Management*, 2011, 92(10): 2754-2762.

③ TAS M, TAS N, CAHANTIMUR A. A participatory governance model for the sustainable development of Cumalikizik, a heritage site in Turkey [J]. *Environment & Urbanization*, 2009, 21(1): 161-184.

④ HAUSMANN A. Cultural tourism: Marketing challenges and opportunities for German cultural heritage [J]. *International Journal of Heritage Studies*, 2007, 13(2): 170-184.

实践都是采取政府主导、社会参与的形式。① 这种遗产实践方式与西方国家的社会文化语境密不可分。有学者研究英国、意大利、法国和日本等国家的公众参与文化遗产保护情况,为国内提供经验与启示。② 总体来说,这些国家在社会参与文化遗产保护方面至少要有五个前提:(1)文化遗产可以私有,即文化遗产保护的主体、管理者和使用者可分离,国家/政府不是唯一主体。文化遗产所有者为了自身的合法权益,往往会联合起来组成团体。(2)专业人才主导,比如英国的民间社团大都由具有遗产专业知识和技能的人士构成,因此在遗产价值认定、遗产法律政策制定等方面具有话语权。(3)普通大众的参与,比如英国普通大众可以作为志愿者参与各个民间团体组织的活动;日本民众可以参加非物质文化遗产表演等活动,培养公众遗产意识。(4)民间团体的作用显著,在遗产保护中,既要上联政府,又要下通普通民众。民间社团通过成立基金会或者社团捐赠(无条件或者附带条件),可以组织更广泛的志愿者或普通民众参加遗产宣传和教育等活动,提高公众的遗产意识。(5)国家在顶层设计层面对于文化遗产保护进行制度性框架设计,而民间团体和公众则在框架内发挥自身特色。国家与民间团体、公众参与形成了良好的互动。

不过,需要注意的是,由非官方的民间遗产保护组织作为主体的自下而上的遗产保护和利用的社会实践,并非是一种普遍的现象。纵观整个世界范围内的遗产实践,以政府为主体的遗产实践模式,效率高,成功概率也大,公众也并非是全面参与遗产实践,而是在参与程度上、参与遗产实践阶段上各有不同。

在申报联合国教科文组织的世界文化遗产时,一定是以国家为

① HERZFELD M. Engagement, gentrification, and the neoliberal hijacking of history [J]. *Engaged Anthropology: Diversity and Dilemmas*, 2010, 51(S2): 259-267.

② 焦怡雪. 英国历史文化遗产保护中的民间团体 [J]. 规划师, 2002(5): 79-82.
周星,周超. 日本文化遗产保护的举国体制 [J]. 文化遗产, 2008(1): 133-143.
张国超. 意大利公众参与文化遗产保护的经验与启示 [J]. 中国文物科学研究, 2013(1): 43-46.

主体进行申报的。这一方面是由于联合国教科文组织的遗产申报单位就是国家；另一方面，文化遗产作为一个国家、一个民族的文化身份和象征，具有极大的文化价值，亦能够成为促进社会发展的重要资源，各个国家也非常重视世界文化遗产项目的申报。因此可以看到，联合国教科文组织的遗产话语与国家建构文化身份存在一定的一致性。因此，要申报世界文化遗产，不能单靠遗产点所在地，而且必须要依靠整个国家自上而下条块结合的管理体制来进行。同时，在世界文化遗产的评定标准里面，也要求遗产和遗产地的管理必须纳入国家管理体制。因此，在我国一旦某项遗产获得申报世界遗产的资格，其遗产和遗产地保护和管理就会纳入国家的遗产保护实践的运作机制，通过国家文物局来申报。这种高度集权的行政体制，有利于迅速组织行政资源、力量和资金进行遗产实践。遗产的预审机制也是如此，即首先从申遗点进入国家文物局预备名单，之后由国家文物局进行培育并给予相关指导。因为国家文物局负责审批全国重点文物保护单位，任何一个申遗点如果不是全国重点文物保护单位，就不能进入全国的管理体制，就不能申报世界遗产。这种条状的、线性的纵向管理，亦是我们国家在遗产管理上的特色。

政府的主体性作用有助于协调与国际遗产组织和专家的文化冲突。由于亚洲地区在文化、宗教信仰和种族的多样性，导致在遗产认知和理解方面与联合国教科文组织的遗产认知出现了很多冲突和矛盾。从这个意义上看，当地政府在申报世界文化遗产时会与联合国教科文组织的相关评估和管理规则进行妥协。① 联合国教科文组织的世界遗产以国家为单位进行申报，这表明其支持国家和国家身份的构建，因此联合国教科文组织的宗旨与中国国家政府的体制不谋

---

① ZHANG R. World heritage listing and changes of political values: A case study in West Lake cultural landscape in Hangzhou, China [J]. *International Journal of Heritage Studies*, 2017, 23(3): 215-233.

而合。因此，在申报世界遗产的过程中，根据联合国教科文组织的遗产话语进行相应的调整和修改，是十分必要的。然而，作为遗产实践主体的政府，亦要考虑到地方百姓、地方历史文化传统等话语。因此，政府需要协调这几方面的话语冲突，发挥能动性作用。

第二，大量西方话语与创建"中国话语"不足的矛盾是我国的遗产保护和利用的社会实践面临着挑战的第二个原因。当下我国的遗产实践深受国际遗产实践话语的影响，其概念框架、分类方法和运作方式，或源于联合国教科文组织、ICOMOS等国际权威遗产组织的相关规章、公约等，或来自于国际遗产研究学者的相关研究著作以及相关国家的实践经验。事实上，这种情况不仅在中国出现，也在亚洲以及世界其他国家和地区普遍出现，这被史密斯称为AHD，其他学者也指出了产生于欧洲的文化遗产话语对整个非西方世界的一种控制和殖民。[①] 中国本土传统的文化遗产的基本概念、知识框架以及保护利用方式没有形成系统性的、可重复操作和推广的专门知识、经验或范例。

第三，我国在建构遗产保护和利用的社会实践的话语权意识薄弱。从遗产实践本身看，我们也有必要建构中国自己的遗产实践话语，才能够使我国的文化遗产在保护和利用上，实现社会效益和经济效益的双赢局面。为何在中国仍然有一些地方的文化遗产实践得不到应有的重视和保护？这其实和人们深受国际遗产实践话语影响，特别是AHD的影响，有很大关系。AHD强调的是遗产的物质性、原真性的普遍价值，关注的是宏大的、纪念碑性质的遗产，而普通大众的建筑、非纪念碑性质的城市历史景观遗产得不到应用的重视和保护，更谈不上利用。这也是因为我们本土的文化遗产的认知方式、知识框架、表述方式、实践理念等没有得到重视和挖掘。在今天，我们要挖掘中国传统文化的精髓，增强国人的文化自信，讲好文化遗产实践的中国

---

① 侯松，吴宗杰. 遗产研究的话语视角：理论、方法、展望 [J]. 东南文化，2013(3): 6-13.

故事，亦是更好地宣传文化遗产实践的中国话语，在国家遗产实践界和学界，发出中国声音，应对西方现代性、全球化的挑战。

因此，我们需要对当下我国遗产实践的现状中进行正向的、积极的梳理和总结，而不能只是习惯于对照西方或中国传统的遗产实践，批评和反思当下我国的遗产实践的不足。这种对于当下我国遗产保护和利用的社会实践的批评和反思，有其必要性；但是我们更应该从宏观、整体的视角来看待这些不足，应该说，我国的遗产实践是基于我国近四十年来的社会文化语境的，有其存在的合理性，且在不断地发展和变化中。我们有必要讲好遗产实践的故事，梳理出其中合理的、正向的、符合我国社会文化实际的遗产实践话语，总结和传播中国智慧与经验。在相关文化政策下，地方政府作为遗产实践的主体发挥积极性作用。地方政府将文化遗产作为社区基层治理的重要组成部分，是中国政治经济体制背景之下的行政行为。所以本书所关注的就是遗产实践作为政府治理地方的策略和技术，在遗产实践作为文化治理方式的过程中，政府、遗产专家和社区居民之间的互动，以及如何建构由遗产话语主导的治理空间，从而形成遗产建构的中国话语。所以，在我国，遗产的保护和利用的社会实践是一项社会共赢的事业。我们应该更加广泛地传播、描述那些遗产保护和合理利用的成功案例，更好地提供我国遗产保护和利用的中国经验和中国智慧，建构中国话语。

第二节　遗产专家学者在国际"遗产外交"中建构遗产的"中国范式"

本书在第二章第三节提到的遗产研究的话语转向，即开始于西方世界的遗产专家学者反思全球范围内的遗产运动热，是把话语分析与遗产研究相结合，对遗产的当下性、表征性、建构性以及由此产生的"遗产政治"的关注。

　　许多具有反思精神的国内外专家学者、遗产实践者们已经开始重视这种现象，并提倡从遗产地所在国家、社区的历史文化传统和实地情况出发，反思以联合国教科文组织为代表的遗产话语体系，从本土的历史观、思维方式、知识架构等角度研究、挖掘和活化利用文化遗产。在此种背景下，对遗产进行跨文化反思以及对文化遗产进行本土意义的重构也成为我国文化遗产实践和研究学界十分重要的课题。尤其是作为一个文化语境不同于西方的文化遗产大国，我们对于文化遗产的认知、保护和利用在学习西方、借鉴西方的同时，都应该保持我们中国文化历史的特点，在历史观、文化遗产价值等方面保持我们思维的独立性，跳出AHD及国际遗产研究话语的框架的束缚，探索中国文化遗产认知、保护和利用的本土话语，以提升我国在国际遗产实践中的话语权。

　　首先，要充分发挥遗产专家学者在国际"遗产外交"中建构遗产的"中国范式"的作用。从20世纪80年代以来，文化遗产运动在中国如火如荼地展开，尤其是2004年后，联合国教科文组织规定一个国家一年只能提名两项世界遗产，但其中一项必须是自然遗产，我国举国上下更加重视世界文化遗产的申报和保护。文化遗产是中国传统历史文化的重要载体，保护文化遗产就是保护中国的传统历史与文化；同时，世界文化遗产代表中国的国际形象，是中国国家的文化名片，对于增强中国的文化自信具有重大作用。文化遗产运动由于受到西方思潮的影响，过于偏重物质而不那么重视遗产的文化意义和价值。西方批判遗产研究学者提出，"遗产不是物"，而是一系列语言、价值观、意识形态的共谋和构建，即遗产话语。[①]批判遗产研究学者开始反思充斥于遗产学界的AHD，认为其是带有西方史学观、文化思维方式和中上层男性白种人烙印的话语，批判其强

---

① SMITH L. *Uses of Heritage* [M]. London & New York: Routledge, 2006.

调遗产的物质原真性、纪念碑性、民族主义、艺术和科学价值，而忽视了遗产本身的文化政治学及其多样性的文化价值体系。[①] 遗产的价值最终体现在其承载的无形文化价值和意义上，对于文化、遗产的认识，我们该制定什么样有效的文化政策？是以传统的中国文化为基础，还是全盘西化？这是新儒家学者杜维明1989年提出来的问题。如今，中国人已经完全意识到，中国完全可以找到具有中国特色的现代化道路，不必完全放弃本身的文化传统，也不必全盘吸收西方的思想。可以说，无论是非物质文化遗产保护，还是物质文化遗产保护，都是中国的"文化自觉"。所谓文化自觉，是指"生活在一定文化中的人对其文化有'自知之明'，明白它的来历、形成过程、所具的特色和它发展的趋向，不带任何'文化回归'的意思，不是要'复旧'，同时也不主张'全盘西化'或'全盘他化'。自知之明是为了加强对文化转型的自主能力，取得决定适应新环境、新时代文化选择的自主地位"[②]。我们需要借着文化遗产的物质载体，把中国传统文化的精髓、文化精神与意义唤醒，并让它们重新焕发活力。从挖掘本土的历史文化传统资源出发，跳出西方文化遗产保护的话语框架，"不忘本来、吸收外来、面向未来"，构建符合中国历史文化传统与当下语境的文化遗产保护话语体系，这有利于彰显文化自信，增强国家文化软实力和中华文化的国际影响力，有助于全社会共享文化遗产的意义与价值，从而增强对国家的文化认同。在这些方面，遗产研究学者和专家一方面可以在遗产的具体实践中、在地方政府运用遗产进行文化治理的过程中提供咨询和建议；另一方面，他们在与国际遗产学界交流中起到了与西方遗产话语对话、沟通的桥梁的作用，提升了中国在国际遗产实践领域的话语权，发

① SMITH L, WATERTON E. *Heritage, Communities and Archaeology* [M]. London: Gerald Duckworth and Co., 2009.
② 费孝通. 费孝通论文化与文化自觉 [M]. 北京：群言出版社，2005：344.

出中国声音，扮演"遗产外交官"的角色。2018年9月浙江大学跨文化研究所主办了第四届批判/思辨遗产研究组织（Association of Critical Heritage Studies，ACHS）世界遗产大会，这是中国的遗产研究者、专家和实践者们展现中国遗产实践话语、讲述中国遗产实践故事的大好机会。正如王伟光所说："立足中国特色哲学社会科学话语体系建设的民族视野，就是要始终坚持中国立场、中国表达，要自觉地把中国道路、中国制度、中国理论、中国理念、中国方案、中国力量融入理论研究和分析的过程和结论中，用中国特色的民族语言表达传播和宣介；就是要坚持中华民族优秀文化和思想的特性，让话语体系更多地包含中国声音、中国基因、中国元素；就是要用生动鲜活、具有民族特色的大众语言，赋予中国特色哲学社会科学研究以时代性、通俗化和新活力。"①

在我们的调查中也发现，一些文化遗产保护的一线工作者，已经在无意识地传承中国传统的对于过去和历史的态度。比如我们采访的一位杭州市园文局的工作人员提到，在修断桥的时候，有些人提出来，历史上的苏堤断桥原来都是石头砌的，现在是沥青铺的，与遗产真实性和完整性不符合，然而他认为："我们说（遗产保护：作者加）与现代化过程有机的结合，实际上西湖的景观也是一个现代化的过程。"（基于对ZJ于2017年9月的访谈）在遗产保护实践中，有许多类似于这样的遗产保护实践者在我们自身对于遗产的认知方式与西方的遗产保护话语之间权衡和周旋。再比如雷峰塔地宫上面建造了新的雷峰塔，世人都知道这是现代的新的雷峰塔，原先的雷峰塔已经倒掉。（基于对MZH于2017年9月的访谈）然而雷峰塔所象征的文化意义，作为西湖景区的标志性建筑，以及所负载的许仙和白娘子的传说，都是杭州地方性认同的标志，不会改变。类似这样

---

① 王伟光．学习贯彻落实习近平总书记关于哲学社会科学重要讲话精神，加快构建中国特色哲学社会科学 [J]．中国社会科学，2016(12)：4-23，304．

的遗产保护实践目前只是被认为是个别的、对于具体遗产保护的妥协或者是折中方案，还没有形成系统的、可重复性操作的具体指南，成为可以推广的行为准则与规范，没有形成可以检视当下中国的一些遗产保护运动是否符合传承中国传统历史文化的一套标准。因此，有必要根据中国传统历史文化中对于文化遗产、过去历史的理解，建构一套符合中国历史文化传统与当下语境的文化遗产保护行为准则与规范。

总之，从遗产外交的研究来说，在世界文化遗产体系中，我国虽然是世界遗产大国，但是在国际遗产界的话语权与我国的遗产大国地位并不相称，因此要发展我国作为文化大国的地位，增强我国的文化自信，在遗产研究领域，有必要深入挖掘本国的遗产话语，并使其在遗产外交中能够发挥作用。在这方面，有必要重新看待拥有遗产实践专门知识的专家在建构我国文化遗产话语以及在世界遗产外交领域中的角色和作用。

我国学者已经在试图建构中国本土文化遗产的话语，但是仍然只是初步的尝试，这要求学者既能够从中国历史文化传统中汲取营养，又能够结合当下的中国实践，参照西方的遗产实践话语。如侯松分析研究中国传统的地方志文献将自然的树木列入"古迹"的叙述，提出这种关于古树的叙述方式，是赋予了作为自然存在的古树以无形的文化价值，类似于遗产研究中文化遗产或者文化景观遗产的建构方式，为世界遗产话语提供了中国解读和阐释。[①]重视遗产的文化价值和意义，有助于我国的遗产保护实践跳出西方遗产话语体系，建构符合中国历史文化传统和当下语境的遗产保护实践话语。文化遗产的原真性问题过于关注物质性遗产，并不适应本土的中国

---

① HOU S. Remembering trees as heritage: Guji discourse and meaning-making of trees in Hangzhou, Qing China[J/OL]. *International Journal of Heritage Studies*, 2018, 1-14[2019-03-17]. https://doi.org/10.1080/13527258.2018.1509229.

社区。^①中国传统的遗产观点与西方不同，如喻学才认为，按照西方的遗产保护观点，死守载体的原真性不符合中国传统，有点步入误区，他认为中国传统重视信息的原真性。^②吴宗杰则认为，中国传统并非重视遗产信息的原真性，而是重视遗产所表征的文化意义和价值的原真性：由于过分受到西方文化遗产保护理念的影响，中国本土的文化遗产理念与实践传统没有得到合理、充分的挖掘。^③因此，这需要有更多学者致力于此方面的研究。

第三节　我国历史传统作为提升话语权的重要资源

我们要让收藏在禁宫里的文物、陈列在广阔大地上的遗产、书写在古籍里的文字都活起来。这就涉及如何把文化遗产作为中国传统历史文化的重要载体，在当下的社会现实中重新利用的问题。遗产研究学者介入遗产实践有助于人们重新认识非物质性文化遗产的文化意义。因此，要充分挖掘我国历史传统，与当代遗产实践运动结合，从而提升我国遗产实践话语权。

中国传统对于历史的态度注重精神而非物质。著名汉学家牟复礼（F. W. Mote）在研究苏州城市空间历史时发现，苏州城里的塔、庙经过多次重建，人们依然认为这还是最初建筑的延续，人们丝毫不会质疑建筑的真实性和完整性，以及遗产的突出普遍价值。对于这一点，牟复礼写道："这里需要强调的重点是中国并不会为过去历史所困扰，中国人可以学习历史，从中吸取历史的教训，运用历史

① STARN R. Authenticity and historic preservation: Towards an authentic history [J]. *History of the Human Sciences*, 2002, 15(1): 1-16.
　　张育铨. 遗产做为一种空间识别：花莲丰田社区的遗产论述 [J]. 民俗曲艺, 2012(176): 193-231.

② 喻学才，王健民. 关于世界文化遗产定义的局限性研究 [J]. 云南师范大学学报（哲学社会科学版），2007(4): 79-82.

③ 吴宗杰. 话语与文化遗产的本土意义建构 [J]. 浙江大学学报（人文社会科学版），2012(5): 28-40.

进行设计，或者保留建筑当下的状态，就像没有过去的历史一样。过去或者历史在于文字，而不是建筑材料，比如石头。中国拥有世界上保存体量最大、历史最悠久的有关过去历史的文字文献，因此可以不断地通过文字回溯过去的历史，并可以把历史应用于当下并使之发挥作用。"[1] 因此，牟复礼认为，中国和西方，比如古希腊、古罗马，对于过去历史的态度和看法是不同的，导致中国人对于如何达到纪念碑式的成就，如何对待历经岁月的纪念碑、历史建筑的态度也是不一样的。

对于这一点，李克曼在《中国人对待过去的态度》中认为："中国的文明不是存在于建筑之中，当某一个建筑倒塌或者烧毁了，人们并不会觉得建筑所承载的历史也会被破坏或者滥用，只要他可以再重建，功能就可以恢复。这些建筑也好，古董也好，只是人类社会历史进程中的若干个瞬间而已，犹如白驹过隙，一下子就过了；只有留在文字上的意义是永恒的。"[2] 李克曼讲到了苏州的枫桥，由于《枫桥夜泊》这首古诗，人们不注重枫桥的物质性，反而更强调它所承载的意义。通过文字的记载，读者可以通过由文字所引发的想象去领悟文字所传达的意义，人们已经不太注重于物质上的东西。李克曼写道：

> 中国过去的历史在当下无处不在。有时候在最意想不到的地方也能够给人们带来巨大的文化冲力：比如电影院的海报，洗衣机的广告，大街上用中文书写的电视或者牙膏的广告牌、名匾，延续的是中国2000多年不变的文化书写传统。在幼儿园可以听到小孩子在背诵1200多年前的唐

---

① MOTE F. W. A millenium of Chinese urban history: Form, time and space concepts in Soochow[J]. *Rice University Studies*, 1973, 59(4): 60.

② RYCKMANS P. The Chinese attitude towards the past [J/OL]. *China Heritage Quarterly*, 2008(14) [2019-03-17].http://www.chinaheritagequarterly.org/articles.php?searchterm=014_chineseAttitude.inc&issue=014.

诗，在火车站的列车时刻表上，那一长串城市的名字显示
出它们背后悠久的王朝历史。①

不过，李克曼也看到，虽然这些现象展现了中国传统历史文化
不竭的活力，然而也存在一种现象，就是中国大多数城镇缺少类似
于欧洲的古代纪念碑式的历史建筑：即使有些地方有丰富的历史文
化，过去的物质存在是很少的（there is a material absence of the past）。
这与欧洲的情况不同，在欧洲尽管也有战争和破坏，但是至少每一
个时代都会留下大量纪念碑式的地标性建筑。然而，在中国的城市，
即使是拥有悠久的历史，所呈现的依然是完全现代化的面貌。因此，
李克曼认为，中国过去的历史文化传统，以一种看不见的、细致入
微的方式影响着现代中国人的生活，中国过去的历史文化传统附着
在一个个中国人身上，而不是砖块和石头上面。也就是说，中国的
历史传统在物质性的载体（如古建筑、古庙、古街区）上很难看到，
但是依然在人们的思想意识中保持鲜活的生命力。

以上两位汉学家对于中国历史遗产的精准理解，在我国传统地
方志的记载中也有类似的洞见。比如在衢州地方志《衢县志》"建置
志上"中有一段关于城墙的文字：

> 古云众志成城，言在人不在城也，即孟子地利不如人
> 和之意，然则城亦可恃而不可恃矣。近日通都大邑往往有
> 拆城之举，不知者以为失所凭依，实亦一隅之见耳。衢城
> 始自有唐，素称完固，具见于历史，可守可战，可进可退，
> 控制之法在乎得人。苟得其人，金汤奚足道乎！②

衢州现在的城墙可以追溯到北宋时期，之后朝代更迭，经历了
数次破坏（比如由于战争、火灾等原因）、拆建和重修。20世纪80年

① RYCKMANS P. The Chinese attitude towards the past [J/OL]. *China Heritage Quarterly*,
2008(14) [2019-03-17].http://www.chinaheritagequarterly.org/articles.php?searchterm=014_
chineseAttitude.inc&issue=014.

② 郑永禧 . 衢县志 [M]. 台北：成文出版社有限公司，1984：273.

代以来的"旧城改造"运动中，大部分古城墙被拆除。如今，原来6个城门只剩下2个，城墙片段式地留存下来。现在由于受到西方遗产概念的影响，一提到城墙，一般想到的就是冷兵器时代的军事防御设施。城墙一旦被列为文化遗产，注重的是城墙物质性的保护，以及军事功能设施的复原等，很少有人注意到城墙的文化意义和价值；而县志中用"城，以盛民也"和"众志成城"体现出城墙的文化意义和价值：城墙存在的意义在于住在城里面的人，现在一些都城有拆城墙的行为，有人认为城市的安全得不到保障；但在县志的编纂者看来，这种想法是"一隅之见"。一个城市能否守得住，能否被攻克，关键在于人。"苟得其人，金汤奚足道乎！"这正如前面两位汉学家而言，即使城墙被拆除，只要人在，只要人不忘记城墙的文化意义，即使城墙本身被破坏，城墙的功能自然能够恢复。

其次，遗产研究学者介入遗产实践有助于人们重新认识文化遗产的教化功能。2015年修订的《中国文物古迹保护准则》中提出了要合理利用文物古迹，如研究，向游客开放，或者延续其原有的功能以及赋予文物古迹新的当代功能等四种利用方式。如何看待中国传统历史文化、过去留下的遗产，也决定着我们当代如何活化利用这些文化遗产。当下我国对于遗产的活化主要是把遗产资源转化成旅游产品进行开发。如喻学才认为遗产的活化就是遗产旅游，遗产活化是把遗产资源转化成旅游产品，遗产活化的另外一种表达就是遗产旅游化。除此之外，遗产的活化还包括以下两种形式：（1）将一些非物质文化遗产作为艺术表演搬上舞台；（2）根据非物质文化遗产制作工艺制造或者研发相关产品。①当下，国内对于文化遗产的活化利用，主要是政府作为文化遗产的所有者和保护主体，把文化遗产看作可供开发利用的文化资本，进而进行产业开发，增加地方

---

① 喻学才.遗产活化：保护与利用的双赢之路 [J].建筑与文化，2010(5)：16-21.

财政收入，增强国家与地方政府的文化自信。这归根到底还是把遗产当作他者，当作被欣赏、被体验的对象，并不能将遗产与人的生活世界融为一体。

　　然而，也要看到，文化遗产的教化功能并没有引起人们足够的重视。前文提到的汉学家认为中国拥有世界上最完整的、历史最悠久的文字记录历史。因此，中国人完全可以通过文字回溯过去；至于物质性的建筑、文物等，只不过是历史长河中的小浪花，转瞬即逝。具有代表性的文字记录，莫过于中国传统的地方志。地方志兴起于宋朝，一直延续到现在。① 传统地方志的记载全面地再现了地方的空间布局、牌坊、碑刻、古墓、庙宇、山川、风俗、物产、人物等，可以说是一部完整的记录地方文化遗产的地方文献。地方志记载的这些文化遗产，或者已经损毁、消亡，或者已经挪作他用或仍然存在并发挥功能。无论属于哪一种情况，只要纳入到地方志的记载当中，就相当于把物质性的文化遗产文字化，起到教化人心的作用。后人亦可根据需要依据历史文献记载恢复某一建筑，或者复苏某一功能，可以通过重建物质性文化遗产的方式，重构遗产的文化价值和意义。然而，在当下的古建筑保护中，人们往往重建了物质性的文化遗产，却没有做到恢复或者重建其文化价值和意义。

　　黄苇等的《方志学》提出："概言之，历代都注重方志资政、教化、存史三个作用，只是间或有所侧重罢了。"② 地方志无疑是"以文化人"的重要的工具和手段，其中记载的一草一木、一砖一瓦、男男女女，或官或民，都充斥着传统儒家文化的教化思想。如在中华民国时期郑永禧编纂的地方志《衢县志》中关于衢州城墙的记载中，提到了清代知县徐懋简的碑文：

　　　　夫负笈者，当知所以培植之。荷锄而过者，当知所以

----

① 陈泽泓.地方志功能析论 [J]. 中国地方志，2014(4)：24-31.
② 黄苇，等.方志学 [M].上海：复旦大学出版社，1993：378.

慰劳之。帆樯之相接也，知何以保护之。衡宇之相望也，知何以辑绥之。酣舞而来者，吾知其乐也。疾瘵而告者，吾知其忧也。知其所当知，即所谓知西安县事者也。不知所当知，是别有所知者在也。后之登斯楼者，其知之否耶？①

对徐懋简来说，作为执掌西安（衢州旧称西安县：作者注）县事的人，当他登上城楼，看来往穿梭于城门的百姓和城内外的景观时，他的内心所想，无一不体现一个城市的主管官员对于百姓的牵挂和关怀。这大概也是"城以盛民"的含义，即作为一个群体的管理者、城市的治理者，他一心为民，自然会成为民心所向，即使遇到战事等危难，也必然会众志成城，攻克难关。这就是一个人对于城墙文化意义的理解，也是当人们看到城墙这个物质性建筑时，得到的教化意义。再比如在衢州地方志《西安县志·卷四十三祠祀》中有这样一段序言：

古者报功崇德，祀事为详。凡天地间有大造于民者，春秩秋祈罔不载在祀典。即爱遗棠黍名炳日星，感颂徽嘉，增辉俎豆。有其举之，莫敢废也。易曰：圣人以神道设教而天下服，道于是乎在焉，志祠祀。②

这些祠庙在当代社会更多地被认为是属于建筑性遗产，可以吸引游客观光、香客进香，从而带来丰厚的物质收入；而在县志的记载中，"圣人以神道设教而天下服"体现的是地方政府利用各种祠庙去教化人心，治理社会。孔子在《论语》中曾说："敬鬼神而远之。"又说："未知生焉知死。"这似乎是在表明儒家学者是不大与鬼神打交道的，但是圣人仍然设道去教化大众，是因为对于普通百姓而言，

---

① 郑永禧.衢县志[M].台北：成文出版社有限公司，1984：273.
② 姚宝煊，等修.范崇楷，等撰.西安县志[M].台北：成文出版社有限公司，1970：1536.

对于鬼神的信奉是一种精神的信仰，有利于人心教化。

再比如衢州水亭门历史街区的柴家巷，巷子的名称跟衢州市的陆家巷、费家巷一样，因在此居住过的居民的姓氏而得名。李吉安在《浅谈明清府志中衢州街巷名的文化内涵》一文中说："衢州境域属姑蔑，秦为太末，是浙江最早建县的13个县之一，其历史在浙江堪称悠久。南朝陈永定三年置信安郡后，衢州在唐宋元明清一直为历代州、府、路、道治署所在，衢州城作为浙西政治、经济、文化中心，历来是州府衙署驻地。明清之前，街巷史料缺失。明清之后，这种区域行政中心地位在衢城街道地名中得以反映。"[①] 郑永禧《衢县志》中有柴家巷柴氏的记载，柴家巷之柴氏为"崇义柴氏"，"旧在城西隅柴家巷，周恭帝后，叔夏封崇义公，收掌二帝位版权，就衢州景福院奉安，子孙遂家于衢。今城内但存柴家巷地名，祠不可考"[②]。《衢县志》载："崇义公柴氏（依赵志书氏不书名）《嘉靖府志》家西京，宋嘉祐四年，诏柴氏最长一人封公奉祀。政和八年，诏云：我艺祖受禅于周，而恪封之礼未尽，择柴氏最长见存者为周恭帝后，袭封崇义公，监周陵庙，以示继绝之仁。绍兴五年，袭封叔夏，请于朝云：周六庙在河南府，嵩懿庆三陵在郑州，臣今收掌二帝位版权，就衢州景福院，奉安从之，岁以春秋仲月望，祭牲牢遇郊，遵景祐诏旨，官其子一人。叔夏卒，国器嗣，次天麟。叔夏敛衢，幕时余寇起芝溪，夜至城下，守王公曒委之捍禦，故寇不得冲突。衢既置庙院，乃命莘监建之。大有、安宅、国宝、国宝、国光、春卿皆迭主祠事。安宅字居仁、能时，有《小艇集》；国宝，字唯贤，亦能诗，人传其《严陵十咏》。元后，其家浸微，有孙一人。"[③]《宋史》中提到："绍兴五年，诏周世宗玄孙柴叔夏为右承奉郎，袭封崇义

---

① 李吉安.浅谈明清府志中衢州街巷名的文化内涵 [J].中国地方志，2010(8)：60-63.
② 郑永禧.衢县志 [M].台北：成文出版社有限公司，1984：1124.
③ 郑永禧.衢县志 [M].台北：成文出版社有限公司，1984：1124.

公，奉周后。二十六年，叔夏升知州资序，别与差遣。以子国器袭封，令居衢州。朝廷有大礼，则入侍祠如故事。其柴大有、柴安宅亦各补官。""淳佑九年，又以世宗八世孙柴彦颖特补承务郎，袭封崇义公。"

《衢州姓氏》中介绍："柴姓望出山西平阳。春秋时齐文公的一位后人叫高柴，居鲁国，为孔子弟子，他的孙子举以祖父的名为姓。衢县的柴姓，是五代后周皇帝的后裔。据旧志载，周恭帝后裔叔夏，被宋朝廷封崇义公，收掌祖先帝位版权，就衢州景福院奉安，子孙遂在衢州安家。时在北宋初。至南宋，有位叫柴邦璠的自衢州分迁江山。其他各县的柴姓，大多为衢、江两地的分支。"① 衢县柴氏，全县约4000余人，主要分布在航埠、华墅、横路、岭头等地。衢县柴氏均为五代周恭帝后裔。其渊源大致如下：

崇义柴氏后分支大洲、全旺、廿里等地。

西乡柴氏始祖柴宗愈，为周恭帝族弟柴禹锡次子，曾任温州刺史，北宋初随二帝版权而聚居衢州。南宋初，其裔柴邦璠分支江山长台。明永乐时，柴邦璠后裔柴好悌为海丰令，归老于衢，卒葬西乡柴家，其子德迓、德迎遂家于此。后分支柴家坊、路边等地。②

《衢县志》中还记载有西乡柴氏："西乡百十七庄（地名柴家），周恭帝族弟，柴禹锡次子宗愈为温州刺史，因徙衢路，衢属之柴非崇义公，即宗愈派也。"③ "南宋时江山有学士柴中行，明永乐间柴好悌令海丰归老于衢，卒，葬东柴，子德、迓德迎广万于此，遂定居焉。"④

如果不了解柴家巷的来历，不知道那段北宋初期柴氏被赵匡

---

① 鄢卫建，刘国庆，编.衢州姓氏[M].香港：香港语丝出版社，2001：178.
② 鄢卫建，刘国庆，编.衢州姓氏[M].香港：香港语丝出版社，2001：181.
③ 郑永禧.衢县志[M].台北：成文出版社有限公司，1984：1124.
④ 郑永禧.衢县志[M].台北：成文出版社有限公司，1984：1125.

胤夺去皇位的历史，今天的人们会觉得这只不过是一个普通的江南小巷。然而，当了解那段历史，尤其是看到"继绝之仁"四个字时，便会理解这条巷子的深刻文化意义与内涵。《论语·尧曰》中说："兴灭国，继绝世，举逸民，天下之民归心焉。"这句话的意思为"使被灭亡的国家兴盛，使断绝了的家族后继有人，使被遗落的人才得到提拔，那么天下的百姓就会真心归服了"。这句话讲的是周朝时周公辅佐周成王平定了武庚叛乱后，遵循"兴灭继绝"的传统，善待武庚的百姓和后代，封微子启于商朝故地，建立了宋国。读完了这个故事再来看柴家巷，柴氏的后人同样得到了北宋的封赏，不也是一种文化意义的延续吗？这种文化意义在当代人看来也是有一番教化意义的。从这个角度看，柴家巷不再是单纯的一个巷子，而是具有教育意义的中国传统文化精神的延续和象征。中国传统更注重物质遗产的文化意义，关注遗产的意义的原真性和价值，注重遗产对社会的教化功能，成为利用文化遗产教化人心，进而治理当地社会的一种途径。

从此种角度看衢州市水亭门历史街区现在的遗产保护和利用，可以看到水亭门历史街区的遗产保护还是从保护古街区的物质性肌理入手，主要的目的在于将古街区作为旅游资源进行开发利用，进而有助于当地社会发展。这种遗产的管理方式，还是将遗产管理从属于地方治理，这是因为把遗产仅看作一种文化资源，看作是可以利用的物质的东西。如果将遗产作为非物质性的文化价值和观念的载体，即重视遗产的文化意义和价值，则可以把遗产所承载的文化价值和观念用于整个地方治理。比如对于祠庙承载的"圣人以神道设教"的教化人心的意义和功能加以利用，能够满足人们的精神需要，也就是教化人心。城墙所承载的"城以盛民"的文化意义，在地方的治理中，展现了政府官员胸怀天下，心系百姓，为百姓着想和谋福利，即使没有有形的文化遗产比如城墙的保护，城市依旧是固若金汤。这对于地方官员如何成为关心一方百姓疾苦的治理者具有重要的教化意义，因此，在地方本土的文化传统中，对于历史传统、遗产的保护和利用，归根到底是为了社会福祉。

然而，在当下国内的遗产运动中，这些历史传统并没有得到足够的研究、挖掘和重视。按照AHD体系，整个中国本土的文化遗产的意义与过去发生隔离，遗产从一个文化的整体，包括遗产本体价值和其蕴含的文化意义及其功能，被切割成了若干碎片，以符合西方遗产话语的表述、认定方式，中国传统历史遗产本身在这种遗产运动中失去了其原有的意义和价值的完整性。比如衢州的邵永丰麻饼，2007年被列为第二批浙江省非物质文化遗产，其申报非物质文化遗产主要是从邵永丰麻饼的制作技艺角度进行申报的。根据《中华人民共和国非物质文化遗产法》，非物质文化遗产的内涵如下：

> 非物质文化遗产，是指各族人民世代相传并视为其文化遗产组成部分的各种传统文化表现形式，以及与传统文化表现形式相关的实物和场所。包括：
>
> （一）传统口头文学以及作为其载体的语言；
>
> （二）传统美术、书法、音乐、舞蹈、戏剧、曲艺和杂技；
>
> （三）传统技艺、医药和历法；
>
> （四）传统礼仪、节庆等民俗；
>
> （五）传统体育和游艺；
>
> （六）其他非物质文化遗产。[①]

以上对于非物质文化遗产的认定，侧重的是在AHD的相关原则

---

① 中华人民共和国非物质文化遗产法 [EB\OL](2019-04-01)[2011-02-25]. http://www.npc.gov.cn/huiyi/lfzt/fwzwhycbhf/2011-05/10/content_1729844.htm.

下，以物质基础（material-based）为导向来看待非物质文化遗产。①
根据普洛斯的研究，这种以物质为基础的遗产话语实践发源于19世
纪末的欧洲世界，目的是保护纪念碑和相应的物质遗产。随着殖民
主义的扩张，这种遗产保护的路径传播到了世界其他国家。一些国
家学习、采用了这种遗产保护的路径方法，导致遗产和遗产所在地
的社区之间的联系被隔断，遗产本身与遗产所在社区的传统知识、
管理体系和遗产保护等都被抛弃了，甚至社区也被集体搬迁到遗产
所在地区之外。遗产的意义或者说价值主要在于遗产的考古学、历
史学和美学价值；遗产的利用是在遗产专业人员的专业性保护下的
有限利用，而且要严格尊重现代的、科学的遗产保护原则。而联合
国教科文组织于2003年制定的《非物质文化遗产保护条约》，依然继
承着这样的遗产认知思维，在对非物质文化遗产的认定中，虽然侧
重遗产的非物质性的文化实践和展演，但是关注的是其中的技术手
段、工艺流程等，我国对于非物质文化遗产的认定也是遵循这样的
原则。因此，衢州麻饼作为非物质文化遗产，制作麻饼的工艺流程
十分重要，麻饼所代表的文化意义则被弱化。事实上，麻饼最早可
以追溯到唐代从西域流传进来的"胡麻饼"，而"胡麻饼"是当时中
西文化交流的一个有价值的见证；麻饼后成为衢州当地宗族西和徐
氏祭祀祖先时必须使用的祭品。在宗族祭祀活动中，麻饼可以供族
人享用，不同辈分的族人得到的饼的数量不同，麻饼成为族人之间
亲疏远近、辈分高低的一种"礼"的象征。这是麻饼的一个重要的
文化意义与内涵。吃这个饼，也是受教化的一部分。然而，这些文
化意义和功能在非物质文化遗产话语下，被忽视和弱化掉了。正如
吴宗杰在《水亭门文化遗产报告》的前言中写道：

---

① POULIOS I. Discussing strategy in heritage conservation: Living heritage approach as
an example of strategic innovation [J]. *Journal of Cultural Heritage Management and
Sustainable Development*, 2014, 4(1): 16-34.

孔子曰："述而不作，信而好古，窃比于我老彭。"孔子一辈子做的事，是通过挖掘与传承古人遗产，实现他当下的诉求，这告诉我们遗产可以是当下变革的渊源和载体。在打破物质载体的文化迷思后，我们接受联合国教科文组织定义的非物质文化遗产分类体系。但是，如果我们解读一下孔子的遗产观，这背后还有更深的一层："立权度量，考文章，改正朔，易服色，殊徽号，异器械，别衣服，此其所得与民变革者也。"这里列出七种类似今天的非物质文化遗产，如历法、服饰、名号、器械等，这都可以随时代之变迁而更新，有关这些东西的传统"表现形式""表演艺术""社会实践"和"手工艺"等教科文组织定义的遗产也可以为经济发展所用。但孔子列出下面四项，认为是不可改变的遗产之道："其不可得变革者则有矣，亲亲也，尊尊也，长长也，男女有别，此其不可得与民变革者也。"这就是文化遗产的深层价值，或者称相对于"载体信息"的"核心意义"（喻学才，2010），是各种遗产载体永恒并要彰显的意义，也是孔子"兴灭国，继绝世，举逸民"不惜要恢复的遗产。梁启超说："先贤诸哲哲，隋唐诸师，岂不都是我们仁慈圣善的祖宗积得好几大宗遗产给我们吗？我们不肖，不会享用，如今倒是要闹说饥荒了。"①

事实上，整个水亭门文化遗产报告探讨了遗产本土意义的产生、如何看待文化遗产的原真性以及遗产如何通过书写表征遗产这三方面的问题，旨在重新挖掘水亭门历史街区的文化遗产的意义和内涵，从而建构起与西方AHD不同的中国本土遗产话语框架。② 一位时任

---

① 吴宗杰，等.坊巷遗韵：衢州水亭门历史街区 [M].北京：商务印书馆，2017.
② 吴宗杰.话语与文化遗产的本土意义建构 [J].浙江大学学报（人文社会科学版），2012(5)：28-40.

衢州市人大代表看完这本研究报告之后这样说道："现在有很多城市在修城墙、修复护城河、重建老城，这很重要。也花不了很多财政预算。然而，人们在做这样的决定的时候还是心存疑虑：从哪里能得到投资？能够有什么样的经济社会收益？吴教授的这个研究报告给衢州市的领导展现了水亭门修复后的未来，这些领导能够从你的报告中看到水亭门的未来。"（基于对2012年9月衢州水亭门文化遗产研究报告会议纪要的整理）

　　2011年，浙江大学跨文化研究所团队提交了衢州水亭门文化遗产研究报告，扭转了衢州市政府各个部门官员的固有的旧城改造的思维：比如过于重视物质性文化遗产的保护和修复，而忽视非物质文化遗产，即文化遗产的意义和内涵；对老街区大拆大建，搬走了原住民；不重视本地历史文化资源、民俗文化的挖掘；对于本地的地方性知识知之甚少等。衢州市规划局的领导表示："下面的规划，我想不仅要保护物质文化遗产，而且还有非物质文化遗产如何发扬光大。"（基于对2011年12月7日衢州水亭门文化遗产研究报告会会议纪要的整理）住建局领导也表示在做好老城区基础设施建设的基础上，遵循修旧如旧的原则，保留原居民，避免大拆大建的旧有修复方式。旅游局官员表示除了利用现有的物质文化遗产资源发展旅游产业外，希望能够从本地的历史文化民俗方面入手，吸引更多游客发展旅游产业。衢州市委领导表示：

　　　　这个项目的起点和角度是非常高的，不光是服务于经济，把我们文化自身服务好，甚至服务于社会，更好的价值取向，注定他的研究成果具有更大的参考价值，所以我觉得这是一种与文化的结合，既然他本身可以服务于人，服务于文化，使用价值服务于我们的旅游，城市规划更是没有问题。以后旅游规划设计有了更好的参考依据。一般的泛泛的旅游是留不住人了，你要让人们能够驻足，让人能够逗留，必须要有故事，要有文化历史内涵，哪怕是为我们本市市民提供追思历史、反思古今的一个文化载体，所以我觉得是非常有价值和内涵的。（基于对2011年12月7日衢州水亭门文化遗产研究报告会会议纪要的整理）

水亭门文化遗产研究报告对于遗产的认知、叙述和表征，不同于西方AHD建构的思维方式，使衢州市政府的各部门各级领导对于衢州本地的文化资源有了更加深入的了解，加深了他们对于水亭门历史街区修复的历史感、使命感和责任感，使他们对于水亭门历史街区的保护规划慎之又慎。2012年3月衢州市住建局邀请了国内的知名专家学者以及衢州市政府各个部门的负责人、吴宗杰教授带领的项目组成员、地方文化精英共同讨论接下来水亭门历史文化街区建造的具体细节。此次讨论进一步明确了针对衢州的地方性特征，特色的历史和文化，结合国际国内老城改造、古建筑修复等多方面的经验，提出了水亭门街区具体的修复和改造方案。

多名专家学者强调，不能为了最终的经济利益而改造。如一位国内知名专家说："这个历史文化内涵，不要局限于'街'字，不要总想着变成商业街，变成赚钱的街，变成旅游的街，我们要思考怎样在历史文化上做文章，具有真正的历史文化内涵并表露出来。"另一位专家说："要端正观念。千万不要从旅游商业利益着眼，而是要着眼于水亭门作为历史文化保护的事业价值和精神价值。不仅是文物价值，还有社会价值和精神价值。"另一位专家再次强调："千万不要从商业赚钱、搞旅游出发保护古城，我们古城保护历史街区的目的，是保护我们祖先传下来的历史文化遗产……旅游业一定要走可持续发展的道路。要走这样一条道路，必须要保护好文化遗产，现在人们对遗产这个概念都搞不清楚。遗产是前人传给后人的财富，既有精神财富，也有物质财富。不是现在我们造出来的遗产。所以我们现在有一些误解。我们千万不能从发展商业、赚钱的目的出发来保护历史街区，首先要从街区的精神价值出发。这个观点非常正确，不能只看到钞票，还要看到精神。"（以上均为基于对2012年3月衢州市水亭门历史文化街区建造研讨会会议纪要的整理）

专家集中意见的第二点就是要考虑到在修复、保护历史老街区的同时，要给老百姓谋实惠，提高百姓的生活质量。一位专家说："这个历史街区有很多居民居住在这里。今天在水亭门又看到了马桶，杭州可能还有，但是不大多了，上海可能还有。我这个意见就是，在保护历史街区，对历史街区进行维修的同时，要考虑到改善居民的生活条件，要考虑到居民供水、供电、供气、厨房的设施跟厕所。我希望在不改变外貌的情况之下，应该解决居民的生活问题。这样的话，我们的保护就会受到居民的支持。当然，有些很支持的；有些不愿意住在这里，你也不要让他住在这里。"

第九章 结 语

本书在话语研究的框架内，通过遗产实践探索了中国文化治理方式，把遗产实践融入文化实践，实际也就是一种话语的社会实践（social practice）。本研究的遗产实践，包括遗产的保护和利用，是以政府为实践主体的，这是在中国特殊的政治经济体制背景下的遗产保护实践中的政府施政行为，即资源的协调，组织的动员，国家意志都是通过各级政府来实施和体现。与此同时，在整个遗产实践作为文化治理的过程中，作为遗产实践主体的地方政府与专家学者、社区居民和公众（包括各种组织、游客）之间的互动，有利于遗产的治理，以及地方文化身份和文化特殊性的建构。本书从文化话语的视角，研究我国"政府主导、社会参与"的遗产实践作为政府文化治理的一种方式，从具体的遗产实践案例入手，呈现其中政府、学者和地方社区居民之间的互动关系，认为这种遗产实践模式将我国历史文化传统与当代社会现实相结合，成为社会和谐的表征方式，体现了我国社会的繁荣有序。在建构我国文化遗产实践话语中，有必要厘清哪些是以国际遗产保护专家为代表的国际遗产实践话语，哪些是在国际遗产实践话语影响下产生的国内官方遗产实践话语，哪些是当地社区居民朴素的遗产认知和理解，哪些是来自地方历史文化传统的话语。在这个过程中，梳理和总结其中的社会关系、社会身份等话语的建构，从而形成一套符合中国历史文化传统与当下语境的文化遗产保护行为准则与规范和话语。

遗产建构主要有三个层次：遗产作为政府发展旅游产业，进行地方治理，促进当地身份认同的重要方式；遗产作为专家学者知识的建构；遗产作为社区居民追求本体价值和经济利益的手段。在相关文化政策下，地方政府作为遗产实践主体发挥了积极性作用。地方政府将文化遗产作为社区基层治理的重要组成部分，是中国政府政治经济体制特殊背景之下的行政行为。目前为止，还没有学者做过相关课题的研究。一般提到地方政府，可能会从单纯批评高度集权下的政治体制，上升到意识形态高度。这于遗产实践来说并无实际意义，本书并不是要从政治角度来谈论遗产话语建构和治理，而是联系我国历史和当下的文化背景下我国政府的文化治理行为，即作为遗产实践主体的地方政府与专家学者、社区居民和公众（包括各种组织、游客）之间的互动，分析何种遗产实践有利于遗产的治理，以及国人文化身份和认同的构建。在今天，我们要挖掘中国传统文化的精髓，增强国人的文化自信，讲好文化遗产实践的中国故事，亦是更好地宣传文化遗产实践的中国话语，在国际遗产实践界和学界，发出中国声音，应对西方现代性、全球化的挑战。

　　本章主要介绍本书的研究发现、研究意义以及未来的研究方向。既然我国文化实践作为一种治理方式有助于提升我国的文化自信，并且是我国在国际社会提升文化价值观念话语权的重要资源，运用文化实践作为治理方式对于中国话语建构有重要的意义。因此本部分着力探讨如何运用文化实践作为治理方式建构中国话语，并对我国遗产实践中作为实践主体的政府与遗产研究学者、社区参与之间的现状进行总结，并指出其中存在的问题之一就是三者之间缺少持续有效的沟通机制，从而使遗产实践的认定、保护和利用三个环节中政府、遗产研究学者和社区之间出现了脱节。因此，本章再次重申了我国遗产实践作为一种治理方式需要注意的事项：从纵向来看，要通过遗产实践作为一种治理方式，加强国家、地方、社会三者之间的互动；从横向来看，要加强作为遗产实践主体的政府、遗产研究学者和社区居民之间的良性互动。

第一节　研究的主要发现

一、政府、遗产专家学者和社区参与在遗产建构中的不同作用

政府在遗产建构中发挥主体性作用，在地方治理中需要协调政府各部门、社区、居民组织的利益，组织调动社会各方面的资源，特别是遗产专家学者参与遗产的保护和利用。第一，政府所辖的各个机关部门是相应的社会群体的利益代表。政府代表的是人民的根本利益，各部门则代表其对应的社会群体的利益。在遗产实践中，一方面需要具有主体性作用的政府部门能够在体制、机制方面对于遗产实践全权负责；另一方面，需要政府在政策制定上能够协调其他部门和遗产实践部门。第二，我国各级政府在遗产保护和利用的社会实践中的作用并不是西方社会所批评的一党专政，而是体现了政府以及相关遗产实践部门从家长式的管理者，向协调各遗产实践相关组织、部门以及遗产所在社区居民之间关系的治理者和协调者角色的转变。第三，遗产所在地政府能够借助社区组织，比如居委会等协调社区居民和政府之间的关系，促进社会稳定和遗产实践的顺利进行；同时，在宏观战略上，政府摆正遗产实践在城市治理的地位，需要有更加高瞻远瞩的眼光，从城市宏观规划的角度看待遗产实践未来的发展走向。

遗产学者和专家在遗产实践建构中的作用：一方面，遗产学者和专家一般是在政府的邀请下，参与具体遗产实践，因此遗产学者和专家起到的是智囊团、咨询顾问的作用，这种作用主要表现在遗产专家学者所具有的遗产实践的专门知识，包括对于遗产内涵的认知、遗产保护的专业知识上。然而，在遗产的利用上，政府并不十分重视与遗产专家学者的沟通和交流；遗产专家学者似乎也不热衷参与遗产的具体利用。当然，遗产专家在遗产知识的普及，在提升政府遗产实践者的遗产素养等方面发挥十分重要的作用。另一方面，

遗产学者通过前期的调研、走访社区，能够把社区居民对于遗产的认知、关于遗产如何保护和利用的想法汇集起来，可以起到促进政府和社区之间沟通和交流的中介角色的作用，从而更有利于遗产的实践，有利于政府将遗产实践纳入地方治理当中。除此之外，遗产研究学者在与国际遗产研究学界的交流中发挥着遗产外交官的作用，在传播遗产实践的中国经验和中国智慧，提高中国在国际遗产领域的话语权方面，需要遗产研究者和专业人员的传播和交流。

社区参与在遗产实践建构中的作用一向不被重视。但是，通过研究，由于社区居民的多样性和社区参与的多样性，在遗产实践中的参与程度有浅有深，参与遗产实践阶段亦有所不同。社区参与不是被动的参与，而是社区居民有目的、有选择性地参与。当然，社区参与有其消极的一面，这需要社区居民的遗产素养等的相应提高。也需要政府制定一定的政策加以引导。同时，在遗产的利用阶段，更要鼓励社区居民积极主动、深入地参与遗产的利用。鼓励不同层次，具有不同遗产认知、不同遗产素养的社区居民参与遗产实践的不同的阶段和层面。

二、遗产实践作为文化治理方式与传统的文化治理的异同

文化遗产实践是以文化遗产为主要话语，进行当地社区文化治理的社会实践。文化遗产作为社会话语实践亦是一种文化治理的方式。在中国传统文化中，"文化"的意思是用文明的、非武力的手段去教化。教化既有提高自我修养，又有教化他人之意。文化本就是一种治理方式。传统的文化治理偏重于从思想上教化大众，以清朝康熙、雍正年间利用宗族文化治理地方为例，通过宗族组织所设宗祠、编撰的族谱以及举行的宗祠礼仪活动等，在思想上教化大众，比如重视读书人，提倡贞洁烈妇、孝道等；再比如衢州水亭门街区的传统社区空间中，各种贞节牌坊以及为官员、读书人或者有突出行为者比如忠孝之人所立的牌坊、祠庙等，构成了对人进行教化的

空间，亦是通过空间治理来规范人的行为。对比之下，当下遗产实践作为一种治理方式，偏重的是以经济发展、社区发展为主导的话语模式。传统文化治理中的教化功能、对于大众的教育和行为规范功能并没有被充分利用和挖掘出来。现在的文化遗产实践作为一种治理方式，从精神上来说是为了满足人们的精神文化需求，提高国人的文化自信、地方的文化特色和国人的文化认同，从物质上来说是为了提高人们的物质生活水平，促进社区景观的改变和社区的发展。这的确也符合当下中国的一些现状，首先，老百姓需要改善、提高物质生活条件；政府需要形成强有力的话语，并以此获得社会的支持，保证内部成员的目标一致。其次，文化遗产利用和管理的主要方式就是旅游，而当下中国的经济发展，老百姓的精神文化生活也需要一定程度的满足。

三、遗产实践中政府与遗产研究学者、社区参与的良性互动

遗产实践作为一种文化治理方式，之所以能够达到良好的经济效益和社会效益，是各级政府、遗产专家学者以及社区居民三者之间良性互动的结果。各级政府为主体，一是政府官员对于文化遗产有一定认知，有较高的遗产素养和相关知识，意识到文化遗产的价值；二是政府懂得使用学者和专家对遗产进行本体价值保护和利用，以及遗产价值的宣传和知识普及；而普通居民，通过政府宣传、学者普及，提高了遗产素养，认识到文化遗产能够带来切实利益，因此会发自内心地去迎合政府相关的文化政策，主动参与遗产实践。当普通居民接受这样一种遗产的话语，意识到遗产话语能够为人们的经济生活带来重大变革，当当地官员意识到，遗产话语能够帮助当地发展经济，促进旅游时，两者便会主动参与到遗产的保护和利用中来，地方的发展就能够实现。

值得注意的是，我国的遗产实践中，即遗产的认定、申报和后期的利用中，政府的主体性作用没有发生变化，但是政府与遗产研

究学者、社区参与并没有保持持续的沟通。比如在遗产的认定以及遗产本体价值的保护方面，政府与遗产研究学者关系紧密，但是与社区居民是脱节的。这是因为遗产本体价值的保护、遗产的认定离不开遗产专家的专门知识；相比较之下，社区居民由于缺乏相关的专门知识，在这一环节没有受到政府的重视。在遗产的利用方面，政府与遗产研究学者和社区参与的关系都不太紧密。政府很少征求专家意见，遗产的利用可以做什么，不可以做什么；也较少考虑当地社区以及社区居民的需求，而是政府出于官方意志，结合对于当地实际情况的掌握和了解，直接决定引进什么样的商业业态，或者打造什么样的商业发展模式等。因此，虽然我国遗产实践中，政府、遗产学者和社区居民三者各有作用和优势，但是在一些具体的遗产实践环节缺少持续有效的沟通机制。因此，我们有必要建立三方在遗产认定、保护和利用环节中持续有效的沟通机制，大家要达成共识，尤其是在遗产利用方面（遗产旅游化和市场化是遗产利用的主要方式），哪些遗产价值可以利用，哪些不可以进行旅游或商业开发，要设立相关的底线和红线。（基于2017年9月对MZH的访谈）

四、中国的遗产实践与可持续发展

1972年，联合国教科文组织公布了《世界遗产公约》，其中文化遗产所涵盖的范围大大增加，从最开始的历史性的纪念碑和遗址，拓展到与非物质遗产相关的城市历史中心、工业景观和遗址。但是遗产的价值作为一个备受争议的和与社会文化语境息息相关的话题，对于世界遗产遗址管理框架的影响却是十分有限。尤其是对于比较复杂的遗产地（heritage sites），比如工业景观遗产价值的管理经常与当代社区生活之间发生冲突。最近世界遗产系统中提到遗产对可持续发展具有重大的贡献，如何应对复杂遗产地的保护框架出现的可持续发展的管理范式，值得关注。兰多夫提出，处理二者关系有两个重要的原则，一是长期和全面的规划过程的利用，还有就是多样化的利益相关者在规划过程中的积极参与。兰多夫通过研究发现在制定遗产保护目标的时候，有正式合作身份的合作者起决定性作用，在政策制定层面中，社区参与十分有限，这一方面保证了物质性的遗产的保护和传承，一方面也限制了当地文化经济的可持续发展。[①]

　　什么是可持续发展？对于可持续发展的目标，并没有达成一致。可持续发展是1987年世界环境和发展委员会（World Commission on Environment and Development，WCED）所提出的一个概念，发展不但能够满足当下人们的需求，同时也能够为子孙后代所考虑，能够满足未来人群的需求，这个定义包含有三个互相依赖的维度：经济、环境和社会维度。然而有批评认为，目前人们对于经济和环境发展的措施已经建立得比较完善；然而，在社会的可持续发展（social sustainability）维度上，却没有建立相关的措施。即使建立了相关的社会可持续发展的措施，也很难在可持续发展实践中保持平衡，其中的原因，威廉姆斯认为是：可持续发展需要社会、经济、环境和政治体制的高度联系和相互连接，以多样化的组织和相关利益群体营造的环境为基础，需要政治、法治和法律等体系建立的网络，而且很难将其中的结构和根源厘清，对具体的政策的干预和导致的相应结果很难去归类和把握。

　　进入21世纪，传统的遗产保护实践（heritage conservation practice）是自上而下进行的，由遗产专家制定规则，高度依赖遗产的所谓客观的艺术和历史价值观、科学价值观。因此，大多数利益相关者所理解的文化遗产意义和价值没有被考虑进去；相比较之下，批判遗产研究提倡自下而上的遗产实践，希望大多数的利益相关者能够参与到遗产实践当中，实现遗产实践的"民主化"，将普通人对于各种无形、有形遗产的意义和价值的理解纳入遗产保护实践中。

---

① LANDORF C. A framework for sustainable heritage management: A study of UK industrial heritage sites [J]. *International Journal of Heritage Studies*, 2009, 15(6): 494-510.

既有遗产保护实践的法律，体现出对于遗产的认知受到 AHD 的影响，认为遗产的认定和保护管理是遗产专家的统治领域。这些法律中认同遗产的认定是专家所制定的规则，遗产的意义由专家所认定；遗产的意义停留在过去，而不是现在；历史的原真性依赖于物质遗产的有形存在，这些有形的存在凝聚了过去的事件和人物；遗产所承载的价值观被设想成是无法改变的，固定的。[①]

　　在遗产保护和实践中，人们更多地倾向于依靠专业性知识，因此，有遗产保护和实践相关的知识的专家学者对于遗产的认知、遗产价值的判断、遗产保护的原则、遗产利用的方式等都具有权威的话语权。然而，这样的遗产专家学者毕竟是少数，对于大多数人来说，包括从事遗产保护和实践的具体工作人员、游客以及居住在遗产所在地的社区居民，他们对于遗产的认知和价值判断是不被重视的，甚至是被忽视的。合作成员的价值观和社区价值观在遗产管理规划初始阶段并不被考虑在内，并且可持续发展遗产管理在遗产的认定过程中不考虑合作方和社区的价值观，仅考虑遗产本体的价值，但是在遗产管理规划过程中，却高度重视合作方和社区价值观等在管理政策制定方面的作用。现在强调遗产保护实践的可持续发展，就是强调遗产保护实践过程中的社区参与、公众参与，强调社会大多数在遗产利用的认知和价值观，这是一种趋向，可以说是当今遗产保护实践中的新的发展趋势。这一趋势体现在遗产保护和实践强调专家学者与普通大众、社区居民之间的互动，强调在制定相关遗产保护实践政策时，双方平等、民主地交流，社区积极参与，而为了保证这样的目标得以实现，相关的法律法规是必不可少的，因其

① WELLS J C, LIXINSKI L. Heritage values and legal rules: Identification and treatment of the historic environment via an adaptive regulatory framework (part 1) [J]. *Journal of Cultural Heritage Management and Sustainable Development*, 2016, 6 (3): 345-364.

可以保证在遗产实践过程中实现各个利益相关者的利益。[①] 以城市中的自然景观遗产为例，由于受到经济发展和社会转型这两大主要因素的影响，景观本身和环境质量上都出现了退化的现象。如今，许多城市面临着城市需要复兴、环境需要保护的压力，部分城市自然景观被严重破坏，这些在历史遗产城市中尤其明显，河边自然景观失去了可持续发展的特质，人们对于河岸景观的满足感、亲密感、社会纽带被破坏了。如何通过城市设计规划的视角，来实现河岸景观的可持续的复苏和发展？专家的投入扮演了重要角色；同时，可持续发展离不开政府、利益相关群体以及公众参与。

兰多夫对比了传统的遗产管理与可持续发展的遗产管理，认为传统的遗产管理是遗产实践主体特别是政府作为实践主体主导的话语实践，遗产所在地的社区和其他利益相关主体、合作者的角色主要是参与、配合政府为主体的遗产实践。因此，传统的遗产管理是单边的、由政府主导的行为，关注的是遗产本体的价值，唯一考虑的是遗产管理是否会给遗产地保护带来利益，遗产专家的权威受到政府重视；可持续发展的遗产管理强调与遗产所在地社区之间的反复多次的互动，遗产管理不仅关注遗产本身价值的保护和带来的利益，更关注遗产保护为遗产所在社区所带来的利益和价值，在遗产本体价值保护中，除了注重遗产专家的权威之外，还强调遗产管理过程中志愿者、非政府组织以及遗产所在社区的参与。然而，现有的世界遗产地的管理只局限于遗产本体价值的保护实践，在可持续遗产保护和管理视角来看，其视野范围相对狭窄。而且，要有遗产可持续发展的眼光，遗产管理者需要具备遗产保护、管理和谈判的技巧，同时能够掌握大量有力的数据，以便在制定遗产管理政策中

---

① SHEHATA W T A, MOUSTAFA Y, SHERID L. Towards the comprehensive and systematic assessment of the adaptive reuse of Islamic architectural heritage in Cairo: A conceptual framework[J]. *Journal of Cultural Heritage Management and Sustainable Development*, 2015, 5(1): 14-29.

发挥重要作用。①

　　传统的遗产保护实践所制定的法律，已经不能适应现代对于遗产的认知，即批判遗产研究对于遗产的认知，即遗产是流动的，因此传统的遗产保护法律法规不能够完全用来指导批判遗产研究对于遗产的认定、保护和利用。对于遗产保护和实践来说，把遗产实践作为一种治理方式是一系列的转型，涉及相关法律的制定、社区发展和城市规划等方面。传统的遗产保护实践关注的是遗产客体本身，而批判遗产研究关注的是人与人以及人和遗产的关系。批判遗产理论关注的是遗产实践在当下社会的文化意义，这些意义是流动的，能够为大多数利益相关者所理解。根据遗产所处具体情况，可以恢复遗产的旧有功能，或重新合理利用并开发遗产的新功能。遗产保护可能会促使遗产在当代的转型，比如在建筑结构、建筑特点、建筑的身份，以及原真性意义等方面需要为子孙后代进行保留。遗产保护的可持续性，除了可以满足遗产本体价值的保护的要求，还可以满足当地社区的迫切需要，对当地的经济、环境和社会效益都具有良好的促进作用。②

　　当对遗产的认知从单纯的遗产本身，比如建筑遗产，扩大到遗产所在的周边环境，即遗产景观，对遗产保护和利用的认知也从单纯的保护遗产本体的保护和利用，逐渐扩展到对于遗产本体所在地、社区、环境的保护和利用，从单纯的保护遗产本体，到关注遗产本体与周边环境、社区、居民之间的互动，以及遗产保护部门与环保、经济发展、生态环境保护部门之间的协调与互动，从关注遗产保护本身带来的旅游业发展到关注遗产保护的多样性利用。遗产保护与

①　LANDORF C. A framework for sustainable heritage management: A study of UK industrial heritage sites [J]. *International Journal of Heritage Studies*, 2009, 15(6): 494-510.

②　WELLS J C, LIXINSKI L. Heritage values and legal rules: Identification and treatment of the historic environment via an adaptive regulatory framework (part 1) [J]. *Journal of Cultural Heritage Management and Sustainable Development*, 2016, 6(3): 345-364.

可持续发展，将视野从以遗产保护为核心，扩大到遗产所在地的景观所在地，将遗产保护实践与自然资源管理、政策制定和规划、当地的社区发展等都纳入遗产所在地的遗产保护规划和发展中，从而建立起多部门、多学科、多维度的集中评估水质、生物多样性、经济发展、土地开发利用和管理水平的体制。艾里斯等以澳大利亚一处名为Tully-Murray的遗产地为研究案例，提出要实现遗产景观的可持续发展（sustainable landscape development），政策制定者要能够知道遗产所在景观的生态、经济和社会互动的复杂联系，遗产保护决策制定给当地的土地利用和管理带来的潜在的变化和影响，以及相关利益者参与遗产保护，对于遗产地的法律、规定、机构以及传统的保护和管理方面的作用。由于多样化的文化视角，参与性管理的规划也出现多样化，遗产管理体系包括一系列的规划、实施、监管、评估和反馈的程序和细节也会逐渐多样化。①

遗产的原真性、完整性和遗产的文化价值（cultural significance）、可持续发展，这些词汇，没有明确的定义。② 这是因为要考虑到遗产所在地的文化的多样性，所在地的社会文化语境以及对于遗产的认知方式等。这些因素都会使得遗产所在地的社会对于遗产的原真性、完整性和文化价值的判断多样化以及遗产对于当地社会的作用出现多样化，从而体现遗产的多样性和遗产价值的特殊性。在世界文化遗产申请的表述方式等方面，体现了遗产价值具有一种普遍性。③ 我们经常说，只有民族的，才是世界的，也是这个道理。

兰多夫指出，在许多世界遗产地的具体管理上，遗产保护和管

---

① BOHNET I C, ROEBELING P C, WILLIAMS K J. et al. Landscapes toolkit: An integrated modelling framework to assist stakeholders in exploring options for sustainable landscape development [J]. *Landscape Ecol*, 2011, 26(8): 1179-1198.

② BOHNET I C, ROEBELING P C, WILLIAMS K J. et al. Landscapes toolkit: An integrated modelling framework to assist stakeholders in exploring options for sustainable landscape development [J]. *Landscape Ecol*, 2011, 26(8): 1179-1198.

③ LANDORF C. A framework for sustainable heritage management: A study of UK industrial heritage sites [J]. *International Journal of Heritage Studies*, 2009, 15(6): 494-510.

理的可持续发展没有完全符合可持续发展的原则，这说明一方面世界遗产地的可持续发展原则存在理论与现实的差距，另一方面，世界遗产地的管理规划存在多样性，很难用统一的标准和原则去要求和衡量。究其原因，首先主要是遗产地的可持续发展原则过于宏观，尽管已经考虑到了各种世界遗产地的具体的情况，但是很难对于其中具体的情况做有针对性的指导。其次，可持续发展要考虑经济、环境和社会三个维度，虽然经济和环境指标可以用线性的、行动的、具体化的、数字性的目标去衡量，但是，社会目标对于遗产所承载的非物质价值很难量化。再次，可持续发展的管理规划都很少涉及遗产所在地的价值观和态度、当地社区参与遗产保护和利用的责任感和遗产之间的联系。最后，与传统的遗产管理相比，可持续发展的遗产管理除了关注遗产本体价值的保护之外，更关注遗产地的可持续利用；除了关注专家技术和职能之外，也关注志愿者和非专业人士的参与；传统的遗产管理只是注重遗产本体管理的规划过程，只是注重实现与遗产本体相关联的一些目标；而可持续发展的遗产管理注重从整体、统一、全面的、长期的角度来制定管理规划。①

社区参与对于遗产保护的可持续发展非常重要，同时，在遗产管理中，制定长期的、整体性的规划也至关重要。对比来看本书的遗产案例，的确是如此。尤其是将遗产保护纳入地方治理体系中，是我国致力于文化遗产保护的可持续发展的一项十分重要的中国经验。

结合国际上遗产保护和管理的经验不难发现，如何促进遗产保护的可持续发展，如何把遗产保护和管理与地方治理结合起来，并没有放之四海而皆准的经验。而必须要结合当时当地的语境，需要各个遗产保护地的遗产实践者能够结合其遗产保护的具体情况，既要遵循一些相关的国际遗产保护原则，又要灵活性地、创造性地实

---

① LANDORF C. A framework for sustainable heritage management: A study of UK industrial heritage sites [J]. *International Journal of Heritage Studies*, 2009, 15(6): 494-510.

践遗产保护和管理。这体现在具体的实践中，就包括如何去找资金，如何制定规划，如何管理等一些具体的方面。

第二节 研究的启示意义

一、遗产实践作为一种治理方式对建构中国遗产实践话语的启示

我国的国家话语体系存在的问题之一，就是政治、传媒等诸多领域的"国家话语体系"研究多是"喻化式"的，停留在"国家话语体系"等概念的阐释层面，缺少实质性的"话语"层面的研究，缺少一贯性和系统性。① 陈汝东提出，建构中国国家话语体系，有助于增强国家传播能力，提高国家话语能力，应该上升为国家战略。② 其中一条原因，就是国家话语体系研究有助于提高我国的文化软实力，有助于强化我国的国家治理能力，特别是全球治理能力，因为国家话语能力建设是国家治理体系在话语层面上的集中表现，是我国全球治理能力的有机组成部分。

2005年开始，国务院和文化部都下发了关于文化遗产的文件，国务院文件强调要加强中国文化根基建设；文化部关注的是国家级非物质文化遗产项目的管理。可见这个由国家导向、学界介入、社会参与的活动，是对文化运动的新的战略推启。这对中国未来的文化建设意义重大，尤其是对文化遗产认识的重新开始。牟延林认为："文化遗产是对中国的一种解释，是对中国历史和当下的一种文化表述和阐释。文化遗产是建构中华民族的文化身份、中国的国家身份认同的一种十分重要的方式，是传播中国经验和中国智慧、促进与世界和平对话的重要手段。"③ 本书就是要深入我国文化遗产的具体保

---

① 张志洲. 提升学术话语权与中国的话语体系构建 [J]. 红旗文稿，2012(13)：4-7.

② 陈汝东. 论国家话语体系的建构 [J]. 江淮论坛，2015(2)：5-11.

③ 牟延林. 非物质文化遗产的表述背后是中国 [C]// 文化遗产研究（第二辑）. 成都：巴蜀书社，2012：279.

护和利用的实践中，从遗产实践作为一种治理方式的建构角度讲述我国的文化遗产故事，以传播中国经验和智慧，提升我国的话语权。施旭在谈到建构当代中国话语理论时认为，我们的理论要符合三个要求：一是植根本土；二是胸怀世界；三是进行国际对话。[1]同时还要采取两套建构的方略：一是跨历史，即要重视从我国的历史中挖掘中国话语建构的资源；二是要跨文化，即通过借鉴西方话语来进一步丰富、构建我国的话语。[2]基于此来思考建构遗产实践的中国话语的方向。

首先，物质性及非物质性遗产是中国历史文化传统的重要载体，蕴含着中国话语的文化基因[3]；其次，遗产保护和利用中形成的中国经验和中国道路，均为建构我国文化话语，提升我国国际话语权提供重要素材。要提升我国文化话语权，使中华文化"走出去"，使中华文化成为全世界可以共享的文化资本，需要我们制作好"文化大餐"[4]。在习近平总书记提出的"四个自信"（道路自信、理论自信、制度自信、文化自信）中，坚定文化自信是更基本、更深沉、更持久的力量。我国优秀的传统历史文化，富有特色的思想体系，体现了中华民族几千年来积累的知识智慧和理性思维，这是坚持文化自信的历史根基，也是发展哲学社会科学、建构中国特色话语体系的深厚基础。[5]习近平总书记强调，"我们走自己的路，具有无比广阔的舞台，具有无比深厚的历史底蕴，具有无比强大的前进动力，中国人民应该有这个信心"[6]。我国遗产保护和利用的社会实践，无疑会

---

① 施旭. 当代中国话语的中国理论 [J]. 福建师范大学学报（哲学社会科学版），2013(5)：51-58.
② 施旭. 话语研究方法的中国模式 [J]. 广东外语外贸大学学报，2012(6)：5-7.
③ 赵庆寺. 中华传统文化与中国国际话语权的建构路径 [J]. 探索，2017(6)：114-121.
④ 楼宇烈. 文化要"走出去"，首先要"走回来" [J]. 中国教师，2016(19)：5-8.
⑤ 陈立. 加快推进中国特色哲学社会科学话语体系建设 [J]. 行政管理改革，2017(6)：4-7.
⑥ 习近平. 在纪念毛泽东同志诞辰 120 周年座谈会上的讲话 [N/OL]. 新华网，2013-12-26[2019-03-15]. http://www.xinhuanet.com//politics/2013/12/26/c_118723453_3.htm.

在我国坚定文化自信的道路上发挥重要作用。

传统文化中"以故为新"，并不是要回到过去，或者完全复古，而是要从中国历史文化传统中汲取资源和营养。这种营养很大程度上是中国传统经典中的道统源流，即儒家思想、道家思想，其中经义承载着我国传统的文化基因，建构着我国看待遗产的传统视角，这种经义是全球文化多样化视角下的"地方性知识"的重要组成部分，有助于促成东西方深度文化对话。

第二，要重视结合中国的地方的文化特性和特征。当下的文化遗产实践是文化治理的一种方式，是借用了西方的遗产话语，而施行的是具有中国特色的传承传统文化和历史，从而促进经济发展、社区发展、促进地方发展的话语模式。这是当下文化治理的一个重要的表现特征。相对于全球文化的多样化，中国的历史文化传统无疑具有特殊的地位和作用。在尊重儒家思想的大一统框架下，中国地大物博，各地风俗人情、历史传统也有其地方性特征。因此，深入挖掘地方独特的历史文化资源，从地方独特的文化遗产中，看以儒家思想为代表的中国传统文化如何在具体的遗产保护实践中体现出来，并如何影响地方的独特的文化传统的形成，从而形成遗产的地方性特点，有利于地方社区居民建立对于本地的归属感和认同感，进而更深一步认同中国传统文化，强化对于国家的认同。

重视我国地方的文化特性和特征，还包括重视生活在地方遗产空间的社区居民的遗产话语。这些话语通过遗产实践塑造地方文化身份，是建构遗产实践的中国话语的重要资源。不重视地方历史文化传统和遗产所在地生活的居民，就会导致遗产地文化身份的消解，从而弱化遗产的地方性特征，进而影响到遗产对于国家身份和文化身份的认同和建构。因此，一定要做到重视地方历史文化传统的历史记忆，以及遗产地所在社区居民的集体记忆、生活经历、个人口述史等记忆等，注重活态遗产的保护和传承。这里的活态遗产，不仅仅是指非物质文化遗产的活化和利用，更是指保留社区居民传统的生活方式、习俗等。

第三，要把着眼点放在当下。建构遗产实践的中国话语，是为了能够言说当下中国的遗产故事，解决当下的社会问题。对于遗产实践来说，亦需要实现文化遗产话语的古今贯通，既要重视遗产的历史性，又要关注其当下性，进而能够将二者融合。因此，我们需要从我国的当下现实出发，基于现实需要以及遗产实践中所取得的经验，建构遗产实践的中国话语。陈汝东认为，在国家话语建构中，应重点突出中华文明的智慧，特别是古典智慧与现代智慧。[①]同时，在遗产实践的中国话语构建中，也要重视社区居民的民间话语，使得我国的民众成为遗产实践故事的积极主动的叙事主体，使得遗产实践故事能够通过社区居民提高话语的可接受度和话语传播的有效性。

第四，要借鉴西方的遗产实践话语，进而与之平等对话。中国话语的建构，需要突破和超越中国传统文化思维的局限性，以全球为坐标系，要具有国际化视野。[②]文化旅游是向世界讲好中国故事的重要载体；目前，我国是世界上第四大入境旅游接待国，许多国外游客通过来中国游览和欣赏山水风光、文化艺术、文物古迹和品尝美食，体验中国文化。[③]我们不仅要对遗产实践的中国话语进行描述、建构和阐释，同时还要在西方遗产实践话语的参照下，两相对比，以便为当代中国话语的生成、理解提供借鉴。[④]在全球化背景下，文化交流和沟通是主流。张康之说："全世界最想了解的是中国改革开

① 陈汝东.论国家话语体系的建构 [J].江淮论坛，2015(2)：5-11.
② 陈汝东.论中国话语文明的历史走向 [J].现代传播，2016(6)：14-19.
   唐海虹，陈佳丽.话语体系：概念解析与中国命题之反思 [J].现代传播，2015(7)：34-40.
③ 范周.做好旅游文章讲好中国故事 [N].经济日报，2018-04-27(12).
④ 施旭.话语研究方法的中国模式 [J].广东外语外贸大学学报，2012(6)：5-7.

放的经验，即中国取得巨大经济和社会发展成就的奥秘。"①因此，我们要能用世界听得懂的语言来讲述中国的遗产实践故事。②

总之，遗产实践作为中国话语体系建构的一部分，要在实践创新中推动理论创新，并用理论创新成果指导、阐释和推进实践③；既需要国际视野，也需要民族视野；既要吸纳世界文明成果，也需要突出中国特色文化优秀基因，做到"世界性"与"民族化"相结合。④与此同时，遗产实践作为社会实践的一种，必然有多种指向，包括经济、政治、文化和意识形态的指向。也就是说，话语分析是具有意识形态的指向的："话语作为一种政治实践，就是建构、保持以及改变权力关系或者一个阶级、社团、群体的集体身份，这其中必然涉及权力关系。"⑤话语权的实质是国家利益及意识形态之间的竞争，隐含着国与国之间地位、实力的角逐。⑥同样，中国话语体系的构建，也是与意识形态联系紧密的。⑦任何一个话语背后，都有相对应的惯例和规范在支配。⑧要站在人民的立场，以马克思主义世界观和方法论科学和正确运用哲学社会科学学术术语，坚持对于中华优秀传统文化遗产"创造性转化、创新性发展"的方针，坚持"既向内看、又向外看""既向前看、又向后看"视野的展现；坚持"不忘本来、吸收外来、面向未来"的文化建设基本要求：既要胸有乾坤，具有全球视野，大胆借鉴、引进、消化世界优秀的文明成果，更要

① 张康之. 中国道路与中国话语建构 [J]. 国家行政学院学报，2018(3)：5-7.
② 王树人. 关于西学东渐的经验教训——兼论话语霸权与"失语症"问题 [J]. 文史哲，2007(4)：42-46.
③ 王伟光. 学习贯彻落实习近平总书记关于哲学社会科学重要讲话精神，加快构建中国特色哲学社会科学 [J]. 中国社会科学，2016(12)：4-23，304.
④ 王伟光. 学习贯彻落实习近平总书记关于哲学社会科学重要讲话精神，加快构建中国特色哲学社会科学 [J]. 中国社会科学，2016(12)：4-23，304.
⑤ FAIRCLOUGH N. *Discourse and Social Change*[M[. Cambridge: Polity, 1992: 67.
⑥ 陈立. 加快推进中国特色哲学社会科学话语体系建设 [J]. 行政管理改革，2017(6)：4-7.
⑦ 王树人. 关于西学东渐的经验教训——兼论话语霸权与"失语症"问题 [J]. 文史哲，2007(4)：42-46.
⑧ FAIRCLOUGH N. *Discourse and Social Change* [M]. Cambridge: Polity, 1992: 67.

心有定力，坚持文化自信、培养文化自觉，呵护中华文明的优秀传统，由此深度把握民族文化与世界文明深层互动的张力。^①在文化遗产运动全球化的背景下，要以中国历史文化传统为基础，以当下中国的遗产实践和地方治理为土壤，建构我国的遗产实践的中国话语。讲述好遗产实践故事，传播好中国声音，提升文化自信，促进文化多元化，增强我国文化软实力。

二、遗产实践作为治理方式的现实意义

我国利用文化资源进行文化产业（cultural industry，亦译为文化经济）建设和开发，大力倡导遗产的保护和利用。在利用方面，很有必要将一些可以被发展成为文化产业的遗产充分利用起来，这对于中华民族的优秀传统文化的传承、保护文化多样性、提高我国的国际话语权具有重要的意义。比如品牌文化遗产，被认为是不同于物质文化遗产和非物质文化遗产的第三种文化遗产；非物质文化遗产与文化遗产品牌发展文化经济看来关系很密切，如汾酒集团拥有的酒的酿造工艺、酒的历史记载等，属于非物质文化遗产。^②也就是说，关于人类衣食住行的这些非物质文化遗产，可以开发成相对应的文化遗产品牌，进行相应的文化经济或者文化产业的发展。这对于提升国家的软实力，扩大国家在国际社会的影响力、促进地方经济发展、提高人民生活水平具有十分重要的作用。

然而，虽然文化能够促进经济发展，文化产业的发展十分必要，而且具有可行性，但是并非所有的遗产都适用于这样的遗产利用方式。因此，在制定文化政策时需要对于遗产的功能和利用能够有所区分，区分出哪些文化资产可以进行相对应的文化产业开发利用，哪些则不能。也就是说，要把遗产作为文化产业资源的这种物质属

---

① 关铭闻. 浚通中华文化的源头活水——党的十八大以来中华优秀传统文化传承发展述评 [N]. 光明日报，2017-02-23(01).

② 王哲，原航. "第三种"文化遗产提升中国软实力 [J]. 中国报道，2013(9)：98-99.

性，和遗产作为国家的象征、文化名片的文化属性区分开来。这就需要各级政府能够制定出有针对性的、可操作性的文化遗产利用的政策，以促进文化遗产的合理利用。

三、从以经济话语为主导转型为以文化话语为主导的遗产实践

国外学者一直强调要从经济发展的角度来看待我国的文化遗产实践，包括遗产保护、遗产实践和遗产的利用，比如旅游。[①] 这样的认知有一定的道理，但也不完全对。说其有道理，是因为我国的文化资产实践与经济发展密切结合，这其实也与我国探索如何与传统文化对接，探索如何对待传统文化、利用传统文化，和传统文化有关。清末民初到中华人民共和国成立以前，中国受到百年的屈辱，那段时期整个中华民族是屈辱的，始终是处在被动挨打的地位。当时人们认为这很大程度上是由于传统文化的思维影响了中国的发展，影响了中华民族的强大，影响了国家的强大与独立。五四运动时期提倡民主和科学，就是要向西方学习。从那时起，我国的历史文化和传统，或是处在一个被批判，甚至是要被消灭的地位；或是人们认为我国的历史文化传统有价值，需要与当代中国进行对接。但是具体从何处入手，怎样对接，始终是个难题。文化遗产运动在20世纪80年代开始兴起，这无疑提供了一个我国历史文化传统与当代社会对接的接口。文化遗产运动把握住了我国当时改革开放、着重社会发展的契机，从社会经济发展的角度来利用和看待中国的传统文化。

说其不完全正确，是因为国外的学者只是截取了我国社会发展历程的一段来看待文化遗产运动。如果把视线拉长，结合我们中华民族20世纪所经受的百年屈辱以及当下我国寻求中华民族伟大复兴

---

① SOFIELD T, LI S. Tourism governance and sustainable national development in China: A macro-level synthesis [J]. *Journal of Sustainable Tourism*, 2011, 19(4-5): 501-534.

的历程①，就可以看到，文化遗产运动体现的是中华民族和祖先留下来的文化遗产之间的关系。经过百年来对于以儒学思想为代表的我国历史文化传统的反思、批评、研究和发展，人们已经完全认识到，我国历史文化传统具有深刻的价值，我们需要历史文化传统在当代语境下获得一种"新生"。文化遗产运动可以为这种传统历史文化的新生提供"载体"，即我们可以通过讲清楚每一项文化遗产的历史渊源和发展脉络，深刻挖掘和阐释围绕每一项文化遗产的人们的思想和行为，从中厘清其中人们所坚守的中华优秀传统文化，进而阐发其承载的文化的意义和价值。正如习近平在2014年2月24日在中共中央政治局第十三次集体学习时的讲话中说："要讲清楚中华优秀传统文化的历史渊源、发展脉络、基本走向、讲清楚中华文化的独特创造、价值理念、鲜明特色、增强文化自信和价值观自信。"②因此，从文化遗产运动的视角来复兴我国的历史文化传统，绝对不是简单的复活、叙述，而是经过现代阐释和批评性扬弃的新的中华民族文化。从20世纪80年代开始侧重从经济角度看待利用和传统文化，不断深入发掘传统文化的经济价值、环境价值，到近几年国家领导人强调对文化遗产的文化意义和价值的挖掘，通过文化遗产保护和利用的社会实践，我们可以做到从文化自觉走向文化自信。"有了'文化自觉'，才能有'文化自信'；有了'文化自信'，才能有'文化自强''文化创新'。在多元文化并存的当今世界，只有做到'文化自信'，才能在不同文化的对比和互动中获得文化选择的能力和地位，

---

① 2012年11月29日，国家主席习近平在参观《复兴之路》展览时讲道："实现中华民族伟大复兴，就是中华民族近代以来最伟大的梦想。这个梦想，凝聚了几代中国人的夙愿，体现了中华民族和中国人民的整体利益，是每一个中华儿女的共同期盼。历史告诉我们，每个人的前途命运都与国家和民族的前途命运紧密相连。国家好，民族好，大家才会好。实现中华民族伟大复兴是一项光荣而艰巨的事业，需要一代又一代中国人共同为之努力。"习近平．习近平论中国传统文化——十八大以来重要论述选编 [J]．党建，2014(3)：7-9.

② 习近平．习近平论中国传统文化——十八大以来重要论述选编 [J]．党建，2014(3)：9.

继而增强自身文化转型的动力和文化创新的能力。"①因此，对于文化遗产的经济价值、环境价值进行合理的利用，能够对国家和社会的发展起到积极的促进作用；同时，对文化遗产在非物质层面的挖掘和阐释，对文化遗产的文化价值进行当代评估，不光是要利用好文化遗产的经济价值，也要能够满足人们在精神和心理需求的文化价值，进而能够实现中华优秀传统文化的创造性转化、创新性发展，重建全球化时代的中华民族和文化认同。②

今天的文化遗产实践，有必要跳出以经济话语为导向的文化遗产保护和利用思维。文化作为资源、资本是推动社会发展的巨大动力。我们目前对于文化遗产的认识，很大程度上是把其作为可以带来经济利益的商品来看待，重视经济学意义上的"资本"，忽视文化学、社会学等其他层面的"资本"。如今，我国的经济实力明显增强，但是国人在社会精神问题上日益严峻的情况，显示出精神文化的严峻情况。③布鲁克曼提出，最好不要把文化理解成为符号性的、语言的或者是文本实体，而是要把文化理解成为一种过程，与人们的认同密切相关，如果把文化理解为实体，在文化的生产者中就会发生矛盾，大家都把文化生产当作可以竞争的资源，从而导致了文化的异化和对于文化的竭泽而渔。④

1978年改革开放以后，政府制定相关政策注重遗产保护在经济发展中的利用，把旅游产业和文化政策联系在一起。国家制定的旅游和文化政策，都是为了实现遗产保护和经济发展的目标，即利用相关政策和文化旅游经济的刺激，将文化遗产作为资源进行市场经

---

① 张继焦. 从"文化自觉"到"文化自信"：中国文化思想的历史性转向 [J]. 思想战线，2017(6)：16.
② 王宁. 重建全球化时代的中华民族和文化认同 [J]. 社会科学，2010(1)：98-105.
③ 王冬梅. 非物质文化遗产保护的再出发 [J]. 学术论坛，2011(7)：165-169.
④ BRUCKERMANN C. Trading on tradition: tourism, ritual, and capitalism in a Chinese village [J]. *Modern China*, 2016, 42(2): 188-224.

济开发。把文化遗产与经济发展联系起来，遗产旅游将文化遗产紧密地与经济发展结合起来。这是由当时的社会主体发展的阶段所决定的，人们也认为这是地方政府对地方进行整治治理的一种延伸，尤其是在经济发展水平不高、人们物质生活质量相对落后的区域，人们对于把文化遗产作为旅游资源开发赋予了较高的期望，以能够为当地社会的发展带来实质性变化。①

从布尔迪厄文化资本的角度看，文化资本有三种形式：具体的形态，以精神和身体的持久"性情"的形式；客观的形态，以文化商品的形式（图片、书籍、词典、机器等），这些商品是理论留下的痕迹或理论的具体显现，或是对这些理论、问题的批判，等等；体制的状态，以一种客观化的形式，这一形式必须被区别对待，因为这种形式赋予文化资本一种完全是原始性的财产，而文化资本正是受到了这笔财产的庇护。② "在物质和媒体中被客观化的文化资本，诸如文学、绘画、纪念碑、工具等，在其物质性方面是可传递的。"③现在我国的文化遗产保护，保护的重点在于"文化资本的客观化状态"：即物质性的东西，比如纪念碑、绘画、工具等。这样的东西，可以一代代传递下去。但是，可以传递的，只是合法的所有权。同时，我国的文化遗产认定以及非物质文化遗产认定，可以说是一种文化的"体制的状态"。也就是说，被各级政府承认的或者说官方的文化遗产或者非物质文化遗产，会表现出与一般的具体形态的文化不一样的状态："在官方承认的、得到保障的能力与简单的文化资本之间确立了一种根本性差异，而那种简单的文化资本则不断地被人要求去证明自身的合法性。在这种情况下，人们可以清楚地看到体

---

① SOFIELD T, LI S. Tourism governance and sustainable national development in China: A macro-level synthesis [J]. *Journal of Sustainable Tourism*, 2011, 19(4-5): 501-534.

② 布尔迪厄. 文化资本与社会炼金术 [M]. 包亚明，译. 上海：上海人民出版社，1997：192-193.

③ 布尔迪厄. 文化资本与社会炼金术 [M]. 包亚明，译. 上海：上海人民出版社，1997：198.

制性权力的行为魔力，看到显露自身的权力和捍卫信仰的权力，换言之，看到强迫别人接受'社会公认性'的权力。"①

布尔迪厄认为，文化商品有其物质性的一面和象征性的一面。从这个角度看，文化遗产也有物质性的一面和象征性的一面。②因此拥有文化遗产相关知识和经验的遗产专家是一个特殊的群体，就是布尔迪厄提到的干部、董事、工程师这样的人，他们属于遗产专家，他们具有遗产的专门的知识，他们"将被归类为被统治者的团体，如果强调他们从资本的特殊形式的使用中获得利润的话，他们就被归类为统治者的团体"。文化商品或者文化遗产的象征性的一面，就是指文化资本可以作为一个国家的象征，一个社会的象征，是国家身份等。

布尔迪厄亦认为："文化资本是作为斗争中的一种武器或某种利害关系而受到关注或被用来投资的，而这些斗争在文化产品场（艺术场、科学场等）和社会阶级场中一直绵延不绝。行动者正是在这些斗争中施展他们的力量，获取他们的利润的，而行动者的力量的大小、获取利润的多少，是与他们所掌握的客观化的资本以及具体化的资本的多少成正比的。"③也就是说，用一套话语可以将文化资本的所有权归于谁，例如政府或者是私有的文化遗产传承人，这个程序是有一套话语体系的，所以里面存在着权力和权力斗争。因此，公众可以很好地理解目前运用文化遗产这套话语作为治理地方的方式。社会上对于文化遗产的认识，还是偏重于非物质层面的文化意义和价值。若干年前故宫将房子出租给星巴克，以及杭州将蒋经国故居出租给了一家公司还是咖啡馆，引起了社会人士的争论。这是因为

① 布尔迪厄.文化资本与社会炼金术[M].包亚明，译.上海：上海人民出版社，1997：201.
② 布尔迪厄.文化资本与社会炼金术[M].包亚明，译.上海：上海人民出版社，1997：199.
③ 布尔迪厄.文化资本与社会炼金术[M].包亚明，译.上海：上海人民出版社，1997：200.

社会大众在精神层面，还是反对将文化遗产作为商品来看待的，他们更看重的是这些建筑遗产背后的文化价值，尽管文化价值和经济价值有时是很难区分取舍的。

为什么说成了文化遗产，或者非物质文化遗产，就和老百姓脱离了关系？这是因为经济价值，在表面上看，并非社会共享；而在文化价值层面，通过博物馆展示，通过各种方式，社会公众有了接触文化遗产的机会，可以实现一定程度的共享。这也是高丙中所提出的非物质文化遗产的公共性。实际上，物质性文化遗产同样也具有公共性，这体现在虽然物质性文化遗产所有权、使用权属于各级政府，但政府是人民的代表，因此属于政府，亦属于社会公众；而且，物质性文化遗产承载的看不见的历史文化意义和价值，可以为全民共享；以及物质性文化遗产的展演所带来的收益，也通过缴纳税费的方式惠及社会大众。所以最后还是归结到"所有的遗产都是非物质性的"[1]。但是现在要让人们接受这样的观点很难。或许这个问题值得进一步深思和探讨。为何物质遗产的文化价值和意义没有得到应有的重视，而非物质文化遗产的保护又趋向于物质性文化遗产的保护，趋向于非物质传承人的私有性、继承性等。这些问题似乎现在还没有确定的结论，还没有学者进行比较深入细致的探讨，或许这也会成为未来相关研究的重要课题。

如今，我国的经济实力明显增强，人们的物质生活水平显著提高。谢凝高提出，遗产是中华民族精神文化和国家文明形象的标志，对于中华民族精神文明建设起着不可估量的作用。[2] 我国社会主要矛盾已经转化为人民日益增长的美好生活需要和不平衡、不充分的发展之间的矛盾。因此，我们有必要跳出以经济话语为导向的文化遗产实践，重视文化遗产所承载的无形的文化价值和观念，来看待现

---

[1] SMITH L. *Uses of Heritage* [M]. London & New York: Routledge, 2006.
[2] 谢凝高. 历史的遗产？世界的遗憾！ [N]. 中国民族报，2001-05-11(06).

在的文化遗产保护和利用。

四、跨学科研究视野与跨文化方法的拓展

本书从具体的遗产实践入手，探究中国话语的建构，在研究范式、研究视野上对于相关领域都具有积极的跨学科意义。首先，将遗产作为一种社会实践的文本，突出了外语语言学科话语分析方法关注社会现实、注重解决社会现实的学科情怀，拓展了传统外语学科的研究方向，打开了新的研究视野。其次，以具体遗产实践为研究对象，深入社会实践调研，从而建构中国话语与西方话语平等对话的可能性，以跨文化对话传播为目标研究遗产实践，拓展了外语学科话语研究以及当下热门的遗产和治理研究的新内容。最后，以中华民族文化的复兴、中华文化"走出去"为目标，突破西方话语霸权，发出中国声音，重新打开我国外语学科跨文化、融汇中西的学术视野与格局。

五、研究方法的创新与价值

在相关文化政策下，地方政府作为遗产实践主体发挥积极性作用。地方政府将文化遗产作为社区基层治理的重要组成部分，是中国政府政治经济体制背景之下的行政行为。最近三十年来，遗产成为中国政府致力于地方发展和城镇现代化的重要话语。[①]所以本书所关注的就是遗产实践作为政府治理地方的策略和技术，在遗产实践作为文化治理方式的过程中，政府、遗产专家和社区居民之间的互动，进一步探索如何建构由遗产话语主导的治理空间，从而形成遗产建构的中国话语。正如罗斯－雷德伍德所说："这种治理的过程不是政府的专制行为，而是遗产实践的各个利益相关主体在相互争论、商议和影响之下，以各种方式来回应政府的主体性作用的过程。"[②]目前，虽然已经有许多学者意识到，遗产可以作为一种社会实践和社会建构过程，

---

① SHEPHERD R. *Faith in Heritage: Displacement, Development, and Religious Tourism in Contemporary China* [M].Walnut Creek, CA: Left Coast Press, 2013.

② ROSE-REDWOOD R. Governmentality, geography, and the geo-coded world [J]. *Progress in Human Geography*, 2006, 30(4): 469-486.

在这过程中，政府、学者以及社区参与各有各自的作用和角色，但是国内学界明确将遗产实践视作政府治理方式的系统性研究还比较少；同时，将遗产实践作为建构中国话语的重要资源并论述如何建构、怎样建构的研究也不多，因此本书具有一定的创新性。

第三节　未来研究的方向

由于笔者参与遗产实践的数量、介入遗产实践的程度有限以及研究视野的局限性，因此，笔者对于遗产实践作为治理方式的中国话语建构研究也存在许多不足之处，如看待研究问题不够深刻、分析不够深入等。尽管如此，笔者还是大胆地进行了研究的尝试，之所以有这样的勇气，是因为笔者相信，从具体的实践案例中，挖掘本土的遗产实践故事，建构中国话语，可能是现在解决我国文化研究"失语症"的一种方法。面对西方话语的中心地位以及对于其他话语的影响、控制乃至剥夺的权力，即"话语霸权"①，我国的学者已经意识到其存在的不合理性，西方的话语带有文化偏见和霸权，不能完全反映像我国这样与西方文化有很大差异的国家的社会现实和需要。②西方话语霸权和中国"失语症"的局面是在20世纪初同时发生的。主要原因就是清末民初以来，中国人一方面引进西方的思想文化，一方面又在贬抑和牺牲中华民族的传统思想文化，到五四时期达到最盛。因此，王树人认为，我们要"会通以超胜"，一方面要亲近我们中国自己的思想文化，另一方面要学习西方的思想文化，在亲近和学习的过程中，完成

---

① 高小康."失语症"与文化研究中的问题 [J].文艺争鸣，2002(2)：70-73.
② 施旭.话语分析的文化转向：试论建立当代中国话语研究范式的动因、目标和策略 [J].浙江大学学报（人文社会科学版），2008(1)：131-140.

中西思想文化会通，从而发展当下的中国话语。[①]

然而，这个"话语霸权"是什么？可能一下子很难说清。但是，当我们把目光放在某一个具体的领域、事件、实践中去时，便会发现"话语霸权"的确存在。比如一提到我国政府在遗产实践中的主体性地位，西方一些学者就批评说这是我国一党专政的结果，是国家从文化上控制地方的手段，公众缺少参与发声的机会等。然而，当我们真正深入遗产实践，去看遗产实践的具体建构过程时却发现，我们险些被这种"话语霸权"所控制和蒙蔽了。再比如我国采取"政府主导、社会参与"的遗产实践模式，与国际上许多国家的遗产实践非常类似，却往往被遗产学界上升到意识形态高度。实践证明，我国的遗产话语实践在社会效益和经济效益中都取得了不错的成绩。我们要以本国的历史文化传统为根基，结合当下语境，建构本土遗产实践话语，与国际遗产话语平等对话。

同时，由于我国文化遗产的多样性，以及我国各地区不同的历史文化传统和遗产实践的多样性，在具体的遗产实践中会以不同的方式、角度和切入点建构中国话语。建构中国话语，表达我国的文化与文明，表达我国的国家意志，输出我国的国家文化价值观念，提高国家的话语权，这是当代社会科学工作者，尤其是语言学、话语学、新闻传播学者等的责无旁贷的任务。希望未来有更多的学者投入这个领域，深入具体的遗产实践，从话语分析的角度，呈现和研究在地方遗产建构中政府、遗产专家和社区参与的不同的角色和功能，在具体细节上展现其中的权力和权力关系，从而建构更加全面的遗产实践的中国话语，跳出西方的"话语霸权"。

---

① 王树人. 关于西学东渐的经验教训——兼论话语霸权与"失语症"问题 [J]. 文史哲，2007(4)：42-46.

参考文献

中文文献：

鲍尔德温，等. 文化研究导论 [M]. 陶东风，和磊，王瑾，等译. 北京：高等教育出版社，2004.

彼得·霍华德. 遗产的崛起 [J]. 文化遗产研究，2011：20-41.

布尔迪厄. 文化资本与社会炼金术 [M]. 包亚明，译. 上海：上海人民出版社，1997.

蔡名照. 讲好中国故事传播好中国声音 [N/OL]. 人民日报，2013-10-10[2019-03-15]. http://politics.people.com.cn/n/2013/1010/c1001-23144775.html.

蔡奇. 以高度历史使命感推进大运河文化带建设 [N/OL]. 北京日报，2017-07-03[2019-03-15]. http://cpc.people.com.cn/n1/2017/0703/c64102-29378152.html.

朝戈金. "一带一路" 话语体系建设与文化遗产保护 [J]. 西北民族研究，2017(3)：5-16.

朝戈金. 从三个故事看文化遗产保护与 "民心相通" [N]. 中国民族报，2018-02-09(011).

陈立. 加快推进中国特色哲学社会科学话语体系建设 [J]. 行政管理改革，2017(6)：4-7.

陈立旭. 历史文化遗产处于危险期 [N/OL]. 学习时报，2005-07-20[2019-03-15] .http://sientechina.china.com.cn/chinese/zhuanti/xxsb/586064.htm.

陈卿. 运河的复兴和一个城市的愿景　第二届杭州运河商务区高峰论坛札记 [N]. 杭州日报，2010-11-02(A05).

陈汝东. 论国家话语体系的建构[J]. 江淮论坛，2015(2)：5-11.

陈汝东. 论中国话语文明的历史走向[J]. 现代传播，2016(6)：14-19.

陈晓强. 后申遗时代大运河的保护和开发[N]. 大众日报，2015-07-19(06).

陈泽泓. 地方志功能析论[J]. 中国地方志，2014(4)：24-31.

崔月琴，王嘉渊. 以治理为名：福柯治理理论的社会转向及当代启示[J]. 南开学报(哲学社会科学版)，2016(2)：58-67.

段玉裁. 说文解字注[M]. 上海：上海古籍出版社，1981.

丁枫，阮仪三. 我国公众参与与城乡遗产保护问题初探[J]. 上海城市规划，2016(5)：46-49.

董波. 讲好大运河文化带的"浙江故事"[N/OL]. 2018-03-04[2018-05-06]. https://zj.zjol.com.cn/news.html?id=885142.

段友文，郑月. "后申遗时代"非物质文化遗产保护的社会参与[J]. 文化遗产，2015(5)：1-10.

范晔. 后汉书[M]. 北京：中华书局，1965.

范周. 做好旅游文章　讲好中国故事[N]. 经济日报，2018-04-27(12).

方敏，王月. 良渚古城"圈粉"世界考古界[N]. 人民日报海外版，2018-01-11(03).

费尔克拉夫. 话语与社会变迁[M]. 殷晓蓉，译. 北京：华夏出版社，2003.

费孝通. 费孝通论文化与文化自觉[M]. 北京：群言出版社，2005.

费孝通. 乡土中国[M]. 北京：北京出版社，2004.

高丙中，赵萱. 文化自觉的技术路径：非物质文化遗产保护的中国意义[J]. 中南民族大学学报(人文社会科学版)，2014(3)：1-6.

高丙中. 从文化的代表性意涵理解世界文化遗产[J]. 清华大学学报(哲学社会科学版)，2017(5)：40-48.

高路. 城市"形象工程"遭遇八大"盲目症"[N]. 中国文化报，2005-10-11(03).

高小康. "失语症"与文化研究中的问题[J]. 文艺争鸣，2002(2)：70-73.

关铭闻. 浚通中华文化的源头活水——党的十八大以来中华优秀传统文化传承发展述评[N]. 光明日报，2017-02-23(01).

郭松，田海龙. 语境研究：从社会语言学到批评话语分析[J]. 外语学刊，2011(6)：74-77.

郭旃.《西安宣言》——遗产环境保护新准则[J]. 中国文化遗产，2005(6)：6-7.

郭旃. 怎么落实呢？——学习习近平总书记关于文化遗产系列论述[J]. 中国文物科学研究，2015(1)：36-38.

国家文物局，等. 国际文化遗产保护文件选编[S]. 北京：文物出版社，2007.

国家文物局. 中国大运河申报世界遗产文本[Z]. 2013.

杭州市人大常委会主任、杭州市西湖申遗工作领导小组组长王国平就西湖申遗答记者问[N].杭州日报，2011-06-25（01）.

杭州西湖世界文化遗产监测管理中心，杭州市城市规划设计研究院. 传承与共生：中国世界文化遗产与社区发展研究[G]. 北京：文物出版社，2014.

何流. "文物"、"文化遗产"之术语辨析[J]. 东南学术，2014(1)：17-22.

侯松. 文化话语视域中的遗产建构与重构[D]. 杭州：浙江大学，2014.

侯松，吴宗杰. "古迹"与遗产政治的跨文化解读[J]. 文化艺术研究，2012(1)：1-8.

侯松，吴宗杰. 话语分析与文化遗产的本土意义解读[J]. 东南文化，2012(4)：21-27.

侯松，吴宗杰. 遗产研究的话语视角：理论、方法、展望[J]. 东南文化，2013(3)：6-13.

胡惠荣. 千年大运河杭州"金名片"——京杭大运河杭州段整治纪实[N]. 人民日报海外版，2008-09-06(03).

胡适. 胡适口述自传[M]//胡适文集. 欧阳哲生，编. 北京：北京大学出版社，1998.

胡适. 胡适文集(1)[M]. 欧阳哲生，编. 北京：北京大学出版社，1998.

黄鹤. 文化政策主导下的城市更新——西方城市运用文化资源促进城市发展的相关经验和启示[J]. 国外城市规划，2006, 21(1)：34-39.

黄苇，等. 方志学[M]. 上海：复旦大学出版社，1993.

黄仲山. 民初北京历史文化遗产保护中的公共意识与国族话语[J]. 河北师范大学学报(哲学社会科学版)，2017(5)：55-60.

计慎忆，熊艳. 把京杭大运河杭州段打造成传世之作[N]. 杭州日报，2017-07-08（01-02）.

姜辽，苏勤. 古镇文化身份脆弱性的社会建构及其意义——多元话语分析模式的尝试[J]. 地理科学，2014(7)：840-847.

焦怡雪. 美国历史环境保护中的非政府组织[J]. 国外城市规划，2013(1)：59-63.

焦怡雪. 英国历史文化遗产保护中的民间团体[J]. 规划师，2002(5)：79-82.

劳拉简·史密斯. 反思与重构：遗产、博物馆再审视——劳拉简·史密斯教授专访[J]. 东南文化，2014(2)：11-16.

李春霞. 由名胜古迹谈遗产的中国范式：以"天地之中"为例[J]. 贵州社会科学，2013(4)：16-21.

李吉安. 浅谈明清府志中衢州街巷名的文化内涵[J]. 中国地方志，2010(8)：60-63.

李军. 什么是文化遗产？——对一个当代观念的知识考古[J]. 文艺研究，2005 (4)：123-131.

李立. 在学者与村民之间的文化遗产——村落知识生产的经验研究、话语分析与反思[M]. 北京：人民出版社，2010.

李萍. 地方政府在遗产化保护工作中的文化自觉研究：以国家级非遗"女

子太阳山祭祀"为个案[J]. 广西师范学院学报(哲学社会科学版)，2015(6)：7-11.

李韵. 激活文化遗产的时代"芯"——十八大以来我国推进文化遗产保护传承述评[N/OL]. 光明日报，2017-09-13[2019-03-15]. http://m.cnr.cn/news/20170913/t20170913_523947843.html.

良渚古城遗址正式申报2019年世界文化遗产[N/OL]. 都市快报，2018-01-27(A03).

良渚梦栖小镇全力打造世界工业创新设计高地[J]. 浙江人大，2017(10)：30.

林佳. 遗产保护中的文化冲突与《北京文件》——兼论中国古建筑彩画的特点与保护[J]. 建筑学报，2013(2)：6-9.

刘爱河. 概念的演变：从"文物"到"文化遗产"[J]. 山西师大学报（社会科学版），2008(5)：91-93.

刘彬. 知识考古学：话语与陈述[J]. 求索，2010(6)：224-225.

刘斌. 张忠培先生与良渚[J]. 南方文物，2014(3)：11-17.

刘朝晖. "被再造的"中国大运河：遗产话语背景下的地方历史、文化符号与国家权力[J]. 文化遗产，2016(6)：60-67.

刘黎明. 社区民众参与遗产地管理的现状、原因及对策分析[J]. 乐山师范学院学报，2012(7)：61-64.

刘琼. 故宫里的星巴克，该不该走？[N]. 人民日报，2007-01-18(11).

刘锡诚. 非物质文化遗产的文化性质问题[J]. 西北民族研究，2005(1)：130-139，186.

刘锡诚. 试论非物质文化遗产的价值判断问题[J]. 民间文化论坛，2008(6)：21-27.

楼宇烈. 文化要"走出去"，首先要"走回来"[J]. 中国教师，2016(19)：5-8.

陆建松. 中国文化遗产保护管理的政策思考[J]. 东南文化，2010(4)：22-

29.

罗骞.所有的力量关系都是权力关系：论福柯的权力概念[J].中国人民大学学报(社会科学版)，2015(2)：63-70.

骆晓红、周黎明.良渚遗址保护：历程回顾与问题探讨[J].南方文物，2017(3)：268-272.

吕舟.《中国文物古迹保护准则》的修订与中国文化遗产保护的发展[J].中国文化遗产，2015(2)：1-8.

马洪雨.非物质文化遗产保护公众参与的法律制度构建[J].甘肃政法学院学报，2007(1)：153-157.

马悦，李文芳.讲好大运河文化带的"浙江故事"[N/OL].浙江新闻客户端，2018-03-04[2019-03-15]. https://zj.zjol.com.cn/news.html?id=885142.

毛建国.京杭大运河申遗成功后更应"合作性保护"[N/OL].中国青年报，2014-06-24[2019-03-15]. http://zqb.cyol.com/html/2014-06-24/nw.D110000zgqnb_20140624_3-02.htm.

牟延林.非物质文化遗产的表述背后是中国[C]//文化遗产研究(第二辑).成都：巴蜀书社，2012：277-280.

彭兆荣，葛荣玲.遗产的现形与现行的遗产[J].湖南社会科学，2009(6)：174-180.

祁述裕.党的十九大关于文化建设的四个突出特点[J].行政管理改革，2017(1)：40-41.

祁文斌.世界遗产的"中国化"悖论[N].中华建筑报，2007-08-02(08).

钱斯蕴.政治"舞姿"中的符号学——评赫兹菲尔德《文化亲近性——民族国家的社会诗学》一书[J].福建论坛（社科教育版），2011(12)：141-142.

钱毓芳，田海龙.话语与中国社会变迁：以政府工作报告为例[J].外语与外语教学，2011(3)：40-43.

让世界遗产成为杭州的文化标识[N].杭州日报，2019-07-15(06).

单霁翔.城市文化遗产保护与文化城市建设[J].城市规划，2007(5)：9-23.

容邵武.文化亲密性与社区营造：在地公共性的民族志研究[J].台湾社会
　　学刊，2013(12)：55-102.

沈旭炜.文化遗产保护社会参与模式研究[J].浙江外国语学院学报，
　　2017(6)：103-109.

施旭.话语分析的文化转向：试论建立当代中国话语研究范式的动因、
　　目标和策略[J].浙江大学学报（人文社会科学版），2008(1)：131-
　　140.

施旭.话语研究方法的中国模式[J].广东外语外贸大学学报，2012(6)：5-7.

施旭.当代中国话语的中国理论[J].福建师范大学学报(哲学社会科学
　　版)，2013(5)：51-58.

施旭.构建话语研究的中国体系[N].中国社会科学报，2014-11-05(A08).

施旭.文化话语研究的中国实践[N].中国社会科学报，2018-03-06(08).

史晨暄.世界遗产"突出的普遍价值"评价标准的演变[D].北京：清华
　　大学，2008.

史献浩.存古：民初顾颉刚"保存唐塑"之倡导及其回应[J].民俗研究，
　　2015(3)：86-93.

宋奕.福柯的启示：空间视角中的"文化遗产"[J].东南文化，2012(4)：
　　15-20.

宋奕.话语中的文化遗产：来自福柯"知识考古学"的启示[J].西南民族
　　大学学报（人文社会科学版），2014(8)：7-11.

苏明明，Geoffrey Wall.遗产旅游与社区参与——以北京慕田峪长城为例
　　[J].旅游学刊，2012(7)：19-27.

苏易宣.京杭大运河：创业"大摇篮"致富"经济带"[N].中华新闻报，
　　2006-12-27(K01).

汤晓青.非物质文化遗产保护与传承中地方民俗精英的地位与作用[J].文
　　化遗产研究(第四辑)，2014(1)：3-14.

唐海虹，陈佳丽. 话语体系：概念解析与中国命题之反思[J]. 现代传播，2015(7)：34-40.

田海龙. 趋于质的研究的批评话语分析[J]. 外语与外语教学，2013(4)：6-10.

田海龙. 话语研究的语言学范式：从批判话语分析到批判话语研究[J]. 山东外语教学，2016(6)：3-9.

田海龙. 社会实践网络与再情景化的纵横维度——批评话语分析的新课题及解决方案[J]. 外语教学，2017(6)：7-11.

田海龙. 学术思想与研究路径：新修辞学与批评话语分析的异与同[J]. 天津外国语大学学报，2018(5)：137-139.

田海龙. 批评话语分析40年之话语形成[J]. 天津外国语大学学报，2019(1)：1-12.

田海龙，张迈曾. 话语权力的不平等关系：语用学与社会学研究[J]. 外语学刊，2006(2)：7-13.

田海龙，赵芃. 批评话语分析再思考——基于辩证唯物主义的语言与社会关系研究[J]. 当代语言学，2017,19(4)：494-506.

OAKES T.，吴晓萍. 屯堡文化的价值——与宋茨林先生商酌[J]. 安顺学院学报，2009(2)：36-37，74.

WIDC. 良渚设计小镇汇聚设计拥抱世界[J]. 设计，2017(2)：146-149.

汪灵犀. "运河三老"之一谈大运河申遗成功：挑战在后面[N/OL]. 人民日报海外版，2014-06-24[2019-03-15]. http://hbjswm.gov.cn/wmzh_pd/fw/whyc/zxdt/201406/t20140624_2022531.shtml.

王冬梅. 非物质文化遗产保护的再出发[J]. 学术论坛，2011(7)：165-169.

王美诗. 话语视角下的非遗活态展览——以南京博物院非物质文化遗产馆为例[J]. 文化遗产，2016(3)：81-86.

王宁. 重建全球化时代的中华民族和文化认同[J]. 社会科学，2010(1)：98-105.

王树人.关于西学东渐的经验教训——兼论话语霸权与"失语症"问题[J].文史哲，2007(4)：42-46.

王韦.全球化背景下的话语构建——中国世界遗产事业略论[J].世界遗产论坛，2009.

王伟光.学习贯彻落实习近平总书记关于哲学社会科学重要讲话精神，加快构建中国特色哲学社会科学[J].中国社会科学，2016(12)：4-23，304.

王伟光.加快推进中国特色哲学社会科学话语体系建设巩固马克思主义思想舆论阵地——在第四届全国哲学社会科学话语体系建设理论研讨会上的讲话[J].国家行政学院学报，2017(3)：4-9.

王先谦.荀子集解[M].北京：中华书局，1988.

王霄冰，林海聪.妈祖：从民间信仰到非物质文化遗产[J].文化遗产，2013(6)：35-43.

王啸.国际话语权与中国国际形象的塑造[J].国际关系学院学报，2010(6)：58-65.

王运良.共有·共保·共享——关于社会参与文物保护的思考(上)[J].中国文物科学研究，2010(2)：1-8.

王哲，原航."第三种"文化遗产提升中国软实力[J].中国报道，2013(9)：98-99.

韦慧.申遗成功后，大运河将流向何方？[N/OL].新华网，2014-06-22[2019-03-15]. http://www.zjww.gov.cn/culture/2014-06-25/896601682.shtml.

吴桂韩.高举伟大旗帜 坚定"四个自信"[J].理论学习，2017(11)：8-10.

吴江怀，徐于晨.一条古街万种风情 水亭门历史文化街区"重重落地"[N/OL].衢州日报，2018-03-29[2019-03-15]. http://www.quzhou.gov.cn/art/2018/3/29/art_50_716755.html.

吴宗杰.重建坊巷文化肌理：衢州水亭门街区文化遗产研究[J].文化艺术研究，2012(2)：19-27.

吴宗杰. 话语与文化遗产的本土意义建构[J]. 浙江大学学报（人文社会科学版），2012(5)：28-40.

吴宗杰，等. 坊巷遗韵：衢州水亭门历史街区[M]. 北京：商务印书馆，2017.

习近平. 习近平论中国传统文化——十八大以来重要论述选编[J]. 党建，2014(3)：7-9.

习近平. 习近平在庆祝中国共产党成立95周年大会上的讲话[N/OL]. 人民日报，2016-07-02[2019-03-15]. http://cpc.people.com.cn/n1/2016/0702/c64093-28517655.html.

习近平. 习近平提出，坚定文化自信，推动社会主义文化繁荣兴盛[N/OL]. 新华网2017-10-18[2019-02-09]. http://www.xinhuanet.com//politics/19cpcnc/2017-10/18/c_1121820800.htm.

向云驹. 论确立科学的非物质文化遗产观[J]. 文化遗产，2008(4)：14-17.

向宗鲁. 说苑校证[M]. 北京：中华书局，1987.

肖锦龙. 福柯理论视野中的话语——从《知识考古学》谈起[J]. 文艺理论研究，2010(5)：87-92.

谢凝高. 保护文化遗产难在哪里[N]. 人民日报，2001-02-13(12).

谢凝高. 历史的遗产？世界的遗憾！[N]. 中国民族报，2001-05-11(06).

辛斌. 批评性语篇分析方法论[J]. 外国语，2002(6)：34-41.

辛斌，田海龙，苗兴伟，等. 六人谈：新时代话语研究的应用与发展[J]. 山东外语教学，2018(4)：12-18.

徐鹏飞，王皓. 蔡奇：以高度历史使命感推进大运河文化带建设[N/OL]. 北京日报，2017-07-03[2019-03-17]. http://cpc.people.com.cn/n1/2017/0703/c64102-29378152.html.

许力生. 语言学研究的语境理论构建[J]. 浙江大学学报（人文社会科学版），2006(4)：158-165.

鄢卫建，刘国庆，编. 衢州姓氏[M]. 香港：香港语丝出版社，2001.

阎宏斌. 意大利的文物保护——中意合作文物保护培训班意大利考察报告[J]. 文物世界, 2005(6)：57-59.

杨颉慧. 社会公众参与文化遗产保护的困境及路径[J]. 殷都学刊, 2014(3)：116-118.

杨利慧. 以社区为中心——联合国教科文组织非遗保护政策中社区的地位及其界定[J]. 西北民族研究, 2016(4)：63-73.

杨天宇. 礼记译注[M]. 上海：上海古籍出版社, 2004.

姚宝煃, 等修. 范崇楷, 等撰. 西安县志[M]. 台北：成文出版社有限公司, 1970.

于晓磊、廖汝雪. 文化遗产保护中的中国话语——以近代工业遗产价值认知为例[J]. 遗产与保护研究, 2017(3)：49-53.

余杭守好宝地有甜头[N]. 人民日报, 2018-05-04(01).

余杭县志编纂委员会, 编. 余杭县志[M]. 杭州：浙江人民出版社, 1990：390-391.

俞吉吉. 茅以升故居变餐厅引热议[N]. 浙江日报, 2016-02-18(6).

喻涛. NGO组织参与北京旧城保护的案例评析[J]. 北京规划建设, 2014(5)：89-94.

喻学才, 王健民. 关于世界文化遗产定义的局限性研究[J]. 云南师范大学学报(哲学社会科学版), 2007(4)：79-82.

喻学才. 遗产活化：保护与利用的双赢之路[J]. 建筑与文化, 2010(5)：16-21.

袁奇峰, 蔡天抒. 以社会参与完善历史文化遗产保护体系——来自广东的实践[J]. 城市规划, 2018(1)：92-100.

岳德亮. 新报建设项目一律不批　浙江余杭力保良渚古城[N]. 人民日报, 2007-12-06(11).

岳雁文. 良渚古城外再建良渚新城　10年后将成为杭州城北副城新中心[N]. 都市快报, 2017-08-18(A07).

张崇. 从居住区到城市历史景观：水亭门社区文化阐释[D]. 杭州：浙江大学，2015.

张崇. 论福柯治理性思想下的高校青年教师发展[J]. 内蒙古农业大学学报（社会科学版），2017(5)：74-79.

张崇，刘朝晖. 遗产保护的"举国体制"与社会参与：从观念更新到行动逻辑[J]. 遗产与保护研究，2018(12)：35-39.

张崇. 遗产实践中的社区参与述评[J]. 遗产与保护研究，2019(2)：34-40.

张崇. 文化与遗产内涵及其对我国文化遗产保护实践的启示[J]. 浙江科技学院学报，2019, 31(4)：323–328.

张传民. 文化自觉、理论自觉与中国话语体系的建构[J]. 山东社会科学，2012(10)：183-187.

张春海，王广禄. 良渚文化实证中华五千年文明[N]. 中国社会科学报，2015-10-16(06).

张国超. 意大利公众参与文化遗产保护的经验与启示[J]. 中国文物科学研究，2013(1)：43-46.

张集良. 中国人心中的文化遗产——关于本土"文化遗产保护"概念的探索[C]//《旅游学刊》编辑部，编. 2011《旅游学刊》中国旅游研究年会会议论文集. 北京：社会科学文献出版社，2011：370-384.

张继焦. 从"文化自觉"到"文化自信"：中国文化思想的历史性转向[J]. 思想战线，2017(6)：9-16.

张佳英，曾瑞阳. 专访原全国人大常委　浙江大学历史系教授毛昭晰[N/OL]. 杭州日报，2014-07-22[2019-03-18]. http://hznews.hangzhou.com.cn/chengshi/content/2014-07/22/content_5370416.htm.

张佳英，熊艳. 回忆《杭州宣言》诞生过程[N/OL]. 杭州日报，2017-07-24[2019-02-10].http://hznews.hangzhou.com.cn/chengshi/content/2014-07/24/content_5373768.htm.

张康之. 中国道路与中国话语建构[J]. 国家行政学院学报，2018(3)：5-7.

张乐，余靖静. 杭州：蒋经国故居出租引发争议 [N]. 新华每日电讯，2005-01-02(02).

张铭心，徐婉玲. 文化遗产保护和社区参与研究——以高昌故城为例 [J]. 中央民族大学学报（哲学社会科学版），2010(3)：35-42.

张柔然. 古迹融入社区：中国保护世界文化遗产更具"远见" [N/OL]. 新华网，2018-04-21[2019-03-15]. http://www.xinhuanet.com/2018-04/21/c_1122718439.htm.

张维为. 关于中国发展模式的思考 [J]. 学习月刊，2008(2)：4-5.

张西平. 中国文化走出去需要构建新的话语体系 [N]. 中国文化报，2017-03-17(04).

张先清. 生态保育、社区参与与产业开发 [J]. 东南学术，2015(2)：15-20.

张翼，周洪双. "运河文化经济带"，是啥模样 [N]. 光明日报，2017-03-25(05).

张育铨. 遗产做为一种空间识别：花莲丰田社区的遗产论述 [J]. 民俗曲艺，2012，176：193-231.

张志洲. 提升学术话语权与中国的话语体系构建 [J]. 红旗文稿，2012(13)：4-7.

赵灿. "诚言"与"关心自己"——福柯的古代哲学解释研究 [D]. 上海：复旦大学，2010.

赵庆寺. 中华传统文化与中国国际话语权的建构路径 [J]. 探索，2017(6)：114-121.

赵婷婷，林艳. 大运河申遗成功专家：大运河进入后申遗时代 [N/OL]. 中国青年报，2014-06-23[2019-03-15]. http://china.zjol.com.cn/system/2014/06/23/020097328.shtml.

赵夏. 良渚遗址保护利用的特点分析 [J]. 国际文化管理，2016(4)：163-174.

赵晓梅. 活态遗产理论与保护方法评析 [J]. 中国文化遗产，2015(3)：68-

74.

郑永禧. 衢县志[M]. 台北：成文出版社有限公司，1984.

中华人民共和国非物质文化遗产法[EB/OL](2019-04-01)[2011-02-25]. http://www.npc.gov.cn/huiyi/lfzt/fwzwhycbhf/2011-05/10/content_1729844.htm.

周淳淳，罗曼慧. 杭州运河拱宸桥水域也有红绿灯了[N]. 青年时报，2017-07-05(06).

周星、周超. 日本文化遗产保护的举国体制[J]. 文化遗产，2008(1)：133-143.

朱刚. 从"社会"到"社区"：走向开放的非物质文化遗产主体界定[J]. 非物质文化遗产，2017(5)：42-49.

朱桂生，黄建滨. 西方主流媒体视野中的中国青年形象研究——基于BBC纪录片《中国的秘密》的批评性话语分析[J]. 中国青年研究，2017(5)：106-111.

朱蕾、田海龙. 话语与当今中国社会变革[J]. 语言学研究，2007(2)：124-128.

朱煜杰. 中西遗产保护比较的几点思考：一个跨文化的视角[J]. 东南文化，2011(3)：118-122.

朱煜杰. 遗产话语体系的构建与反思：文化遗产实践三例[J]. 文化遗产研究（第六辑），2015(2)：19-26.

庄孔韶. 文化遗产保护的观念与实践的思考[J]. 浙江大学学报（人文社会科学版），2009(5)：27-35.

英文文献：

BAILLIE B. *Living Heritage Approach Handbook* [S]. Rome: ICCROM, 2009.

BALDWIN E. E, LONGHURST B, et al. (eds.). *Introducing Cultural Studies* [M].北京：北京大学出版社，2005.

BAUMAN Z. *Community: Seeking Safety in an Insecure World* [M]. Cambridge: Polity Press. 2001.

BLAKE J. UESCO's 2003 convention on intangible cultural heritage: The implications of community involvement in "safeguarding" [G]//SMITH L, NATSUKO A. (eds.). *Intangible Heritage*, London & New York: Routledge, 2009.

BLUMENFIELD T, SILVERMAN H. (eds.). *Cultural Heritage Politics in China* [G]. New York: Springer, 2013.

BOHNET I. C, ROEBELING P. C, WILLIAMS K. J. et al. Landscapes toolkit: An integrated modelling framework to assist stakeholders in exploring options for sustainable landscape development [J]. *Landscape Ecol*, 2011, 26(8): 1179-1198.

BOURDIEU P. *Language and Symbolic Power* [M]. London: Polity Press, 1991.

BREEN C，REID G，HOPE M. Heritage, identity and community engagement at Dunluce Castle, Northern Ireland [J].*International Journal of Heritage Studies*, 2015, 21(9): 1-19.

BRUCKERMANN C. Trading on tradition: Tourism, ritual, and capitalism in a Chinese village [J]. *Modern China*, 2016, 42(2): 188-224.

BRUMANN C. Heritage agnosticism: A third path for the study of cultural heritage [J]. *Social Anthropology*, 2014, 22(2): 173-188.

BYRNE D. Archaeological heritage and cultural intimacy: An interview with Michael Herzfeld [J]. *Journal of Social Archaeology*, 2011, 11(2): 144-157.

CALHOUN C. J. History, anthropology and the study of communities: Some problems in MacFarlane's proposal [J]. *Social History*, 1978, 3(3): 363-373.

CERVELLO-ROYO R, RUBEN G, BALDOMERO S. An urban regeneration model in heritage areas in search of sustainable urban development and internal cohesion [J]. *Journal of Cultural Heritage Management and Sustainable Development*, 2012, 2(1): 44-61.

CHAN S. C. Cultural governance and place-making in China [J]. *The China Quarterly*, 2011, 26: 372-390.

CHENG E. W, LI A. H. F. Resistance, engagement, and heritage conservation by voluntary sector: The case of Penang in Malaysia [J]. *Modern Asian Studies*, 2014, 48(3): 617-644.

CHOW K. W. *The Rise of Confucianism Ritualism in Late Imperial China: Ethics, Classics, and Lineage Discourse* [M]. Stanford: Stanford University Press, 1994.

COHEN A. P. *The Symbolic Construction of Community* [M]. London & New York: Routledge, 1985.

CRAITH M. N, BÖSER U, DEVASUNDARAM A. Giving voice to heritage: Avirtual case study [J]. *Social Anthropology*, 2016, 24(4): 433-445.

CROSSA V. Resisting the entrepreneurial city: Street vendors' struggle in Mexico City's historic center [J]. *International Journal of Urban and Regional Research*, 2009, 33(1): 43-63.

DAVIDSON J, LOCKWOOD M. Partnerships as instruments of good regional governance: Innovation for sustainability in Tasmania [J]. *Regional Studies*, 2008, 42(5): 641-656.

DICKS B. *Heritage, Place and Community* [M]. Cardiff: University of Wales Press, 2000.

DOHERTY R. Chapter 13: Critically framing education policy: Foucault, discourse and governmentality [J]. *Counterpoints*, 2007, 292: 193-204.

DUMPER M, LARKIN C. The politics of heritage and the limitations of international agency in contested cities: A study of the role of UNESCO in Jerusalem's old city [J]. *Review of International Studies*, 2012, 38(1): 25-52.

FAIRCLOUGH N, WODAK R. Critical discourse analysis [M]//VANDIJK T. (ed.). *Discourse as Social Interaction.* London: Sage, 1997.

FAIRCLOUGH N. *Discourse and Social Change* [M]. Cambridge: Polity, 1992.

FAURE D. *Emperor and Ancestor: State and Lineage In South China* [M]. Stanford, CA: Stanford University Press, 2007.

FEJES A. The planetspeak discourse of lifelong learning in Sweden: What is an educable adult? [J]. *Journal of Education Policy*, 2006, 21(6): 697-716.

FLETCHER R, JOHNSON I, BRUCE E. et al. Living with heritage: Site monitoring and heritage values in Greater Angkor and the Angkor World Heritage Site, Cambodia [J]. *World Archaeology*, 2007, 39(3): 385-405.

FOUCAULT M. *Discipline and Punish: The Birth of the Prison* [M]. SHERIDAN A. trans. New York: Vintage Books, 1995.

FOUCAULT M. *The Archaeology of Knowledge* [M]. SHERIDAN A. M. trans. London: Tavistock Publications, 1972.

FOUCAULT M. *The Government of Self and Others: Lectures at The College de France 1082—1983*[M]. GROS F, EWALD F, FONTANA A. et al. (eds.) BURCHELL G. trans. NewYork: Palgrave Macmillan，2010.

FREDHOLM S. Negotiating a dominant heritage discourse. sustainable urban planning in Cape Coast, Ghana [J]. *Journal of Cultural Heritage Management and Sustainable Development*, 2015, 5(3): 274-289.

GEERTZ C. *The Interpretation of Cultures: Selected Essays* [M]. New York: Basic Books, 1977.

GENTRY K. History, heritage and localism [J]. *Policy Studies*, 2013, 34(5-6): 508-522.

GIENOW-HECHT J. C. E, DONFRIED M. C. (eds.). *"Introduction" to Searching For a Cultural Diplomacy* [G]. New York: Berghahn Books, 2010.

GOODMAN D. King Coal and Secretary Hu: Shanxi's third modernisation [M]// HENDRISCHKE H. (ed.). *The Political Economy of China's Provinces: Comparative and Competitive Advantage*. London & New York: Routledge.1999.

GOODMAN D. Structuring local identity: Nation, province and county in Shanxi during the 1990s [J]. *China Quarterly*, 2002, 172: 837-862.

HARDY D. Historical geography and heritage studies [J]. *Area*, 1988, 20(4): 333-338.

HARVEY D. *Heritage Crusade and the Spoils of History* [M]. Cambridge: Cambridge University Press, 1998.

HARVEY D. Heritage pasts and heritage presents: Temporality, meaning and the scope of heritage studies [J]. *International Journal of Heritage Studies*, 2001, 7(4): 319-338.

HAUSMANN A. Cultural tourism: marketing challenges and opportunities for German cultural heritage [J]. *International Journal of Heritage Studies*, 2007, 13(2): 170-184.

HERZFELD M. *Cultural Intimacy: Social Poetics in the Nation-State* [M]. London & New York: Routledge, 2004.

HERZFELD M. Engagement, gentrification, and the neoliberal hijacking of history [J]. *Engaged Anthropology: Diversity and Dilemmas*, 2010,

51(S2): 259-267.

HERZFELD M. Practical piety: intimate devotion in urban space [J]. *Journal of Religious And Political Practice*, 2015, 1(1): 22-38.

HERZFELD M. *The Body Impolitic: Artisans and Artifice in the Global Hierarchy of Value* [M]. Chicago: University of Chicago Press. 2004.

HEWISON R. *The Heritage Industry: Britain in a Climate of Decline* [M]. London: Methuen London, 1987: 146.

HOU S. Remembering trees as heritage: Guji discourse and meaning-making of trees in Hangzhou, Qing China [J/OL]. *International Journal of Heritage Studies*, 2018-1-14[2019-03-17]. https://doi.org/10.1080/13527 258.2018.1509229.

HUMAN H. Democratising world heritage: The policies and practices of community involvement in Turkey [J]. *Journal of Social Archaeology*, 2015, 15(2): 160-183.

HYMES D. On communicative competence [A]// PRIDE J, HOLMEJ. *Sociolinguistics*. Harmondsworth : Penguin, 1972.

JAMES L, WINTER, T. Expertise and the making of World Heritage policy [J]. *International Journal of Cultural Policy*, 2017, 23(1): 36-51.

JAMES L. The symbolic value of expertise in international heritage diplomacy [J]. *Future Anterior*, 2016, 13(1): 82-96.

JONES S, YARROW T. Crafting authenticity: An ethnography of conservation practice [J]. *Journal of Material Culture*, 2013, 18(1): 3-26.

KEANE M. Bringing culture back in'[G] // HOWELL J. (ed.). *Governance in China*. Lanham, MD: Rowman & Littlefield, 2004: 77-96.

KERSEL M. M. When communities collide: Competing claims for archaeological objects in the market place [J]. *Archaeologies*, 2011, 7(3): 518-537.

KHAZNADAR C. Ten years after—Pandora's box[C]//The First ICH-Researchers Forum: The Implementation of UNESCO's 2003 Convection. Osaka: IRCI, 2012: 18-20.

KIRSHENBLATT-GIMBLETT B. *Destination Culture: Tourism, Museums, and Heritage* [M]. Berkeley: University of California Press, 1998.

KUUS M. *Geopolitics and Expertise: Knowledge and Authority in European Diplomacy* [M]. Hoboken, NJ: Wiley, 2014: 3, 40.

LAGERWEY J. State and Local Society in Late Imperial China [M]// *Law and Local Society In Late Imperial China*. Stanford: Stanford University Press, 2007.

LANDORF C. A framework for sustainable heritage management: A study of UK industrial heritage sites [J]. *International Journal of Heritage Studies*, 2009, 15(6): 494-510.

LITTLE W. E. Urban economies and spatial governmentalities in the World Heritage city of Antigua, Guatemala [J]. *Economic Anthropology*, 2015, 2(1): 42-62.

LIXINSKI L. International cultural heritage regimes, international law, and the politics of expertise [J]. *International Journal of Cultural Property*, 2013, 20(4): 407-429.

LIXINSKI L. Selecting heritage: The interplay of art, politics and identity [J]. *The European Journal of International Law*, 2011, 22(1): 81-100.

LOWENTHAL D. *The Past is a Foreign Country* [M]. Cambridge: Cambridge University Press, 1985.

MACFARLANE A, JARDINE C, HARRISON S. *Reconstructing Historical Communities* [M]. Cambridge: Cambridge University Press, 1977.

MACFARLANE A. History, anthropology and the study of communities [J]. *Social History*, 1977, 2(5): 631-652.

MARSHALL Y. What is community archaeology? [J]. *World Archaeology*, 2012, 34(2): 211-219.

MASON R. Be interested and beware: Joining economic valuation and heritage conservation [J]. *International Journal of Heritage Studies*, 2008, 14(4): 303-318.

MCCANN J. E. Design guidelines for social problem-solving [J]. *The Journal of Applied Behavioral Science*, 1983, 19(2): 177-192.

MCDONALD H. Understanding the antecedents to public interest and engagement with heritage [J]. *European Journal of Marketing*, 2011, 45(5): 780-804.

MCLAREN M. A. From practices of the self to politics: Foucault and friendship [J]. *Philosophy Today*, 2006, 50: 195-201.

MERRY S. Spatial governmentality and the new urban social order: Controlling gender violence through law [J]. *American Anthropologist*, 2001,103 (1): 16-29.

MILLER D. (ed.). *Material Cultures: Why Some Things Matter* [G]. Chicago, IL: University of Chicago Press. 1998.

MILLER P, NIKOLAS R. Governing economic life [J]. *Economy and Society*, 1990, 19(1): 1-31.

MOTE F. W. A millenium of Chinese urban history: Form, time and space concepts in Soochow [J]. *Rice University Studies*, 1973, 59(4): 35-65.

NASAR J. L, JULIAN D. A. The psychological sense of community in the neighborhood [J]. *Journal of the American Planning Association*, 1995, 61(2): 178-185.

NATSUKO A. Rethinking the global Heritage discourse—overcoming "East" and "West"? [J]. *International Journal of Heritage Studies*, 2016, 22(1): 14-25.

NEGUS K. The production of culture [G]//DU GAY P. (ed.). *Production of Culture/Cultures of Production*, London: Sage, 1997.

OAKES T. Cultural strategies of development: Implications for village governance in China [J]. *The Pacific Review*, 2006, 19(1): 13-37.

OAKES T. Heritage as improvement: Cultural display and contested governance in rural China [J]. *Modern China*, 2012, 39(4): 380-407.

OAKES T. Villagizing the city: Turning rural ethnic heritage into urban modernity in southwest China [J]. *International Journal of Heritage Studies*, 2016, 22(10): 751-765.

PALUMBO B. A baron, some guides, and a few ephebic boys: Cultural intimacy, sexuality, and heritage in Sicily [J]. *Anthropological Quarterly*, 2013, 86(4):1087-1118.

PARKINSON A, SCOTT M, REDMOND D. Competing discourses of built heritage: Lay values in Irish conservation planning [J]. *International Journal of Heritage Studies*, 2016, 22(3): 261-273.

PERKIN C. Beyond the rhetoric: Negotiating the politics and realising the potential of community—driven heritage engagement [J]. *International Journal of Heritage Studies*, 2010, 16(1-2): 107-122.

PETERSSON K, OLSSON U, POPKEWITZ T S. Nostalgia, the future, and the past as pedagogical technologies [J]. *Discourse: Studies in the Cultural Politics Education*, 2007, 28(1): 49-67.

POULIOS I. Discussing strategy in heritage conservation: Living heritage approach as an example of strategic innovation [J]. *Journal of Cultural Heritage Management and Sustainable Development*, 2014, 4(1): 16-34.

RABINOW P. (ed.). *The Foucault Reader* [G]. Harmondsworth: Penguin Books, 1984.

RABINOW P. Representations are social facts: Modernity and post-modernity in anthropology [M]//CLIFFORD J. and MARCUS G E. (eds.). *Writing Culture: The Poetics and Politics of Ethnography*. Berkeley: University of California Press, 1986: 234-261.

ROSE N. *The Powers of Freedom: Reframing Political Thought* [M]. Cambridge: Cambridge University Press, 1999.

ROSE-REDWOOD R. Governmentality, geography, and the geo-coded world [J]. *Progress in Human Geography*, 2006, 30(4): 469-486.

RYBERG-WEBSTER S, KINAHAN K L. Historic preservation and urban revitalization in the twenty-first century [J]. *Journal of Planning Literature*, 2013, 29(2): 119-139.

RYCKMANS P. The Chinese attitude towards the past [J/OL]. *China Heritage Quarterly*, 2008(14)[2019-03-17].http://www.chinaheritagequarterly.org/articles.php?searchterm=014_chineseAttitude.inc&issue=014.

SCHOFIELD J. (ed.). *Who Needs Experts? Counter-Mapping Cultural Heritage* [G]. London: Ashgate Publishing Limited, 2014.

SCOTT A. Beyond the conventional: Meeting the challenges of landscape governance within the European landscape convention? [J]. *Journal of Environmental Management*, 2011, 92(10): 2754-2762.

SHEHATA W T A, MOUSTAFA Y, SHERID L. Towards the comprehensive and systematic assessment of the adaptive reuse of Islamic architectural heritage in Cairo: a conceptual framework [J]. *Journal of Cultural Heritage Management and Sustainable Development*, 2015, 5(1): 14-29.

SHEPHERD R. *Faith in Heritage: Displacement, Development, and Religious Tourism in Contemporary China* [M].Walnut Creek, CA: Left Coast Press, 2013.

SIMPSON F, WILLIAMS H. Evaluating community archaeology in the UK [J]. *Public Archaeology*, 2008, 7(2): 69-90.

SIMPSON K. Strategic planning and community involvement as contributors to sustainable tourism development [J]. *Current Issues In Tourism*, 2001, 4(1): 3-41.

SKREDE J, HØLLELAND H. Uses of heritage and beyond: Heritage studies viewed through the lens of critical discourse analysis and critical realism [J]. *Journal of Social Archaeology*, 2018, 18(1): 77-96.

SMITH L. *Archaeological Theory and the Politics of Cultural Heritage* [M]. London & New York: Routledge, 2004.

SMITH L. *Uses of Heritage* [M]. London & New York: Routledge, 2006.

SMITH L, WATERTON E. *Heritage, Communities and Archaeology* [M]. London: Gerald Duckworth and Co., 2009.

SMITH L. Intangible heritage: a challenge to the authorised heritage discourse? [J]. *Revista d'Etnologia de Catalunya*, 2015, (5): 133-142.

SOFIELD, T, LI S. Tourism governance and sustainable national development in China: A macro-level synthesis [J]. *Journal of Sustainable Tourism*, 2011, 19(4-5): 501-534.

STARN R. Authenticity and historic preservation: towards an authentic history [J]. *History of The Human Sciences*, 2002, 15(1): 1-16.

SU M M, WALL G. Community participation in tourism at a world heritage site: Mutianyu Great Wall, Beijing, China [J]. *International Journal of Tourism Research*, 2014, 16(2): 146-156.

SU X B. Heritage production and urban locational policy in Lijiang, China [J]. *International Journal of Urban and Regional Research*, 2011, 35(6): 1118-1132.

SULLIVAN A M. Cultural heritage & new media: a future for the past [J/OL]. *The John Marshall Review of Intellectual Property Law*, 2016, 15:604-645[2019-03-17] https://repository.jmls.edu/cgi/viewcontent.

cgi?article=1392&context=ripl.

SZONYI M. *Practicing Kinship: Lineage and Descent in Late Imperial China* [M]. Stanford: Stanford University Press, 2002.

TAS M, TAS N, CAHANTIMUR A. A participatory governance model for the sustainable development of Cumalikizik, a heritage site in Turkey [J]. *Environment & Urbanization*, 2009, 21(1): 161-184.

TAYLOR K. Cultural landscapes and Asia: Reconciling international and southeast Asian regional values [J]. *Landscape Research*, 2009, 34(1): 7-31.

TONNIES F. *Community and Civil Society* [M]. HARRIS J. (ed.). Harris J, Hollis M. trans. Cambridge: Cambridge University Press, 2001.

VELKLEY R L. The tension in the beautiful: On culture and civilization in Rousseau and German philosophy [M]//*Being after Rousseau: Philosophy and Culture in Question*. Chicago: University of Chicago Press, 2002: 11-30.

VERDINI G, FRASSOLDATI F, NOLF C. Reframing China's heritage conservation discourse: Learning by testing civic engagement tools in a historic rural village [J]. *International Journal of Heritage Studies*, 2017, 23(4): 317-334.

WAAGE E R H, BENEDIKTSSON K. Performing expertise: Landscape, governmentality and conservation planning in Iceland [J]. *Journal of Environmental Policy & Planning*, 2010, 12(1): 1-22.

WALKER D. Local world heritage: Relocating expertise in world heritage management[G]// SCHOFIELD J. (ed.). *Who Needs Experts? Counter-Mapping Cultural Heritage*. London: Ashgate, 2014: 181-201.

WALKER D. Towards a beneficial world heritage: Community involvement in the Blaenavon industrial landscape [J]. *Museum International*, 2011, 63(1-

2): 25-33.

WANG D. *Street Culture In Chengdu: Public Space, Urban Commoners, and Local Politics, 1870—1930* [M]. Stanford, CA: Stanford Univ. Press, 2003.

WANG J. Culture as leisure and culture as capital [J]. *Positions*, 2001, 9(1): 69-104.

WANG W, ZHANG Y, HAN J, et al. Developing teenagers' role consciousness as "World Heritage Guardians" [J]. *Journal of Cultural Heritage Management and Sustainable Development*, 2017, 7(2): 179-192.

WATERTON E, SMITH L. The recognition and the misrecognition of community heritage [J]. *International Journal of Heritage Studies*, 2010, 16(1&2): 4-15.

WATERTON E. The advent of digital technologies and the idea of community [J]. *Museum management and curatorship*, 2010, 25(1): 5-11.

WATERTON E. Whose sense of place? Reconciling archaeological perspectives with community values: Cultural landscapes in England [J]. *International Journal of Heritage Studies*, 2005, 11(4): 309-325.

WATSON S, WATERTON E. Editorial: Heritage and community engagement [J]. *International Journal of Heritage Studies*, 2010, 16(1-2): 1-3.

WEISS L M. Informal settlements and urban heritage landscapes in South Africa [J]. *Journal of Social Archaeology*, 2014, 14(1): 3-25.

WELLS J C, LIXINSKI L. Heritage values and legal rules: Identification and treatment of the historic environment via an adaptive regulatory framework (part 1) [J]. *Journal of Cultural Heritage Management and Sustainable Development*, 2016, 6(3): 345-364.

WILLIAMS R. *Keywords: A Vocabulary of Culture and Society* [M]. London: Fontana, 1983.

WINTER T. Clarifying the critical in Critical Heritage Studies [J]. *International Journal of Heritage Studies*, 2013, 19(6): 532-545.

WINTER T. Heritage conservation futures in an age of shifting global power [J]. *Journal of Social Archaeology*, 2014, 14(3): 319-339.

WORSFOLD B. Public Health for an Aging Society[J]. PROHASKA T R. and ANDERSON L A. (eds.). Binstock R. H. (rev.). *Canadian Journal on Aging*, 2013, 32(2): 221-222.

WU Z J. Let fragments speak for themselves: Vernacular heritage, emptiness and Confucian discourse of narrating the past [J]. *International Journal of Heritage Studies*, 2014, 20(7-8): 851-865.

YAN H M. World heritage as discourse: Knowledge, discipline and dissonance in Fujian Tulou Sites [J]. *International Journal of Heritage Studies*, 2015, 21(1): 65-80.

YARROW T. Where knowledge meets: Heritage expertise at the intersection of people, perspective, and place [J]. *Journal of the Royal Anthropological Institute*, 2017, 23(S1): 95-109.

ZHANG R. World heritage listing and changes of political values: A case study in West Lake cultural landscape in Hangzhou, China [J]. *International Journal of Heritage Studies*, 2017, 23(3): 215-233.

后　记

　　当今世界是一个日新月异的时代，我国亦是处在深刻变革时期。中国特色的社会主义事业前无古人，改革开放和社会主义现代化建设任重而道远。我们没有现成的道路可遵循，必须要继承和发扬中华民族伟大的创新精神，既能够继承和传承优秀的中国文化历史传统，亦能够吸收西方先进的理念和思想，结合我国当下具体的社会语境，因时而变，因势利导。习近平总书记在2013年博鳌亚洲论坛年会上的主旨演讲中引用了汉代桓宽《盐铁论》的"明者因时而变，知者随事而制"，指出，"要摒弃不合时宜的旧观念，冲破制约发展的旧框框，让各种发展活力充分迸发出来"。① 习总书记的这句话同样也适用于我国当下的遗产保护和利用的社会实践。由于我国地大物博，遗产既能够体现中华民族悠久的历史文化传统，同时也是地方特色风物的承载。因此，遗产的保护和利用很难用一个统一的标准去衡量，或者套用一套统一的保护利用办法，更无法完全照搬起源于西方历史文化的遗产认知、保护和利用方式。即便如此，我国遗产保护和利用的实践者们、研究者们依然砥砺前行，不断摸索适合本土遗产特点的话语实践体系。这一体系既结合了国际遗产实践话语，又符合我国当下的社会语境。虽然我国目前的遗产的保护和利用在继承和发扬中华民族传统的遗产认知、保护和利用方式方面

---

① 习近平. 共同创造亚洲和世界的美好未来 [N]. 人民日报, 2013-04-08(01).

还有待加强，但是毕竟我们已经在路上。

当下我国遗产保护和利用的社会实践所应该遵循的一种态度，即在吸收"本来"和"外来"的思想与文化时，能够对于我国历史文化传统有所变通，亦应有所继承和坚持。正如《论语》中记载的孔子的话："麻冕，礼也；今也纯，俭，吾从众。拜下，礼也；今拜乎上，泰也。虽违众，吾从下。"孔子这句话的意思是："礼帽用麻料来织，这是合于传统的礼的；今天大家都用丝料，这样省俭些，我同意大家的做法。臣见君，先在堂下磕头，然后升堂又磕头，这是合于传统的礼的。今天大家都免除了堂下的磕头，只升堂后磕头，这是倨傲的表现。虽然违反大家，我仍然主张要先在堂下磕头。"（杨伯峻译注，《论语译注》，北京：中华书局，1980年，第92页）孔子在继承前人传统上，既有尊崇的"变"，也有坚持的"不变"。我们需要探索出一套我国遗产保护和利用的社会实践的行动策略，建构根据我国当下的具体社会语境的遗产保护和利用的社会实践的中国话语，在国际舞台上发出中国声音，提供中国智慧和经验，提升中国话语权。

我在踏入遗产和话语研究领域之后，心中一直有以上这种想法。刚开始这种想法很模糊，经过参与遗产项目的调查和研究，到最后这本书的完成，才越来越清晰，也算是把这种想法付诸研究实践。至于为何有这样的想法，我想可能和自己不断在成长的道路上寻找自我的心路历程有关。经常有人说，做学问也是做人。在我完成博士论文答辩的那一刹那，我才真正懂得和体悟到这句话的意思。我记得刚刚进入博士阶段的学习时，经常听到导师问我的同门：你要研究什么？你的研究问题是什么？轮到问我的时候，我真的不知道怎么来回答。要把研究做好，既要吸取前人的经验，又要听取导师的意见，和同领域的人交流，这样的路径没有错；然而，真正去做的时候，我感到这个说的有道理，那个说的非常对，就跟着别人的思路走，却不知道自己的研究问题在哪里，自己的研究之路到底该如何去走。就这样过了近三年，终于在某一个时刻才开悟，才深刻体会到别人的研究路径不一定适合自己，适合自己的研究路径必须用要自己的脚踩出来，当然可以借鉴别人的研究成果和研究经验，但是绝对不能像邯郸学步那样，最后自己却不会走路了。所以我深深体会到，做研究的过程也是研究者寻找自我，与自我相遇的过程。

这本书可以说是从2010年我进入博士学习阶段以来，9年多的实践调查和研究的结果。和在其他方面一样，在话语、文化遗产研究领域中我也是属于"慢热"型的人。从刚开始对话语、文化遗产的模糊的认知，在研究视野上、研究方法和具体研究论文撰写方面迟迟无法出成果，到现在能够写作成书，离不开那些在我学术成长道路上的良师益友们的指引、支持和帮助。因此，在这里希望能够准确地向他们表达感激之情。2010年，我有幸成为浙江大学外国语言文化学院跨文化研究所的一名博士生，在导师吴宗杰教授的引导下，踏入了话语研究和文化遗产研究领域的大门。在参与吴宗杰教授主持的衢州水亭门文化遗产调查项目的过程中深度参与了整个项目前期项目论证、参与式调查研究以及后期成果的梳理和深度研究，最后能够顺利毕业，离不开导师的循循善诱，以及导师提供的各种学术交流、研究条件。所谓"师傅领进门，修行在个人"，正是因为有了导师做领路人，我才有机会踏入这个研究领域并从事相关研究，才有幸结识了更多的好老师和好同学，这其中就包括浙江大学社会学系的刘朝晖老师。非常感谢刘朝晖邀请我参与他主持的良渚文化遗产保护和利用与大运河遗产运河船民的研究项目，我才有机会接触和了解这两大文化遗产实践。在这过程中，与刘老师以及整个团队的交流、讨论使我对文化遗产和话语的认知更加深入。没有这两位老师的指引，这本书可能根本就无法完成。

还需要值得一提的是那些在我学术成长的道路上一路同行的同

学们。首先要感谢胡美馨学姐在我准备博士考试的耐心指导，以及在博士学习阶段答疑解惑；感谢余华学姐传授学习经验，并不时地分享学术动态和信息；感谢韩春燕和姜克银学姐的言语鼓励和经验分享。在衢州水亭门文化遗产调查项目进行的过程中，所有参与课题的成员都积极投入，白天走街串巷调查走访，晚上热烈讨论和分享，这里要特别感谢侯松、张宇婷、谢洁怡、韩晓培、高佳燕、陈艳、张丽燕、马妮，正是与他们一起调查研究，我对课题的兴趣一直都没有减弱。感谢张迎春、夏翠君、马庆凯等博士同学，你们对于学术的执着追求、不懈努力，与你们的交流和讨论，教会了我要一直保持前进的动力。这里要特别提到的是张煜，虽然她并非我的同学，但是由于共同参加良渚古城遗址保护和利用、大运河遗产船民调查研究的项目而相识、相知，成了非常好的朋友，在和刘朝晖老师的团队成员调查讨论时，不断迸发出的思想火花，让我受益匪浅。还要感谢我所在的浙江科技学院外国语学院，没有学院领导和同事的鼓励和支持，这本书的完成很可能遥遥无期。

　　最需要感谢的还是我的家人。多少个伏笔写作的日子，我的先生承担了许多家务，照顾两个孩子的饮食起居；也感谢我的两个孩子，他们深深地爱我、依恋我、相信我、支持我；感谢我的父母，他们已经年过六十，身体情况不如从前，却始终在精神上和生活上尽可能地帮助我和支持我；还要感谢我的妹妹，在我刚进入博士学习时她还没有结婚，经常帮我带孩子，如今她也是两个孩子的妈妈了。

　　需要感谢的人还有很多，原谅在这里不一一列出。这么多感谢，可能还要感谢上天的眷顾，让这么多美好的人和事出现在我的人生中。我也将怀着这一颗感恩之心，在未来的学术研究、工作生活的道路上继续走下去。最后，由于我的研究能力和研究视野所限，这本书还有许多有待提升的空间，欢迎一切批评指正，这也会为我未来的研究道路指明需要继续努力的方向。

图书在版编目(CIP)数据

因时随事：遗产实践话语建构的中国范式/张崇著. —
杭州：浙江大学出版社，2019.6
ISBN 978-7-308-19179-1

Ⅰ．①因… Ⅱ．①张… Ⅲ．①文化遗产－研究－浙江
Ⅳ．①K295.5

中国版本图书馆CIP数据核字(2019)第102542号

因时随事：遗产实践话语建构的中国范式

张　崇　著

责任编辑	包灵灵	
文字编辑	陆雅娟	
责任校对	田　慧	
封面设计	十木米	
出版发行	浙江大学出版社	
	（杭州市天目山路148号　　邮政编码　310007）	
	（网址：http://www.zjupress.com）	
排　　版	杭州林智广告有限公司	
印　　刷	浙江省邮电印刷股份有限公司	
开　　本	880mm×1230mm　1/32	
印　　张	8.5	
字　　数	213千	
版 印 次	2019年6月第1版　2019年6月第1次印刷	
书　　号	ISBN 978-7-308-19179-1	
定　　价	40.00元	